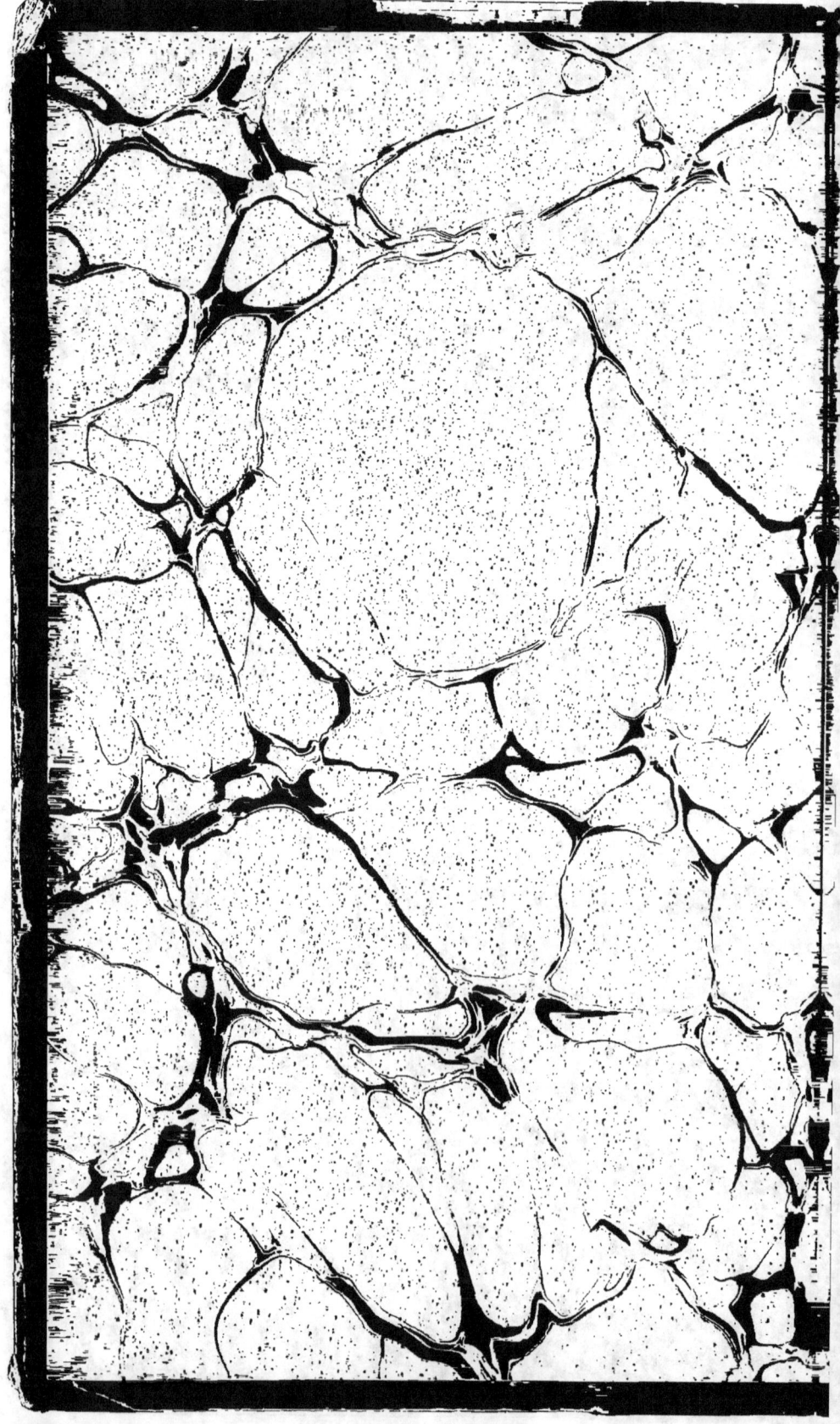

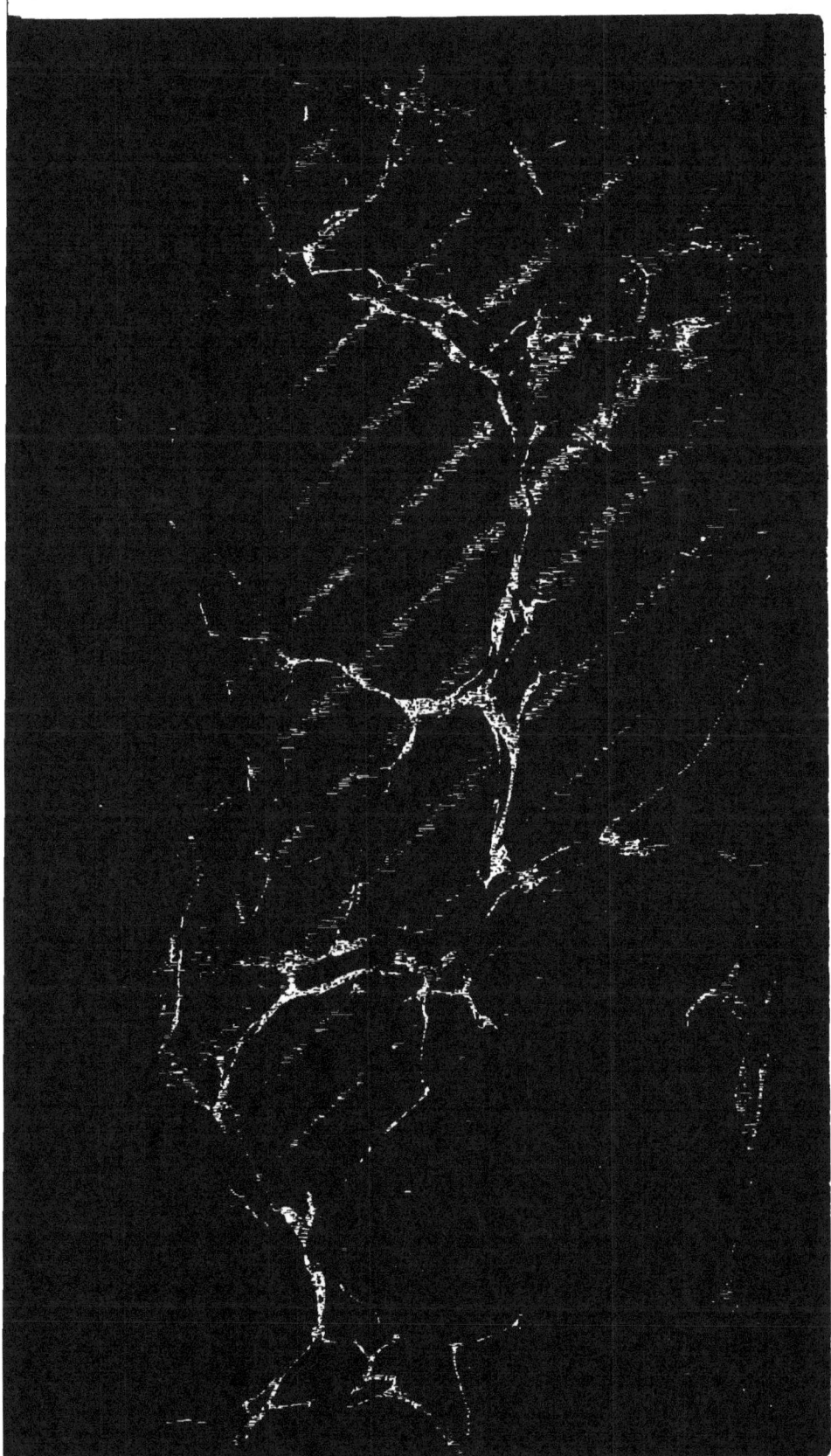

LA

COMTESSE DE BAUMONT

— PAULINE DE MONTMORIN —

CALMANN LÉVY, ÉDITEUR

DU MÊME AUTEUR

Format in-8°

LE COMTE DE MONTLOSIER ET LE GALLICANISME............ 1 vol.

Imprimeries réunies, **B**.

ÉTUDES SUR LA FIN DU XVIIIe SIÈCLE

LA
COMTESSE DE BEAUMONT

— PAULINE DE MONTMORIN —

PAR

A. BARDOUX

PARIS
CALMANN LÉVY, ÉDITEUR
ANCIENNE MAISON MICHEL LÉVY FRÈRES
3, RUE AUBER, 3
—
1884

Droits de reproduction et de traduction réservés.

AVANT-PROPOS

Si la haute société de la première moitié du xviii° siècle est bien connue, celle qui commençait, vers 1785, à remplacer les célèbres salons philosophiques et qui fut détruite par le bourreau ou par l'émigration, est moins étudiée.

N'y a-t-il pas cependant intérêt à savoir quelle influence la Révolution exerça immédiatement sur les rares survivants du monde aristocratique? Qu'étaient devenus la sociabilité et l'esprit? Le goût des lettres sans aucune affectation à tenir la plume, l'amour de la conversation, la passion pour ces réunions intimes où l'intelligence éloquente et spirituelle était souveraine avaient-ils déserté notre pays, remué jusqu'au fond? En était-il des dernières marquises et comtesses comme de leurs pastels jaunis, fanés, percés de coups de pique, et qu'on vendait à vil prix sur les quais? Ce fin sourire qui éclairait leur bouche avait-il disparu avec les robes à ramage et la poudre à la maréchale?

Si l'Empire devait commencer à rouvrir peu à peu les portes à quelques débris de l'ancienne noblesse, si la Restauration devait ramener avec elle les fidèles obstinés, aigris, désenchantés, ce n'étaient pas ces revenants qui pouvaient nous expliquer la brusque transition du vieux monde au monde moderne. Il fallait que le hasard, ou la pitié, ou bien une retraite profonde en France eussent permis à la descendante d'une famille illustre d'échapper à la hache, pour que nous pussions avoir, dès le lendemain même du jour où les prisons se fermèrent, la réponse aux questions que nous venons de poser.

Une jeune femme du plus grand nom

a pu traverser la tourmente; elle s'appelait Pauline de Montmorin, devenue, par une union mal assortie, comtesse de Beaumont. Nous l'avons, pour la faire revivre, replacée dans son cadre, et, comme l'époque brillante de son existence a été le ministère de son père, nous avons cru devoir, avec des documents inédits, en écrire aussi l'histoire. Il le fallait d'autant mieux que Pauline était, à dix-neuf ans, le secrétaire de ce père vénéré, et que sa petite main a tracé des lignes graves et presque compromettantes dans la correspondance du comte de Montmorin avec le comte de la Marck. C'est notre réponse aux reproches des lecteurs qui prendraient pour un hors-d'œuvre le chapitre que nous avons consacré aux affaires étrangères, spécialement en 89 et en 90.

Les calamités de toute sorte qui atteignirent madame de Beaumont ont été si répétées et si immérité es, qu'il était nécessaire de justifier M. de Montmorin, d'établir qu'il ne mérita point sa destinée et ne fut pas un mauvais Français dans un temps où il était placé chaque jour entre son cœur et son devoir.

On a tellement pris l'habitude d'abuser des épithètes, que nous nous gardons de dépasser la mesure, en parlant de madame de Beaumont. Elle a si peu encombré le monde de ses prétentions et de ses vanités ! Cette âme attachante était inconsciemment d'ailleurs le produit d'une longue suite d'éducations aristocratiques et comme le point culminant de tout un art social complexe et artificiellement combiné.

Comme elle avait rencontré le désenchantement dès les premiers pas de la vie, elle avait tiré des revers de son cœur un avantage certain : elle n'était plus romanesque, et son jugement avait profité de ce qu'elle avait ôté à ses illusions.

La plupart des femmes du xviiie siècle se ressemblaient par le tour facile et naturel des idées et du langage, par la finesse de l'esprit et par la délicatesse des pensées ; elles étaient plus lettrées que savantes, sans jamais faire montre de leurs lectures. Elles ne connaissaient pas plus la coquetterie que la recherche des mots. Les expressions n'étaient pas plus maniérées que les personnes.

Ces êtres à part joignaient à tous ces charmes la fermeté du caractère, la promptitude des résolutions et la science du monde. On ne comprend pas comment, en arrivant dans un salon, elles connaissaient sitôt et les usages et les hommes. Leurs paroles avaient l'air d'être en elles de la réminiscence; elles n'apprenaient pas, elles se souvenaient.

Tout, autour d'elles, leur parlait du goût, leur ameublement, leurs modes, leur toilette.

Les précieux inventaires conservés dans quelques familles provinciales plaisent même par l'énumération de ces mille riens choisis, en harmonie avec les parures et les étoffes. Mais on ne peut disserter pesamment de ces choses fragiles, sans risquer d'être comparés par Rivarol aux commis des douanes qui imprimaient leurs plombs sur les gazes légères de Venise.

Pauline de Montmorin entrait à la cour, au moment où un véritable changement, précédant de quelques années la Révolution, s'accomplissait dans les mœurs et dans les sentiments. La simplicité et le naturel essayent alors de se substituer aux raffinements. Si le *Traité sur le bonheur*, de madame du Châtelet, est encore consulté, il n'est plus le bréviaire des belles dames. Avec non moins de netteté, elles ont moins de sécheresse et de crudité. Leur tact social est encore plus exquis. Madame de Beaumont eut, en outre, l'infortune comme suprême conseiller. Ses malheurs lui apportèrent ce qui manquait à l'esprit et à la sociabilité développées à outrance, une fleur de poésie et d'imagination. C'est pour cela qu'elle fut apte à comprendre sur-le-champ André Chénier et Chateaubriand. Elle ne ressemble donc à personne, ni à une dévote de Rousseau, comme madame de Latour-Franqueville, ni à une fanatique de Voltaire, comme madame de

Rochefort ou madame de Saint-Julien : elle avait recueilli ce qu'il y avait d'excellent sans alliage.

Puisque toute cette société a disparu pour toujours, puisque nous ne les reverrons plus ces femmes d'élite, produit d'une civilisation, d'une courtoisie particulières à la France, que les lettrés sachent du moins reconnaître et honorer leurs idoles ! Qu'ils en gardent le culte discret ! Ils en seront récompensés par le dégoût insurmontable des vulgarités, par l'attrait de ce qui est simple et fin.

Cette étude sur les dernières années du xviiie siècle devrait être complétée. On ne sait pas combien l'influence de la femme fut profonde dans cette période de transformation démocratique, si l'on néglige la haute bourgeoisie française.

Nos anciennes provinces, celles qui gardèrent le plus longtemps leur originalité et leur saveur, renfermaient, autant que Paris, dans les diverses magistratures, dans le barreau, dans le riche négoce, des modèles de femmes absolument différentes de l'aristocratie et qui prirent, pendant et après la Révolution, un rôle prépondérant. Certes, ce n'est ni l'honneur, ni l'intelligence, ni la volonté, ni le jugement qui manquèrent à nos grand'mères. Attachées la plupart aux idées de 89, très indépendantes même dans leur religion, ayant conservé avec une langue forte et imagée la sève gauloise, la vigueur du cerveau, le sens des affaires, le sentiment de l'éducation, l'admiration des classiques, elles ont représenté pendant la monarchie constitutionnelle, et souvent beaucoup mieux que leurs maris, le gouvernement du tiers état. Nos grandes bourgeoises avaient beaucoup lu le *Dictionnaire philosophique* et l'*Émile;* elles en avaient été tout aussi fortement, mais autrement impressionnées. Si elles ne possédèrent pas au même degré que leurs rivales l'intuition de cet ensemble d'élégances, de goûts, qui ont créé l'époque française par excellence, elles sauvèrent d'autres qualités d'ordre et de famille qui s'associaient à la clarté d'esprit, à l'habileté, à la pénétration, à l'activité.

Il y a des correspondances ignorées qui révèleront, dans le milieu bourgeois de la première moitié du XIXe siècle, des âmes supérieures, plus filles de Molière que de Marivaux. Mais c'est assez, au milieu de tant de portraits effacés et oubliés, d'avoir essayé de restituer celui d'une patricienne, jeune, sérieuse et séduisante, qui a passé sa vie si courte à charmer et à souffrir.

10 janvier 1884.

ÉTUDES SUR LA FIN DU XVIIIe SIÈCLE

LA COMTESSE
PAULINE DE BEAUMONT

I

INTRODUCTION

Un jour, au lendemain de *Corinne*, dans cette année 1807, où madame de Staël réunissait à Coppet tout ce que l'Europe comptait d'esprits supérieurs, un de ses hôtes préférés, M. de Sabran, souleva une thèse qui donna lieu à une de ces conversations fines, vives et brillantes dont l'écho, grâce à une lettre de M. de Barante, est venu jusqu'à nous. Il s'agissait de savoir si les femmes entre elles étaient susceptibles d'une amitié profonde, durable, désintéressée.

Cette spirituelle société s'accordait à dire, avec Thomas, qu'une amie pour l'homme était chose rare, mais que, lorsqu'elle se rencontrait, elle était plus délicate et plus tendre ; que, s'il fallait désirer un ami dans les grandes occasions, il fallait l'amitié d'une femme pour le bonheur de tous les jours. « Mais, interrompit Sismondi, qui pensait à la comtesse d'Albany, nous sommes convaincus. Revenons aux doutes de M. de Sabran ; il ne croit pas les femmes susceptibles entre elles de la véritable amitié. » La conversation, dont nous n'avons pas les détails, se continuait même pendant le souper, étincelante de saillies, de verve et d'originalité, lorsque madame de Staël, coupant court aux contradictions, s'écria vivement : « Je crois que vous nous calomniez, messieurs. J'ai admiré et aimé, dès mon entrée dans le monde, le plus noble caractère ; je n'en ai pas connu de plus généreux, de plus reconnaissant, de plus passionnément sensible. C'était une femme ; je tenais à elle par toutes les racines ; j'en eusse fait l'amie de toute ma vie. Je veux parler de Pauline de Beaumont, la fille de l'infortuné Montmorin, le fidèle collègue de mon père. »

Pendant que la fille de Necker parlait avec enthousiasme de cette amitié ébauchée, dans une petite ville de Bourgogne, à Villeneuve-sur-Yonne, un homme d'un esprit rare, d'une âme supérieure, d'un talent digne de n'être apprécié que par les délicats, bien moins amoureux de gloire que de perfection, Joubert, restait inconsolé d'avoir perdu celle qui, de 1794 à 1803, avait été la confidente de ses pensées, et à la fois son public et sa muse. Ceux qui ont lu la Correspondance de Joubert savent quelle place tenait dans son existence Pauline de Beaumont. Il consacrait, chaque année, tout le mois d'octobre à la mémoire de celle dont l'affection avait fait, pendant dix années, les délices de sa vie. Il disait, après l'avoir perdue, au comte Molé : « Je ne pensais rien qui à quelque égard ne fût dirigé de ce côté, et je ne pourrai plus rien penser qui ne me fasse apercevoir et sentir ce grand vide. » Et, dix-neuf ans plus tard, après avoir traîné, lui aussi, la longue chaîne des affections brisées, il célébrait encore dans son cœur, toujours plein d'un tendre souvenir, le funèbre anniversaire.

Un cercle d'élite s'était formé autour de cette jeune femme dans un coin de la rue Neuve-du-Luxembourg, société de bien courte durée, de deux ans à peine, où l'admiration avait reparu, où le goût, notre conscience litéraire, était à la recherche de tout talent nouveau ; et cependant, en dehors de quelques lettrés, qui donc aurait gardé le nom de la comtesse de Beaumont, si, dans des pages immortelles, les plus belles peut-être de ses *Mémoires*, Chateaubriand n'avait comme transfiguré son visage et à jamais poétisé ses derniers moments? C'est le privilège attaché au génie de donner une existence impérissable à ces femmes qui ont un instant charmé ses heures. Il le devait bien, l'enchanteur, à celle qui, avec Lucile, l'avait le plus adoré, alors qu'il était presque inconnu et que sa renommée n'était pressentie que par le cénacle au milieu duquel il vivait au retour de l'émigration.

Morte à trente-trois ans, aucune douleur ne lui avait été épargnée; elle les avait toutes épuisées. Mariée par convenance, à dix-sept ans à peine, au sortir du couvent, elle n'avait pas eu un jour d'intimité avec son mari, plus jeune qu'elle d'une année; attachée à son père, comme Germaine Necker l'était au sien, elle avait assisté, à ses côtés, à cette suite d'épreuves qui finirent par le massacre de M. de Montmorin; son frère préféré s'était noyé à vingt et un ans; elle s'était vu arracher sa mère, sa sœur, son second frère; elle s'était vainement accrochée aux bourreaux pour accompagner sa famille à la Conciergerie, mourir avec elle, avec leurs amis, le jour où la même hache trancha leurs têtes et celle de madame Élisabeth. Dédaignée par le Comité de salut public à cause de sa pâleur et de la fragilité de sa personne, voyant ses biens confisqués, madame de Beaumont attendit chez de pauvres paysans la fin de la Terreur; rentrée en possession de son château de Theil, elle répétait volontiers le mot de Marguerite d'Écosse : « Fi de la vie! qu'on ne m'en parle plus ! » lorsque Fontanes et Joubert la mirent en présence de René; elle reçut alors le coup de foudre; dévouée jusqu'à l'abnégation, elle se donna tout entière au culte de cette violente affection; elle se reprenait, dans son milieu de Paris, aux joies de l'esprit; mais les souffrances morales avaient miné la frêle enveloppe; et, consumée à la fois par ses sentiments et la maladie, elle s'éteignait, le 3 novembre 1803, à Rome, où elle était allée pour revoir une dernière fois M. de Chateaubriand.

On a deux portraits d'elle fort ressemblants; l'un de madame Vigée-Lebrun, daté de 1788, la représente à dix-huit ans, avec la pose un peu théâtrale du temps; elle apporte une couronne à son père. Elle n'est point belle; mais sa bouche spirituelle, ses yeux profonds, fendus en amande, d'une suavité extraordinaire, à demi éteints par la langueur, sa longue chevelure, sa taille élégante et souple faisaient d'elle la plus séduisante et la plus distinguée des grandes dames. L'autre portrait, que nous préférons, est une miniature d'un prix inestimable. Il est du commencement du siècle. Les souffrances ont amaigri et pâli le visage encadré par les coiffures à la mode du Directoire; le châle est noué autour de la taille; le regard, noyé par les larmes, s'est encore adouci, *comme un rayon de lumière à travers le cristal de l'eau*. Je ne sais quelle mélancolie attire et attache, quand on contemple ce visage expressif. « On n'aime pas impunément, écrivait un ami de Joubert, on n'aime pas impunément, ces êtres fragiles qui semblent n'être retenus dans la vie que par quelques liens prêts à se rompre. » Comme on comprend bien, avec cette forme aérienne, que madame de Beaumont ait pu être comparée à ces figures antiques qui glissent sans bruit dans les airs, à peine enveloppées d'une tunique!

Non pas que ce fût un cœur frivole et une tête légère, elle possédait une admirable intelligence; elle comprenait tout. Son âme était virile et forte; son jugement était sûr, et l'on pouvait compter que tout ce qui lui avait plu était exquis. Elle aimait le mérite, a-t-on dit d'elle, comme d'autres aiment la beauté. Plaçant au-dessus de toutes les fantaisies l'amour des lettres, passionnée pour les beaux livres, sans être pédante, connaissant les hommes, les roués de son temps, les héros à la mode de Crébillon fils, et professant pour ce monde-là le plus profond dédain, elle avait horreur de toutes les vulgarités. Elle était friande du délicat, comme d'autres femmes le sont du succès. Mais, pour se montrer ce qu'elle était, il fallait qu'elle se sentît pénétrée comme d'une douce température, celle de l'indulgence. N'était-ce pas aussi une raffinée que celle qui, après avoir entendu lire cette page de René : « Levez-vous vite, orages désirés, etc., » confiait à madame de Vintimille cet aveu : « Le style de M. de Chateaubriand me fait éprouver une espèce de frémissement d'amour; il joue du clavecin sur toutes mes fibres. »

C'est cette existence malheureuse et passionnée que nous voudrions raconter. Mêlée aux événements les plus tragiques de la Révolution, à ceux qui la précédèrent comme à ceux qui l'accomplirent, elle nous permet d'étudier, avec des documents ignorés en partie jusqu'à ce jour, le rôle véritable de M. de Montmorin, comme ministre des affaires étrangères, la fin de la vieille France aristocratique et ces commencements du Consulat qui faisaient dire aux survivants de cette terrible époque : « Enfin la terre n'est plus attristée ! »

II

La famille Montmorin. — Saint-Hérem. — Le comte
Marc de Montmorin, ambassadeur.

Pauline-Marie-Michelle-Frédérique-Ulrique de Montmorin appartenait à l'une des plus anciennes familles de l'Auvergne, à l'une des plus illustres maisons de la noblesse française. Le nom de Saint-Hérem avait été ajouté à celui de Montmorin le 28 mai 1421. On retrouve leurs aïeux dans les premières chartes du prieuré de Sauxillanges. Deux branches s'étaient formées à la fin du xvie siècle. Le chef commun était alors François de Montmorin, gouverneur du haut et bas pays d'Auvergne, celui-là même qui, en 1572, lors du massacre de la Saint-Barthélemy, écrivit cette lettre célèbre à Charles IX : « Sire, j'ai reçu un ordre de Votre Majesté de faire mourir tous les protestants qui sont en ma province. Je respecte trop Votre Majesté pour ne point croire que ces lettres sont supposées, et si, ce qu'à Dieu ne plaise, l'ordre est véritablement émané d'elle, je la respecte trop pour lui obéir. » Madame de Beaumont était très fière de son arrière grand-père.

La branche aînée était représentée, en 1783[1], par Jean-Baptiste de Montmorin, marquis de Saint-Hérem, seigneur de Vollore et de la Tourette, lieutenant général, gouverneur de Belle-Isle en Mer et de Fontainebleau, et par son petit-fils, qui succéda à ses charges et fut, comme son cousin, massacré en septembre dans des circonstances tragiques. Le fils était mort en juillet 1779.

Le père de madame de Beaumont, Armand-Marc, comte de Montmorin Saint-Hérem, appartenait à la branche cadette. Il était né au château de la Barge en Auvergne, le 13 octobre 1746; son grand-père Joseph-Gaspard avait eu trois fils et six filles. Étant devenu veuf, il avait embrassé l'état ecclésiastique, et avait obtenu l'évêché d'Aire. C'est de lui que parle Voltaire dans le *Dictionnaire philosophique*. Il présentait ses enfants à son clergé ; on se mit à rire.

---

1. Archives nationales, section judiciaire, F° 3, B.

« Messieurs, dit-il, la différence entre nous, c'est que j'avoue les miens. » Le premier de ses fils avait été lieutenant général, le second évêque de Langres ; le troisième, surnommé le chevalier de Saint-Hérem, cornette dans la seconde compagnie de mousquetaires, allié au garde des sceaux Voyer d'Argenson, avait recueilli titres et fortune. Menin du dauphin, père de Louis XVI, il avait laissé trois enfants : deux filles qui entrèrent à l'abbaye de Fontevrault, où leur tante était abbesse, et notre Armand-Marc, comte de Montmorin, seigneur de Seymiers et de Coppel.

Comme les enfants de la haute noblesse, il fut élevé par le clergé et surtout par le monde.

Ce que l'on enseignait aux jeunes gens de l'aristocratie française, c'était, avec les exercices du corps, les qualités que les salons seuls pouvaient donner, la connaissance de la vie, les belles manières, plus de tact que de science, plus de discernement que de fortes études. La noblesse vivait alors plus ou moins rapprochée des gens de lettres, qui la mettaient au courant de ce qui s'imprimait. Elle restait ainsi familière avec les bons livres ; elle en savait assez pour y faire allusion, et le langage choisi qu'elle entendait conduisait au goût. A moins d'être destiné à la magistrature ou à l'église, l'instruction allait tout au plus jusqu'à la rhétorique. Armand fut plus instruit. Comme son père avait été le menin du premier dauphin, il fut le menin du second. Il fut donc élevé avec le prince qui devait être Louis XVI. La Correspondance entre Marie-Thérèse et le comte de Mercy-Argenteau, à la date du 16 novembre 1770, renferme une anecdote assez curieuse : « Le 27, la journée étant pluvieuse et fort mauvaise, M. le dauphin passa près de trois heures de l'après-dîner avec Madame la dauphine. Il lui confia beaucoup de détails sur les gens de son service ; il lui dit qu'il croyait bien connaître ceux qui l'entouraient ; que le duc de Saint-Mégrin et le comte de Montmorin avaient le projet de le gouverner et de devenir les maîtres. Le dauphin ajoutait que les comtes de Beaumont et de la Roche-Aymon étaient des gens nuls et très bornés. » De ces jours de service à la cour datent certainement les projets de cette fatale union entre les enfants des deux amis.

Le comte de Montmorin s'était marié en 1767. Il avait épousé sa cousine, Françoise-Gabrielle de Tanes, fille du marquis de Tanes et de Louise Alexandrine de Montmorin. La famille de Tanes, originaire du Piémont, s'était établie en Auvergne, à la fin du xvii° siècle, par suite d'une alliance avec les Montboissier, seigneurs du Pont-du-Château. Par son mariage, Armand de Montmorin ajoutait à sa fortune personnelle les fiefs de Tallende et de Chadieu, des Martres et de Monton. Il devenait un des grands propriétaires de la province. Mademoiselle de Tanes, plus riche que son cousin, était plus âgée de deux années. Elle était loin d'être belle; si son portrait est fidèle, elle était haute en couleur, d'une taille robuste, avec des yeux sombres et une force de volonté que trahit le bas du visage osseux et accentué, enfin ambitieuse et fine, comme les races de montagne; son esprit n'était en rien distingué; elle fut néanmoins pour son mari d'un excellent conseil, le servit dans son dévouement absolu à Louis XVI. Le comte de Montmorin était, au contraire, de petite taille, d'un tempérament nerveux jusqu'à l'excès, et ne payait pas de mine. Il était laborieux, appliqué, et, sous une apparence de bonhomie, cachait une réelle habileté. De ce mariage naquirent quatre enfants, deux filles et deux fils; l'aînée, Victoire, fut mariée en 1787 au vicomte de la Luzerne, fils du ministre de la marine; la cadette était Pauline; Auguste, officier de marine, périt en 1793 dans une tempête en revenant de l'Ile de France ; le dernier enfant, Antoine-Hugues-Calixte, devait, par une fin héroïque, à vingt-deux ans, honorer le nom qu'il portait.

Admise à la cour, d'abord en qualité de dame pour accompagner les tantes du futur roi, Victoire, Sophie et Louise, madame de Montmorin disposa vite d'une sérieuse influence ; elle utilisa sa parenté avec la duchesse d'Havré, dont la fille venait d'épouser M. de Tanes, gentilhomme de la chambre du roi de Sardaigne. Dès son avènement au trône, Louis XVI nomma son ancien menin ministre près l'électeur de Trèves, et madame de Montmorin dame d'atours de madame Sophie, en remplacement de la comtesse de Périgord. Peu de temps après, janvier 1778, Armand de Montmorin était envoyé ambassadeur en Espagne en remplacement de M. d'Ossun. M. de Maurepas avait convoité ce poste pour une de ses créatures ; afin de parvenir à ses fins, il avait débité et fait débiter que M. d'Ossun était aussi incapable qu'infirme. Le roi devint donc persuadé qu'il ne pouvait plus le laisser sans inconvénient à Madrid, et, comme il avait depuis longtemps l'envie de donner une brillante situation à

Montmorin, il le prévint de sa nomination. Une querelle s'éleva alors entre Louis XVI et Maurepas. Le vieux mentor, vivement affecté de la ténacité de son souverain, sur lequel il avait jusqu'à ce moment exercé un empire absolu, insistait en disant : « Puisque telle est votre intention, sire, elle sera suivie ; mais il serait bon du moins que M. de Montmorin allât à Madrid sans caractère pendant quelque temps pour que M. d'Ossun pût le mettre au courant des affaires. — Mais, monsieur de Maurepas, répliqua le roi, M. d'Ossun est incapable, à ce que vous m'avez dit! mais il est sourd! mais... » Le roi, sentant que l'humeur s'emparait de lui, n'en dit pas davantage et se retira brusquement dans son cabinet. C'est ainsi que l'ambassade la plus importante, avec celle de Vienne, fut donnée.

La double politique extérieure qui devait être si dangereuse pour le malheureux Louis XVI et pour son ministre, l'administration clandestine des affaires étrangères, avait commencé à la fin du règne précédent. Lorsque M. de Saint-Priest, nommé par M. de Choiseul, était sur le point de se rendre à son poste d'ambassadeur à Constantinople, il reçut un billet du comte de Broglie, qui le priait de passer chez lui[1]. M. de Saint-Priest s'y rendit et le comte lui remit une lettre de la main du roi; c'était l'ordre de communiquer à M. de Broglie les instructions qu'il venait de recevoir, les dépêches qui lui seraient adressées, ainsi que la copie de ses réponses. Cette habitude d'être instruit de tout à l'insu du ministre fut reprise de 1789 à 1792; à côté de l'ambassadeur constitutionnel se tenait un représentant de Louis XVI et de la reine. Ces agents étaient connus, si bien qu'en 1790 M. de Ségur, nommé à Vienne, déclara que, M. de Breteuil ayant déjà dans ce poste la confiance personnelle du roi, il ne pouvait accepter. Montmorin était si avant dans l'amitié du roi, qu'il eut moins que personne à redouter cette méfiance; il devait plus tard, cependant, subir pour lui-même les périlleuses conséquences d'une double politique.

La cour d'Espagne était plus solitaire que jamais[2], l'Escurial plus assombri encore par les formalismes d'une étiquette rigide. Montmorin y montra de la gravité sans pédantisme et de la dignité sans

---

1. *Lettres et Instructions au comte de Saint-Priest*, publiées par M. de Barante.
2. Voy. *Correspondance secrète.* — F. de Bourgoin, *Tableau de l'Espagne.* — Flassan, *Diplomatie française*, t. VII.

morgue. La froideur de ses formes de grand seigneur ne déplaisait pas. Personne même, si l'on écoute les mauvaises langues de Versailles, n'aurait pu faire mieux que lui auprès d'un monarque dont la tête était absolument dérangée. Un conseil de régence venait de se former à Madrid, sous la présidence du prince des Asturies, et notre ambassadeur avait soutenu, avec autant de fermeté que de tact, la politique difficile créée à la France par l'un des événements les plus importants du XVIIIe siècle, la guerre d'Amérique. C'est cette fermeté qui donna naissance à une calomnie, colportée par les pamphlets et les journaux, sous la Révolution, à savoir que Montmorin avait été, dans une altercation, souffleté par le prince des Asturies et n'avait pas demandé raison de cette offense.

La cour de Versailles avait été saisie d'une offre de médiation par la cour de Vienne. Tandis que l'Angleterre l'avait acceptée avec empressement, M. de Vergennes, mécontent de la base principale qui était l'abandon de la cause des *insurgents* d'Amérique, alléguait la nécessité de connaître le vœu de l'Espagne, l'intime alliée de la France et très intéressée, du reste, à la question par ses propres colonies. Pour se disculper auprès de l'empereur

Joseph II, M. de Vergennes lui avait fait communiquer, comme éclaircissement de sa conduite, un mémoire où l'on rapprochait, quoiqu'il n'y eût pas une véritable analogie, la situation de la France sous Henri IV à l'égard des Provinces-Unies de celle du gouvernement de Louis XVI à l'égard des Américains. Le mémoire tendait à prouver qu'il fallait se borner à une trêve entre l'Angleterre et la France. Ce plan avait été le même jour envoyé à Madrid. La cour de Londres, présumant que la tenue d'un congrès à Vienne éprouverait de grandes lenteurs, essaya de traiter directement avec la cour de Versailles. Le comte de Vergennes avait mis Montmorin dans la confidence de ces ouvertures; il voulait rejeter, aux yeux de l'Europe, l'avance des premières propositions pacifiques sur l'Angleterre.

La confiance entre les deux souverains de la maison de Bourbon était entière. Les dépêches échangées en témoignent. Lord North quittait sur ces entrefaites le ministère et était remplacé par lord Shelburn et M. Fox. Comme il s'était montré zélé dans les rangs de l'opposition pour la cause américaine et qu'il était de plus l'ami personnel de Franklin, lord Shelburn lui avait envoyé un membre du Parlement, M. Oswald, porteur d'une lettre de créance et de propositions satisfaisantes pour la paix. Franklin avait refusé toute ouverture qui séparait la cause de l'Amérique de celle de la France et avait fait sentir à l'envoyé anglais que la paix ne pouvait se traiter sans notre intervention. M. Oswald, après s'être muni d'instructions plus précises, s'était alors présenté chez le comte de Vergennes et avait ouvert officiellement des conférences. Il fallait obtenir de la cour d'Espagne une complète adhésion à cette politique. Montmorin y réussit. Lord Granville, frère de lord Temple, arriva en France, et, le 10 janvier 1783, les préliminaires de la paix étaient signés à Paris entre la France et la Grande-Bretagne d'une part, l'Espagne et la Grande-Bretagne de l'autre. Le 3 septembre suivant, l'indépendance des États-Unis était solennellement reconnue.

Les services éminents de Montmorin furent récompensés par l'offre de la grandesse, qu'il refusa, et par la Toison d'or. Louis XVI le nommait maréchal de camp et chevalier du Saint-Esprit. Lorsque le comte d'Artois et le duc de Bourbon avaient traversé, l'année précédente, l'Espagne, allant au siège de Gibraltar, ils avaient été heureux de se mettre sous la tutelle de Montmorin et d'être dirigés par lui. Depuis que la maison de Bourbon régnait en Espagne, c'était la première entrevue de ce genre, et Charles III, en recevant les deux jeunes princes à Saint-Ildefonse, avait témoigné à l'ambassadeur de France tous les égards que méritaient l'habileté de sa conduite et la hauteur de sa tenue. Après six années de séjour en Espagne, Montmorin demanda à rentrer en France. Le 3 mai 1784, M. de Vergennes lui adressait la lettre suivante :

« Le roi[1] ayant bien voulu, monsieur, agréer votre retraite de la place de son ambassadeur à la cour de Madrid, j'ai pris les ordres de Sa Majesté sur l'indemnité qui vous est due pour les frais de retour de votre maison et de vos effets d'Espagne en France. Je vous annonce avec plaisir, monsieur, que Sa Majesté a bien voulu, sur ma proposition, vous accorder, pour cet objet, une gratification extraordinaire de cinquante mille livres.

» J'ai l'honneur d'être avec un profond attachement, votre très humble et très obéissant serviteur.

» Vergennes. »

Très protégé par Mesdames tantes, Montmorin était destiné à rendre de nouveaux services. A peine

---

[1]. Archives nationales, papiers séquestrés, cote 27 T.

installé à Paris, il fut appelé à commander en chef en Bretagne, en remplacement de son compatriote le marquis d'Aubeterre. Les têtes y étaient alors fort montées; mille incidents graves ou futiles étaient l'objet de controverses, depuis les édits de Turgot et l'affaire du Collier jusqu'à Mesmer et Cagliostro. Les états de Bretagne, avec leurs privilèges particuliers, représentaient dans l'ancienne monarchie l'indépendant esprit provincial. Très jaloux de ses droits, chacun des ordres luttait pour leur défense, et ils se réunissaient ensuite pour les revendications communes contre la royauté. Une déclaration du 1er juin 1784 sur les octrois des villes était, aux yeux des Bretons, une violation du pacte fondamental de 1532, qui, en réunissant à la couronne de France le duché de Bretagne, lui avait garanti ses antiques libertés. On exigeait le consentement formel des états pour toute levée de taxes. Le droit de fouage, espèce de taille réclamée par chaque feu sur les biens roturiers, excitait encore plus d'animosités intestines. On avait conçu le projet de créer avec des deniers du fouage un capital et de le convertir en rentes. L'injustice était de faire porter l'impôt sur la seule propriété roturière. Les communes ne cessaient de protester. La noblesse bretonne, qui tenait moins à son argent qu'à ses privilèges, ne voulait pas entendre parler de redevances qui l'auraient rendue taillable. Le comte de Montmorin, sur la question des octrois, trouva le moyen de s'arranger avec la commission permanente chargée par les trois ordres de faire parvenir au roi leurs doléances. L'affaire du fouage ne fut réglée que quelques mois avant 1789 et amena des luttes sanglantes dans les rues de Rennes. Le comte de Thiars commandait alors la province.

Montmorin, si bien instruit par la cour de Charles III du respect des formes, avait plu aux Bretons par sa réserve hautaine; et la comtesse de Montmorin, par son savoir-faire, n'avait pas été inutile dans cette œuvre de conciliation entre tant de susceptibilités; aussi la reconnaissance publique entoura-t-elle le mari et la femme. Une promenade fut appelée le Champ-Montmorin et la *Gazette de France* du 4 février 1785 mande « que la comtesse de Trémargat, épouse du comte de Trémargat, Jambe-de-Bois, président de l'ordre de la noblesse, étant accouchée d'un fils, les états ont arrêté de donner à cet enfant le nom de Bretagne et d'envoyer à la comtesse de Montmorin une députation pour la prier de le présenter au baptême ». Ils décidèrent par acclamation d'offrir à la comtesse de Montmorin un diamant de dix mille écus; elle ne voulut pas l'accepter, et elle pria les députés de permettre que cette somme fût destinée à fonder une place au couvent de la Présentation pour les jeunes demoiselles nobles, une autre à l'école des cadets-gentilshommes et une bourse dans un collège pour le tiers état.

Sa haute charge n'obligeait pas Montmorin à résider constamment à Rennes; un intérêt de famille l'appelait d'ailleurs à Paris au mois de septembre 1786; il s'agissait du mariage de sa seconde fille.

III

Jeunesse de Pauline de Montmorin, son éducation, son mariage avec le comte de Beaumont.

Pauline avait été élevée par ses tantes. Les premières années de sa vie, elle les avait passées à Chadieu, à mi côte des coteaux qui bordent l'Al[l]ier, dans un encadrement de verdure, ayant pour [hori]zon les monts Dore. A huit ans, elle était entrée [au] couvent de Fontevrault, la maison ordinaire des filles de France; de treize à seize ans, ses parents, pour achever son éducation, l'avaient placée à Paris, au couvent princier de Panthémont, rue de Grenelle, la maison préférée de la haute noblesse, où chaque jeune fille, ayant une gouvernante et une femme de chambre, apprenait les leçons de maintien, de danse et de musique, et recevait au parloir les visites les plus mondaines. L'éducation était ainsi résumée par ce mot de la marquise de Créquy à Sénac de Meilhan : « De l'instruction religieuse et des talents analogues à l'état de femme qui doit être dans le monde, y tenir un état, fût-ce même un ménage. » Généralement le mariage de la jeune fille se faisait presque immédiatement au sortir du couvent, avec un mari choisi et agréé d'avance par la famille, qui décidait souverainement des convenances de rang et de fortune.

Il n'en fut pas autrement pour mademoiselle de Montmorin ; elle ne connaissait pas son futur époux, lorsqu'on lui annonça qu'elle allait se marier. Elle écrivait plus tard qu'elle regrettait ses journées de couvent, dont tant de fêtes abrégeaient la mononie et dont toutes les sévérités étaient adoucies l'affection de ses tantes. On l'appelait en ce temps-là mademoiselle de Saint-Hérem pour la distinguer des abbesses, mesdames de Montmorin, et elle aima ce nom de Saint-Hérem jusqu'à la fin de sa vie. Le mari qui lui était donné était le fils d'un ami de son père, Christophe, marquis de Beaumont, premier baron de Périgord, brigadier des armées du roi, colonel du régiment d'infanterie de la Fère. Nous savons qu'avec M. de Montmorin il avait été l'un des menins de Louis XVI. Deux enfants étaient nés de son union avec Marie-Claude de Baynac : l'une, Marie-Élisabeth, qui mourut célibataire; l'autre Christophe-Arnaud-Paul-Alexandre, marquis d'Auty, enseigne aux gardes françaises.

Ce second enfant[1], celui qui épousait Pauline de Montmorin, était né le 25 décembre 1770; il avait été tenu sur les fonts de baptême à Saint-Sulpice par Arnaud-Louis-Simon de Lostanges, sénéchal du Quercy, et par Marie-Élisabeth-Charlotte Galuci de l'Hôpital, dame d'honneur de madame Adélaïde de France. Sans instruction et sans goût d'esprit, d'un caractère faible et violent, il eût peut-être, dans des temps calmes, fait une carrière dans l'armée, grâce à son nom et à ses alliances; appelé à vivre dans les temps d'orage à côté d'une femme supérieure et vaillante de cœur, il ne pouvait la comprendre, et il ne l'aima pas. C'était un enfant, et elle ne put l'élever. Le 27 septembre 1786, la *Gazette de France* annonce que Leurs Majestés et la famille royale ont signé le contrat de mariage du comte Christophe-François de Beaumont avec de-

---

1. Archives nationales, section administrative, cote T, 690.

moiselle Marie-Michelle-Frédérique-Ulrique-Pauline de Montmorin, fille du comte de Montmorin, commandant pour le roi en Bretagne. Mais la grande affaire pour la femme était la présentation à la cour; elle avait presque autant d'importance que le mariage. Le 4 octobre, la *Gazette* nous apprend que la comtesse de Beaumont a eu l'honneur d'être présentée à Leurs Majestés. Tout est donc pour le mieux aux yeux du monde; mais le bonheur ne vint pas. Au bout de peu de mois, la vie commune fut tellement insupportable, que le comte de Beaumont se retirait chez ses parents. Il revint lorsque M. de Montmorin était ministre des affaires étrangères. Mais la jeune femme avait développé ses facultés au contact des hommes distingués dont elle avait fait sa société; les instincts grossiers et l'inintelligence de son jeune mari la révoltèrent et M. de Montmorin, si nous en croyons un document émanant de M. de Beaumont lui-même, fut dans la nécessité de le menacer d'une lettre de cachet.

Cette fois, la rupture fut définitive; le comte de Beaumont ne s'intéressa à aucune des péripéties qui, s'échelonnant comme autant de stations douloureuses, laissèrent, en 1794, sa femme seule au monde et momentanément sans ressources. Nous n'osons pas dire qu'il coopéra à ses malheurs, mais il ne les vit pas sans satisfaction. Il n'émigra pas[1]; il s'était fait nommer commandant de la garde nationale de la commune de Puyguilem, dans la Dordogne. Revenu à Paris en 1792, successivement élève ecclésiastique, puis étudiant pour le génie militaire, il habitait rue Meslay, n° 27, se faisant régulièrement délivrer des certificats de républicanisme et de résidence par le comité de la section des Gravilliers. Il avait vendu toutes ses propriétés au citoyen Dupeyrat, qui fut plus tard membre du Conseil des cinq cents. Porté par les membres du district de Bergerac sur la liste des émigrés, le comte de Beaumont avait obtenu sa radiation en produisant les attestations de sa section. Une lettre de sa municipalité indique qu'il avait fait déposer ses anciens titres de redevances et droits féodaux et qu'ils avaient été brûlés conformément au décret du 17 juillet 1793. Ses vieux parents, après avoir été détenus au château de Hautefort, district d'Excideuil, avaient été mis en liberté; ils s'étaient réfugiés d'abord à Jean-sur-Colle, près

---

[1]. Archives nationales, section administrative, cotes D et F.

de Sarlat et avaient fini par se retirer à Créteil.

Leur fils n'était pas au bout de ses aventures. Il avait connu à Paris, dans l'année 1790, le général Damas. L'ayant retrouvé quatre ans après, dans une visite rue Faubourg-Saint-Honoré, le comte de Beaumont, craignant d'être inquiété après la journée du 18 fructidor, proposa à Damas de l'emmener avec lui à l'armée de Sambre-et-Meuse en qualité de secrétaire. Sa proposition fut agréée. Il était à peine installé depuis deux mois à la division du général Lefebvre, sous les ordres duquel se trouvait la brigade Damas, que, par ordre du général en chef, Augereau, il était arrêté comme prévenu d'émigration et enfermé dans la forteresse de Wetzlar. Un ordre de la police générale avait été à cet effet expédié de Paris. Le comte de Beaumont écrit alors à Précy, représentant du peuple au Conseil des cinq cents : il était devenu, nous ne savons comment, son ami ; Précy prend chaleureusement sa défense, se porte garant de son civisme et demande qu'il soit relâché. Nous avons la réponse du citoyen Rudler, commissaire du gouvernement dans les pays conquis entre Meuse et Rhin et Rhin et Moselle. Son rapport, adressé au ministre de la police le 25 ventôse an VI, est ainsi conçu :

« Citoyen ministre,

» Le ci-devant comte de Beaumont est détenu dans ce moment à la prison de Wetzlar, sur les bords du Rhin, près Mayence. Il a été arrêté en vertu d'un ordre émané de vos bureaux, adressé au citoyen Augereau, général en chef, le 6 frimaire dernier.

» Votre ordre était fondé sur plusieurs motifs : 1° l'ex-comte de Beaumont était prévenu d'émigration ; 2° on lui reprochait, en outre, sa conduite politique pendant la Révolution, certaines relations intimes, les persécutions qu'il avait fait éprouver à tous les républicains de sa commune, à ceux mêmes qui, dans d'autres temps, l'avaient garanti de celles dirigées contre lui ; enfin les propos les plus contre-révolutionnaires : qu'on avait beau vouloir empêcher la contre-révolution, qu'elle se ferait par le massacre de tous les patriotes. A ces dénonciations se joignait la fuite précipitée de cet individu après le 18 fructidor. En effet, dès le lendemain de cette journée, il avait quitté Paris à la faveur d'un passeport suranné, et, à force de sollicitations, il était parvenu à se placer, en qualité de secrétaire, auprès du général Damas à l'armée de Mayence.

» Aussitôt son arrestation, le sieur Précy, représentant du peuple au Conseil des cinq cents, a réclamé la mise en liberté du citoyen Beaumont. Il déclare le connaître depuis plusieurs années. Il atteste que les opinions qu'il a manifestées lui ont toujours paru en faveur de la république. Il joint au mémoire justicatif de son ami des certificats de civisme, délivrés au citoyen Beaumont par les officiers municipaux de la commune de Puyguilem, département de la Dordogne en 92 et en l'an II.

» Pour prononcer en connaissance de cause, vous avez fait prendre des informations.

» Il en résulte que l'émigration du citoyen Beaumont n'est pas constante ; son nom ne se trouve pas sur la liste des émigrés. Il paraît bien que sa conduite pendant la Révolution n'est pas exempte de reproches. Il a exagéré le patriotisme dans les premiers jours de la Révolution et il est devenu, dans la réaction, un des persécuteurs des républicains. Cependant, comme ces faits ne peuvent donner lieu à aucune action devant les tribunaux, sa détention à cet égard ne peut être prolongée.

On propose, en conséquence, au ministre, sa mise en liberté, en l'obligeant toutefois de prendre un passeport pour se rendre dans la commune de sa résidence.

» *P.-S.* — Depuis le rapport, il a été remis sous les yeux du ministre un arrêté du comité de législation de la Convention, qui prononce la radiation définitive dudit Beaumont. »

Il ne faudrait pas confondre le comte de Précy, défenseur de Lyon contre Dubois-Crancé, Collot-d'Herbois et Couthon, — en un mot, le chef des comités royalistes, — avec le citoyen Précy. Celui-ci avait été député de l'Yonne à la Convention nationale, et non seulement il ne fut pas inactif dans l'arrestation de la famille Montmorin au château de Passy, près de Sens, mais encore il avait de loin dirigé les poursuites. Une haine commune avait réuni le gendre de la victime de septembre et le conventionnel. Dans une lettre du 3 nivôse an VI, adressée au citoyen Cochon de Lapparent, ministre de la police, Précy, élu membre du Conseil des Cinq-Cents, explique, en effet, que son ami lui a constamment manifesté ses opinions républicaines, qu'il avait été persécuté sous l'ancien régime « de la part du ci-devant ministre Montmorin, dont, à seize ans, on le forçait d'épouser la fille, âgée de dix-sept ans, avec laquelle il n'avait jamais vécu; qu'il s'était soustrait à la persécution par la fuite et que ce n'était que depuis la Révolution qu'il était revenu librement à Paris. » Nous connaissons bien maintenant le mari de Pauline; mais la suite de la lettre de Précy n'est pas moins instructive :

« Depuis six mois, ajoute-t-il, Beaumont m'a témoigné ses inquiétudes sur l'influence du parti de Clichy en me disant que, si nous avions la contre-révolution, il serait perdu : 1° pour n'avoir pas émigré; 2° pour ne pas avoir *contribué;* 3° par rapport aux opinions qu'il avait manifestées en faveur de la République.

» Beaucoup de fois il m'a témoigné le désir de servir la République soit à l'armée, soit dans un bureau quelconque; qu'il aime à s'occuper, et que douze à quatorze heures de travail par jour ne le gêneraient pas, mais que, sa naissance le rendant suspect, il n'avait pas osé offrir ses services. Après la journée du 18 fructidor, il est venu me voir et m'a témoigné sa joie sur le succès; il me réitéra tout ce qu'il m'avait précédemment dit.

» Alors je lui dis que ses craintes relativement à sa naissance me paraissaient déplacées; que le citoyen Barras était directeur, le citoyen Bonaparte général en chef de l'armée d'Italie; que plusieurs hommes de naissance noble étaient bons républicains; je l'engageai à lever ses scrupules. Mon discours parut le flatter. Il me dit qu'il chercherait l'occasion d'être occupé. Environ dix à quinze jours après, il m'a fait part qu'il allait à l'armée avec un général dont il serait le secrétaire; qu'il lui importait peu à quoi il fût employé, qu'il était content et qu'il emploierait tous ses moyens contre les ennemis de la République.

» Avant son départ pour l'armée, il m'a communiqué les papiers qui attestent son civisme depuis le commencement de la Révolution; il m'en a laissé un extrait dont je joins une copie.

» Cependant je viens d'apprendre qu'il a été mis en arrestation par des ordres supérieurs. Si quelques malveillans ont voulu le perdre ou si quelques républicains ombrageux ont conçu de la défiance à son égard par rapport à sa naissance, je me plais à croire que vous emploierez votre autorité pour lui rendre sa liberté...

» Salut et fraternité.

» Précy. »

La liberté lui fut en effet rendue ; mais un procès avec Dupeyrat, acquéreur de ses terres de Puyguilem et collègue de Précy au Conseil des Cinq-Cents, appela, l'année suivante, dans la Dordogne, le comte de Beaumont. Son père, sa mère, sa sœur n'y habitaient plus. Le zèle des autorités locales se réveilla ; une visite domiciliaire eut encore lieu ; nouvelle intervention de Précy, nouvelle lettre de lui au ministre de la police (20 germinal an VII), dans laquelle, rappelant la précédente, il offre de communiquer les pièces et se porte fort que Beaumont se présentera dès son retour à Paris. Nous ne voyons pas qu'une suite ait été donnée à ces dernières menaces.

C'est alors que Pauline de Montmorin apprend tous ces incidents. Si nous anticipons sur les événements, c'est que M. de Beaumont a si peu tenu de place dans la vie de sa femme, et madame de Beaumont si peu de place dans la vie de son mari, que nous avons hâte de clore l'histoire, si courte, du reste, de leur mariage. Le meilleur des amis de Pauline était à cette heure Joubert. Nous dirons comment ils s'étaient rencontrés et comment cette amitié de tous les instants avait pris toutes les nuances d'un attachement passionné, sans être pourtant de l'amour. Elle l'avait averti de sa ferme résolution de reprendre la liberté complète de sa personne, humiliée, à cause des procès nécessités par la réintégration dans ses propriétés, de solliciter des procurations d'un homme qu'elle n'estimait pas. N'y avait-il pas aussi dans cette âme droite un autre scrupule ? Une allusion dans une lettre à Fontanes nous le laisserait croire. Chateaubriand venait de lui être présenté ; elle s'était jetée tout entière dans cette affection, sans regrets comme sans réserves, en femme du xviii° siècle qu'elle était, mais restant au fond très grande dame. Il lui répugnait, en aimant, d'avoir les apparences d'un lien qui ne lui permît pas de s'honorer hautement d'un absolu dévouement à ce charmeur qui l'avait transformée, et dont l'étrangeté d'allures, de ton, de style et de pensée faisait le plus étrange contraste avec le milieu dans lequel elle s'était élevée.

Le divorce fut prononcé par consentement mutuel en juin 1800.

« Êtes-vous bien démariée ? lui écrivait Joubert alors à Montignac, chez sa mère. Si vous ne voulez pas qu'on vous dise « mademoiselle », prenez le nom de Saint-Hérem. Au couvent que vous aimiez tant, on vous appelait Saint-Hérem. Madame de Saint-Hérem vous siéra fort bien. Une madame de Saint-Hérem est une Montmorin voilée. » — Et puis arrive sous la plume délicate de cet ami du Beau, cet argument, le plus décisif pour un lettré : « Madame de Sévigné, qui, comme vous le savez, m'est toutes choses, parle d'ailleurs des Saint-Hérem. Enfin, ou cachez votre nom, ou ne cachez pas votre filiation, à laquelle je tiens beaucoup. » Quoique divorcée, Pauline signait toutes ses lettres Beaumont-Montmorin. Mais, dans l'intimité, madame de Krüdner l'appelait toujours madame de Saint-Hérem. Le comte de Beaumont quitta quelques années après Créteil, où il avait acheté une propriété, et se retira à Francfort-sur-le-Mein. Il s'y remaria et il y mourut le 6 juin 1851, à l'âge de quatre-vingt-un ans. Ses père et mère s'étaient éteints en 1811.

Revenons en arrière. Le comte de Vergennes était mort le 13 février 1787. Le choix de son successeur n'était pas facile. Pendant treize ans, M. de Vergennes avait dirigé et inspiré la politique française ; sans laisser la réputation d'un grand ministre, il avait constamment fait preuve de sagesse et de capacité. Il avait mené à bien la guerre d'Amérique; il avait, en restant au pouvoir, donné un démenti au mot de Rulhière, qui définissait son mérite une médiocrité imposante, et, au total, il avait relevé la France de l'abaissement où l'avait laissée la guerre de Sept ans. L'héritage était lourd à porter[1]. Ce fut de son propre mouvement que Louis XVI nomma M. de Montmorin ministre et secrétaire d'État aux affaires étrangères. Il lui était attaché et ce choix ne fut le résultat d'aucune intrigue. M. de Saint-Priest était désigné par l'opinion de la cour, la reine lui était favorable; mais le roi avait des préventions contre lui. Il sentait, au contraire, dans Montmorin beaucoup de ses propres vertus et aussi quelques-uns de ses défauts. Il devinait que celui-là serait dévoué avant tout et jusqu'au bout.

Le nouveau ministre, au début, fut comme effrayé de sa tâche. Il pria Louis XVI de lui retirer les provinces, l'administration de l'intérieur, qu'avait aussi le comte de Vergennes; elles furent en effet jointes au département du baron de Breteuil. La *Gazette* du 18 février annonce que le comte de Montmorin a prêté serment entre les mains du roi

---

1. Bachaumont, *Journal*, 1787. — *Gazette de France*, 1787. — *Mémoires du baron de Bezenval*.

et, trois jours après, qu'il a eu l'honneur de faire ses révérences à la reine et à la famille royale. Le 23, il assistait à l'ouverture de l'Assemblée des notables ; on ne voit pas qu'il ait pris part à leurs délibérations.

Si Calonne avait pensé qu'il fallût gagner les esprits en les frappant par un acte audacieux, son caractère et ses vices affaiblissaient tous ses projets. Il n'avait pas remplacé l'appui de M. de Vergennes par celui des autres ministres, qu'il avait systématiquement délaissés. Il ne les consultait ni sur ses plans, ni sur ses démarches ; à peine leur lisait-il la veille ce qui devait être dit le lendemain dans les comités. Piqués d'être mis à l'écart, ils étaient peu disposés à seconder une besogne à laquelle ils n'avaient eu aucune part. Les clairvoyants ou les désabusés voyaient sans frayeur s'avancer l'orage à grands pas. Pour tous les hommes superficiels dont se composait la cour, qu'importaient des réformes proposées, mais aucunement préparées ? La chute du ministère était la chose essentielle. Calonne succombait six semaines après l'ouverture de l'Assemblée des notables.

Le roi avait envoyé chercher le baron de Breteuil, chargé, en sa qualité de secrétaire d'État au département de Paris, de porter les ordres de disgrâce. Il supplia Louis XVI de l'en dispenser, parce qu'il était reconnu pour l'adversaire juré du contrôleur général. Le comte de Montmorin reçut cette mission et la remplit. Étourdi du premier coup, Calonne se remit lorsqu'il sut que son successeur immédiat désigné n'était pas son ennemi, l'archevêque de Toulouse. Ce fut en effet le conseiller d'État Fourqueux. Montmorin avait parlé de Necker, mais sans succès. Ils ne se connaissaient pas encore ; la timidité naturelle de Montmorin l'empêcha d'être plus pressant et il ne put, cette fois, vaincre les répugnances du roi. Ce dernier pensait toujours que nommer Necker serait céder la couronne à son ministre.

Le lendemain, 13 avril 1787[1], le comte de Montmorin vint à Paris accomplir une semblable mission auprès du garde des sceaux. Le suisse, d'après Bachaumont, répondit que M. de Miroménil, plongé dans la douleur du décès de madame de Bérulle, sa fille, ne voyait personne. Le comte de Montmorin, ignorant cet événement tout récent, hésita

---

1. Bachaumont, t. XXXIV.

un instant; enfin il prit son parti et insista pour voir son ancien collègue. Il entra et lui offrit d'abord ses condoléances. M. de Miroménil, par ce début, s'imagina qu'il ne s'agissait que d'une visite d'honnêteté; et, après les compliments, lui dit : « Eh bien, monsieur le comte, voilà du nouveau! — signifiant par là le renvoi de M. de Calonne, dont il était instruit. — Oui, monsieur le garde des sceaux; mais ce n'est pas tout : il y a encore ce qui vous concerne, et je me fais une vraie peine de vous l'annoncer, surtout dans ce moment de douleur où vous êtes... » Enfin, Montmorin lui fit part des ordres du roi, et M. de Miroménil n'hésita point à remettre les sceaux.

Tels furent les débuts du comte de Montmorin au ministère. Quelques jours après, l'archevêque de Toulouse, M. de Brienne, qui visait depuis longtemps au poste de premier ministre, y parvenait. Il était chef du conseil des finances. Depuis quinze ans, il travaillait par le crédit des subalternes à se faire estimer de la reine. Ni assez éclairé pour être philosophe, ni assez ferme pour être despote, admirant tour à tour, suivant le mot d'une femme qui le jugeait bien, la conduite du cardinal de Richelieu et les principes des encyclopédistes, il n'avait guère plus de poids et de sérieux que Calonne. Quand les nations commencent à être quelque chose dans les affaires publiques, tous les esprits de salon sont inférieurs aux circonstances. Avec une présomption aveugle, l'archevêque de Toulouse, devenu cardinal-archevêque de Sens, ne faisait que presser le cours des événements. Après avoir mis fin à l'Assemblée des notables, il entrait en lutte avec les parlements. Toute la constitution du royaume était changée ; l'enregistrement avait été transporté dans les attributions d'une cour plénière ; des troubles éclataient dans les pays d'états, en Bretagne et en Dauphiné. Le cardinal de Brienne ayant représenté à Marie-Antoinette que, dans les heures de crise, on doit concentrer le pouvoir afin de lui donner plus de force, se faisait habilement nommer principal ministre. Ce changement n'avait convenu ni à la dignité des maréchaux de Castries et de Ségur, ses collègues, ni à leur façon de penser, encore moins à la considération qu'ils s'étaient acquise. Ils avaient envoyé leur démission. M. de Brienne, frère de l'archevêque, plus fort en intrigues qu'en talents militaires, avait été appelé au département de la guerre. Deux amis du comte de Montmorin restaient seulement avec lui au conseil,

M. de Malesherbes, comme ministre d'État et le comte de la Luzerne, son neveu, grand naturaliste, ancien gouverneur des îles Sous-le-Vent, frère de l'évêque de Langres, et de l'ambassadeur de France aux États-Unis, envoyé en 1788 à Londres. Si nous mentionnons ces deux personnages, c'est que tous les deux devinrent les hôtes assidus de l'hôtel de la rue Plumet. C'est en y dînant à côté du vertueux Malesherbes que lord Shelburn lui avait dit : « Si je fais quelque chose de bien dans tout le temps qui me reste à vivre, je suis sûr que votre souvenir y amènera mon âme. »

Le comte de la Luzerne, marquis de Beuzeville, avait un fils, capitaine dans les chevau-légers; ce fils épousa la sœur de madame de Beaumont, Victoire-Marie-Françoise de Montmorin. Ils eurent deux filles, bien jeunes lorsque leur tante eut à s'occuper d'elles : l'une, la marquise de Floirac, décédée à Paris, le 27 juillet 1858; l'autre, la marquise de Vibraye, morte au château de Bazouches, en Nivernois, le 9 mars 1875. — La faveur du comte de Montmorin est au comble. La comtesse de Beaumont est nommée dame pour accompagner Madame, femme du comte de Provence; la vicomtesse de la Luzerne est, en la même qualité, attachée à

Madame Victoire, et la *Gazette* du 4 novembre 1787 indique que, pour la première fois, elle quête le jour de la Toussaint, dans la chapelle de Versailles, à la grand'messe où assistait la famille royale.

Ayant un rang à la cour, faisant de plus les honneurs du salon de son père, Pauline de Montmorin eut bientôt choisi ses amitiés. Elles furent dignes d'elle.

VI

La société française en 1787-1788. — Les premières amitiés de madame de Beaumont. — Les Trudaine. — L'abbé Louis.

La société française, dans les années 1787-1788[1], présentait un attrait tout particulier. Ce n'étaient plus les grands salons que l'Europe entière était venue admirer. La mort les avait fermés les uns après les autres. Il y avait plus que la différence de deux règnes entre la conversation au temps de Louis XV et la conversation au temps de Louis XVI. L'âme de la fin du xviiie siècle n'était plus uniquement le plaisir : une vraie sympathie pour la nature humaine, l'idée de ses droits, le désir de son bonheur, le rêve de sa perfectibilité, avaient remplacé la passion désintéressée des choses de l'esprit. Le

1. *Mémoires secrets* de d'Allonville.

salon de madame Necker avait servi de transition. Cette dernière époque, adoucie par des illusions sans aigreur, avait bien plus de sérieux et presque de la raideur. Il y a loin de madame Du Deffand à madame de Staël. On causait partout et de tout. La bourgeoisie avait généralement résisté aux corruptions ; elle avait conservé les vertus du mariage et de la famille, tout en s'ouvrant au souffle des novateurs. Elle s'était plus particulièrement sentie touchée par les effluves des pages entraînantes de Rousseau ; par opposition au vieux monde de l'aristocratie et de la finance, usé par toutes les jouissances, dévoré par tous les égoïsmes, elle arrivait à la Révolution avec des trésors d'enthousiasme.

La noblesse de cour, à l'exception de quelques grands noms, avait perdu son prestige. Soustraite par les goûts de la jeune reine à la gêne de la représentation, elle portait dans le cœur un levain qui fermentait à toute occasion. Le baron de Bezenval, qui connaissait bien les habitués de Versailles, prétendait qu'il n'y avait là que des gens de petit esprit et de petits moyens. L'intrigue y faisait et y défaisait les ministres ; la lutte des deux esprits contraires, lutte acharnée sous le dernier règne, se poursuivait sans doute sur certains points, mais la victoire était assurée à l'égalité. Jusque dans l'antichambre du roi se tenaient les propos les plus séditieux. Ce n'était pas seulement dans la grand'chambre du Parlement que la fermentation agitait les têtes, ce n'était pas seulement dans la salle des Pas-Perdus qu'on était imbu des maximes de l'anéantissement de l'autorité : l'esprit général de révolte, le choc des intérêts divers, avaient produit, au dire des hommes les plus impartiaux, une caricature de guerre civile qui, sans chefs, sans effusion de sang, en avait pourtant les inconvénients. Suivant le mot caractéristique du prince de Ligne, il était aussi à la mode de désobéir sous Louis XVI que d'obéir sous Louis XIV. « La puissante race d'orateurs et de soldats qui devait étonner l'Europe se formait, silencieusement et obscurément, en province. »

Quelles que fussent les agitations dans le monde des parlementaires et des courtisans, rien n'était enchanteur encore comme les salons de Paris. La violence de la polémique n'y avait pas remplacé l'aménité. La politesse était restée la partie essentielle de l'éducation française; le respect pour les vieillards maintenait le règne des convenances sociales. La Révolution devait fatalement rendre le commerce de la vie chaque jour plus difficile, plus épineux; il allait devenir tantôt aigre et emporté, tantôt réservé et plein de précautions. Néanmoins, tant que les clubs ne furent pas ouverts et les échafauds dressés, la société parisienne donna une dernière fois le modèle de cette facile communication des esprits distingués entre eux, la plus noble jouissance dont la nature humaine soit capable. Comme les affaires politiques étaient encore entre les mains des gens bien élevés, toutes les grâces de la vieille politesse relevaient les discussions les plus sérieuses, et l'opposition dans les sentiments et dans les intérêts ne faisait que donner plus de chaleur et d'originalité à la conversation. On n'éprouvait qu'une crainte, celle de ne pas mériter assez la considération de ceux qui écoutaient, et cette crainte était loin d'être défavorable au développement des facultés. La mode était aux théories politiques; « Dussé-je y périr, disait madame de Tessé, j'espère que la France aura une constitution. » Tout le monde faisait la sienne; jusqu'à la duchesse de Bourbon, qui en fabriquait une dont les premiers articles avaient pour but de rendre les hommes vertueux, de leur assurer le nécessaire pour vivre et surtout de protéger le peuple contre des besoins factices. Les hardiesses de langage étaient poussées si loin, que d'Allonville, dînant chez le duc de Brissac, l'ami de la Du Barry, une année avant la réunion des états généraux, le 6 janvier, en nombreuse et aristocratique compagnie, le maître de la maison s'écria au moment où l'on servait le gâteau des Rois : « Pourquoi le tirer? nous n'en avons plus. » Il semblait, dans ces deux ou trois dernières années, que, pressentant sa ruine définitive, l'ancien régime eût voulu s'éteindre après avoir épuisé toutes les ivresses de l'esprit.

Si, dans la haute société, tout tendait à se niveler, les mœurs comme les fortunes, les vanités comme les mœurs, la femme résistait la dernière. Elle était devenue incomparable dans l'art si français des riens élégants. Comme aucune forme autour d'elle n'avait extérieurement changé, elle était convaincue que, malgré les constitutions nouvelles, tout resterait à la même place. La tyrannie du ridicule qui caractérisait éminemment ces dernières années de la monarchie et qui, après avoir poli le goût, finissait par user les forces, était la seule préoccupation des grandes dames; malgré le relâchement des liens de hiérarchie, elles maintenaient cependant plus que leurs maris la différence des conditions sociales. Que de temps et quelle dépense d'amabilité ne fallait-il pas à madame Necker elle-même pour que toutes les portes lui fussent ouvertes! Mais, une fois qu'on était entré, quel charme! Ces femmes inoubliables avaient une qualité presque aussi attachante que leurs grâces, elles étaient non pas des savantes, mais des lettrées; leur intelligence sérieuse et cultivée se dilatait dans les plus hautes régions de l'esprit. Si elles écrivaient moins bien que leurs mères, elles parlaient couramment la meilleure langue et, sans être apprêtées, elles jugeaient d'un trait, avec une indépendance et une finesse personnelles, les livres nouveaux, les renommées à la mode, s'échauffant pour un chapitre des *Confessions* et disant à ravir un conte de Voltaire. Si les financiers faisaient parfois antichambre dans leur hôtel, les écrivains de talent n'y attendaient jamais; ceux-ci leur donnèrent en revanche la connaissance du cœur de l'homme, un supérieur bon sens associé à l'ardent désir de plaire et une franchise d'allure qui n'excluait jamais la distinction. Si la comtesse de Vintimille prenait le deuil le jour de l'anniversaire de la mort de madame de Sévigné, l'on sait aussi qu'elle est celle qui, ayant à choisir un précepteur pour ses fils, exigeait d'abord qu'il eût connu l'amour. Ce sont bien les deux côtés du siècle. *Memento quia pulvis es!* comme disait Diderot des pastels de Latour, où revivaient ces fragiles et suprêmes élégances !

Madame de Beaumont apportait dans ce monde une insatiable curiosité intellectuelle. Ceux qui l'ont vue faisant les honneurs des soirées de son père, ou bien étant de service à la cour, dépeignent dans ces années sa personne comme alliant la vivacité à la tristesse, une spirituelle pétulance à la mélancolie et une absence de fadeur qui attestait la vigueur saine du dedans. Elle n'avait pas encore ce parler lent que les souffrances devaient lui apporter. Dans le rayonnement de ses vingt ans, elle inspirait plus de sympathies que de flammes, et, dans ce temps où l'on disait tout parce qu'on acceptait tout, nous ne rencontrons sur elle aucune médisance. Seule, la *Correspondance secrète* mentionne des liaisons intimes de madame de Beaumont avec un aimable abbé. Celui qui est ainsi désigné avait été présenté à M. de Montmorin par un autre abbé non moins célèbre, M. de Talleyrand-Périgord ; et il devait, deux années plus tard, lors de la fête de la Fédération, le 14 juillet 1790, lui servir d'assistant à la célébration de la messe du Champ-de-Mars.

C'était un conseiller clerc à la troisième chambre des enquêtes du parlement de Paris, âgé de trente-cinq ans à peine, fort ambitieux et remuant, lancé de bonne heure par l'économiste Panchaud dans l'étude des sciences politiques et financières. On l'appelait l'abbé Louis en attendant qu'il devînt baron. Il était très avant dans la confiance de M. de Montmorin. Comme l'abbé possédait à un haut degré, avec une forte éducation ecclésiastique, l'esprit d'observation, comme il était l'ami d'Adrien Duport, son collègue au Parlement, il s'était affilié à une société très connue, la société des Trente, qui a devancé par ses projets la Déclaration des droits de l'homme. Sans fortune, il ménageait avec soin ses amitiés, se faisant des protecteurs dans tous les partis et professant cependant la plus rigoureuse fidélité dans ses liaisons[1]. « Mettant beaucoup de suite dans cette manière d'agir, écrivait la Marck au comte de Mercy-Argenteau, il est parvenu à se faire regarder par les partis opposés comme un homme d'une discrétion et d'une sûreté à toute épreuve. Dans ce moment, par exemple, il est à la fois l'ami intime de l'abbé de Montesquiou et de

---

1. *Correspondance de Mirabeau et de M. de la Marck.*

Duport, qui se haïssent cordialement, et il leur inspire à l'un et à l'autre une égale confiance. Trompet-il l'un et l'autre? Non; mais il a des besoins et un but, et, dans son propre intérêt, il est fidèle à tous les deux. »

On ne saurait mieux dire. Le comte de la Marck voyait alors l'abbé Louis fréquemment. Leurs rapports se multiplièrent quand l'abbé connut ceux de Mirabeau avec Montmorin. Chargé par ce dernier d'une mission auprès de Joseph II, il fut en même temps prié par la reine, en avril 1791, de porter à Vienne une cassette contenant ses diamants. A son retour d'Autriche, Montmorin l'avait nommé ministre de France en Danemark; mais il ne put même pas se rendre à son poste et il émigra en Angleterre. Madame de Beaumont, après le 18 brumaire, le retrouva à Paris; il était parvenu, grâce au général Suchet, à obtenir la direction de la comptabilité au ministère de la guerre. Une parole de madame de Beaumont nous éclaire plus sur la nature de leurs relations durant le ministère de M. de Montmorin que toutes les correspondances anonymes. « Avez-vous vu Louis? demandait un jour, en 1802, M. Molé dans le salon de la rue Neuve-du-Luxembourg. — Il a sa fortune à refaire, » se contenta de répondre en souriant madame de Beaumont. Personne n'ignore ce que la destinée réservait à l'habileté et à la science financière de M. Louis. En attendant les événements, il devenait un des familiers de l'hôtel Montmorin et n'était alors qu'obséquieux et empressé.

Les vrais amis de Pauline de Beaumont, en ce temps-là, furent François de Pange et les Trudaine. Par eux, elle connut successivement Suard, madame de Krudner, André Chénier, jusqu'à ce que, M. Necker étant devenu le collègue de son père, elle s'approchât de la brillante ambassadrice de Suède, madame de Staël.

Il n'y eut jamais en France, si ce n'est à la fin de la Restauration, une plus forte génération, d'une éducation plus accomplie, d'une intelligence plus mûre et mieux préparée à de grands événements, que cette génération de jeunes gens appartenant aux familles parlementaires, à l'armée, à la finance, à la haute bourgeoisie et atteignant à peine trente ans en 1789. Au premier rang de cette phalange, marchaient François de Pange et deux conseillers au Parlement, de vingt-six à vingt-huit ans à peine, qu'on appelait à Paris, au dire de Mercier, les aimables et généreux Trudaine. Hospitaliers dans leur somptueux hôtel de la place Louis XV, possesseurs presque aux portes de Paris de cette belle terre de Montigny, connue de tous les philosophes du xviii° siècle, ils ne faisaient que continuer, en protégeant les lettres et les arts, les traditions de leur père et surtout de leur illustre aïeul.

Leur arrière-grand-père [1], successivement intendant de Lyon, de Dijon, et conseiller d'État, beau-frère du chancelier Voisin, d'une probité rigide, honoré de la confiance de Louis XIV, s'était marié, en 1700, avec mademoiselle de la Sablière, petite-fille de l'amie de Lafontaine. Il avait eu de son mariage cinq enfants, dont un seul survécut. Ce fils, qui porta très haut le nom de la famille, était conseiller au Parlement à vingt et un ans. Sur les instances du cardinal Fleury et de d'Aguesseau, il acheta une charge de maître des requêtes et fut nommé intendant d'Auvergne. Il conserva ce poste cinq années, et ce fut dans ses nouvelles fonctions que ses talents commencèrent à se developper. Il avait à peine trente ans. L'Auvergne lui doit les routes entre la plaine et la montagne. Nul doute qu'à cette époque n'aient commencé les relations affectueuses

---

1. *Journal de Barbier*, juillet 1720. *Saint-Simon*, t. XXIV, *Éloge de Condorcet.*

avec les Montmorin, seigneurs influents de la province.

En 1734, le cardinal Fleury lui proposa la charge d'intendant des finances avec le département du domaine; mais il n'eut une véritable occasion de faire connaître et la fermeté de son caractère et l'étendue de ses lumières que lorsque le contrôleur général Orry lui confia la direction des ponts et chaussées. Trudaine conduisit ce département pendant trente ans. Par l'étendue de ses projets, par la suite qu'il mit dans les détails et l'économie avec laquelle il dirigea les travaux, il sut, a dit Condorcet, mériter l'estime de la nation. Enfin le roi l'obligea de se charger aussi de la direction du commerce, lorsque le titulaire, M. Rouillé, fut appelé aux fonctions de secrétaire d'État de la marine.

L'industrie nationale, particulièrement celle de l'ameublement sous toutes ses formes, prenait en France un essor considérable. Les idées économiques s'éveillaient; l'école des physiocrates grandissait en influence et semait des idées. M. de Trudaine était porté vers les doctrines de liberté commerciale; lié avec M. de Machault, il s'inspirait des vues originales et vigoureuses de cet éminent esprit. Tout autre eût été écrasé par un travail surhumain; il y suffisait en allant se reposer fréquemment à Montigny, y donnant l'hospitalité à toutes les célébrités à la mode, étant l'ami à la fois de madame Du Deffand et de madame Geoffrin et correspondant de Voltaire. Les Mémoires de l'abbé Morellet abondent en détails pleins d'intérêt sur ce grand-père des deux jeunes amis de madame de Beaumont. Mais rien ne vaut le témoignage du patriarche de Ferney[1]. Il écrivait, le 15 janvier 1761, à madame Du Deffand : « M. de Trudaine ne sait ce qu'il dit, quand il prétend que je me porte bien; mais en vérité c'est la seule chose sur laquelle il se trompe : je n'ai jamais connu d'esprit plus juste et plus aimable; je suis enchanté qu'il soit de votre cour et je voudrais qu'on ne vous l'enlevât que pour le faire mon intendant, car j'ai grand besoin d'un intendant qui m'aime. »

Au moment de mourir, son fils, dans l'excès de l'affection, recevant ses derniers adieux, crut devoir l'informer de l'intérêt universel qu'on lui avait marqué sur son état, de l'estime et de la considération dont il jouissait. M. de Trudaine l'écoutait

---

1. *Correspondance de Voltaire*, 1761, 1765. — *Correspondance de madame du Deffand*, édition Saint-Aulaire. — *Correspondance de Diderot avec mademoiselle Voland*.

avec une douce satisfaction peinte dans ses yeux; ensuite le regardant avec attendrissement : « Eh bien, mon ami, lui dit-il, je te lègue tout cela. » Il avait été élu en 1743 de l'Académie des sciences. Il avait, en 1754, donné sa démission pour que son fils le remplaçât; mais le roi, du consentement de l'Académie elle-même, permit au père d'y conserver séance et voix délibérative.

C'est ce Trudaine à qui Louis XV avait accordé la survivance des charges et titres paternels, qui est plus particulièrement connu au XVIIIe siècle sous le nom de Montigny. Il était né en 1733 à Clermont-Ferrand, pendant que Daniel Trudaine était intendant de la province. Clairault avait été son maître de mathématiques et de physique; il était donc préparé par une forte et complète éducation, quand il entra au conseil des finances et à celui du commerce. Il pria le roi de lui permettre de ne pas toucher les appointements de sa place. « On me demande si rarement de pareilles grâces, répondit Louis XV, que, pour la singularité du fait, je ne veux pas vous refuser. » Il était des samedis de madame Du Deffand, s'était pris d'une belle passion pour Diderot; enfin il allait à Chanteloup. « Je soupais hier avec M. de Montigny (17 juillet 1767), écrivait l'amie d'Horace Walpole à la duchesse de Choiseul; il me demanda si vous étiez contente des soins et de l'empressement qu'il avait pour les choses qui pouvaient vous être agréables. Je fus prise un peu au dépourvu. Je suis comme feu Nolé, je n'ai pas de monde, c'est-à-dire pas de présence d'esprit, pas d'à-propos. Je lui dis seulement que nous avions parlé plusieurs fois de lui, que vous l'estimiez infiniment. Il enfila votre éloge, me dit tout le bien que vous faisiez à Chanteloup; c'est un homme bon, vrai et simple, fort occupé de faire le bien, point ambitieux et qui, à ce qu'on dit, a beaucoup de capacité. Je vous ai dit que je lui avais de l'obligation. C'est le moyen de m'acquitter envers lui, si vous voulez bien lui faire entendre que vous lui en savez gré et que vous partagez ma reconnaissance. » — « J'aime M. de Montigny à la folie, répondait la duchesse de Choiseul; je ne vous en ai pas parlé, parce que je ne parle pas de mes affaires; mais je voudrais qu'il pût lui revenir de toutes parts combien je suis sensible à toutes ses honnêtetés pour moi. » Madame Du Deffand, très jalouse de ses amitiés à travers ses habituelles sécheresses, comptait sur ses doigts les vrais fidèles de Chanteloup, et garantissait, dans une autre lettre,

Trudaine de Montigny comme étant du nombre des croyants. Il en fournit une preuve éclatante en consentant à donner, devant ce monde choisi, lecture d'une comédie en trois actes intitulée *le Jaloux puni*. Il l'avait composée à l'âge de vingt-six ans, et la pièce, à son apparition, fit du bruit. Collé, dans son journal (mars 1764), n'avait-il pas écrit : « Je regarde cette pièce faite à cet âge comme un phénomène et un miracle. Tous les caractères en sont dans la nature, finement et profondément aperçus. Le dialogue est d'un caractère et d'une vérité que Molière lui-même ne désavouerait pas. L'intrigue est bien liée, les scènes bien enchaînées et filées avec un art admirable. Si M. de Montigny n'avait pas une place distinguée et des occupations sérieuses et qu'il eût été dans le cas de se livrer tout entier à faire des comédies, j'ose dire qu'il aurait un rang bien proche de celui de Molière, s'il ne lui eût pas disputé le sien quelquefois. » Il est vrai que Collé corrigea plus tard cet éloge, craignant avec juste raison d'avoir porté trop loin son enthousiasme, mais insistant encore sur le talent que cette comédie décelait.

Étant ainsi doué, Trudaine de Montigny constituait facilement autour de lui un salon. Il y fut aidé par sa femme, mademoiselle de Fourqueux, fille du conseiller d'État, un instant contrôleur général des finances, avant le second ministère de Necker. Madame Trudaine avait de l'esprit, du goût, un grand fonds de sensibilité, avec un peu d'affectation; elle se livrait aisément et souvent avait été dupe de son excellente nature. Elle avait tous les soins imaginables pour rendre sa maison agréable et y attirer la meilleure compagnie de Paris. Deux grands dîners par semaine et un souper tous les soirs lui assuraient une société intéressante. Gentilshommes, gens de lettres, la robe et la finance, tous s'y trouvaient rapprochés par la politesse et le talent. Quoique gracieuse, la maîtresse du logis parlait peu; elle savait écouter. D'une santé délicate, couchée sur un canapé, elle recevait une révérence, un compliment de la foule qui entrait, et lui laissait toute liberté. Chacun s'empressait de s'informer des nouvelles du jour, de la question qui agitait tout Paris, puis sortait comme d'un cercle. Il arrivait même que madame de Montigny fût obligée de garder la chambre. Sa maison n'en restait pas moins ouverte; on venait y souper et l'on s'en retournait sans l'avoir vue. « Il y a dix ans, s'écriait un jour devant un de ses familiers la pauvre femme, ennuyée enfin d'être la victime de sa complaisance et de ses aménités, il y a dix ans que je prends de la peine pour rendre ma maison agréable et me faire des amis ; aux égards et à l'intérêt qu'on fait voir pour moi, voyez comme j'ai bien réussi. » Voilà où conduisaient la représentation à outrance et le vide de la mondanité poussée à l'excès !

Engouée de l'*Émile*, dont elle sentait les beautés, madame de Montigny était parvenue, à force de cajoleries, à apprivoiser la misanthropie de Rousseau et à l'attirer chez elle ; il y venait dîner, mais en petit comité. Morellet était un jour du nombre des convives. Voilà Rousseau qui devient sérieux et froid et lui tourne le dos. Il s'était imaginé que Morellet avait écrit pour l'archevêque de Toulouse, parlant au nom de l'assemblée du clergé, une instruction pastorale où il était fort maltraité. Vainement l'abbé, instruit de la cause de l'irritation, fournit dans l'entrevue suivante des dénégations positives ; Rousseau s'excusa, se rétracta même ; mais l'impression reçue ne s'effaça point, et madame Trudaine de Montigny ne le revit plus.

Le maître de la maison[1], qu'on désignait familiè-

1. *Mémoires* d'Augeard. Dutens, *Mémoires d'un voyageur qui se repose*. *Mémoires de l'abbé Morellet*.

rement sous le sobriquet de « garçon philosophe », était, à cause de ses relations, tracassé par le premier ministre. Il n'y avait pas de déboire qu'on ne lui fît essuyer pour le forcer à quitter le département des finances. Les Mémoires d'Augeard nous apprennent par quel procédé Trudaine de Montigny reconquit les faveurs du duc d'Aiguillon. Après avoir été son ennemi, il le porta à la plus haute estime et engagea même le roi et toute la cour à assister à l'inauguration du pont de Neuilly pour faire honneur à la famille Trudaine.

Deux événements qui eurent alors du retentissement ne contribuèrent pas moins à le populariser dans le parti des philosophes et des économistes. Associé aux idées de Turgot[1], convaincu que, pour le développement de la richesse nationale, le moment était venu de briser les douanes provinciales, dépassant son siècle par la conception de la liberté commerciale, Trudaine de Montigny utilisait la plume de Morellet, qu'il avait attaché à son cabinet. L'introduction et l'usage des toiles étrangères étaient prohibés sous les peines les plus sévères. On inquiétait les citoyens jusque dans la capitale

1. *Correspondance de l'abbé Galiani*, février, avril, décembre 1770.

par des visites domiciliaires; on dépouillait les femmes à l'entrée des villes. Toutes les tyrannies fiscales étaient employées pour empêcher ce genre d'industrie importée de s'établir. On envoyait nombre d'hommes aux galères pour une pièce de toile. Les fabricants et les chambres de commerce du royaume avaient presque tous voté contre la liberté. Trudaine de Montigny fit publier par l'abbé Morellet une brochure intitulée : *Avantages de la fabrication et de l'usage des toiles peintes en France*, et put obtenir un arrêt favorable du conseil.

En 1762, avait paru le mémoire sur son projet favori, le reculement des barrières et l'abolition des droits intérieurs. L'affaire ne put pas être jugée, il fallut la main puissante de la Constituante pour la trancher. Mais l'édit de 1764 sur la libre exportation des blés fut l'acte mémorable du ministère de M. de Montigny. Les meilleures raisons ne purent cependant tenir devant les étincelants *Dialogues* de l'abbé Galiani. On sait quel en fut le succès : les femmes du monde se les disputaient, comme les *Petites Lettres*, un siècle auparavant. La verve spirituelle avait tout entraîné et tout gagné, jusqu'à Voltaire, qui écrivait à d'Argental : « O le plaisant homme! ô le diable de corps! On n'a jamais eu plus gaiement raison.

Cet homme-là ferait rire la grand'chambre ; mais je ne sais s'il viendrait à bout de l'instruire. » Vainement Morellet obéit-il à l'invitation de réfuter les *Dialogues;* il avait suffi aux rieurs de l'entendre surnommer l'abbé Panurge pour lui donner tort ; que pouvait un gros livre de didactique contre ces flèches légères, acérées et vibrantes ?

M. de Montigny avait été plus heureux dans l'aide qu'il avait prêtée à l'affranchissement du pays de Gex, anéanti sous le poids d'impôts écrasants. Voltaire avait demandé à Turgot que les marchandises y arrivassent de Marseille avec la même exemption de droits dont jouissait Genève. Trudaine de Montigny voulait faire mieux encore : il pensait que les impôts établis sur la consommation et le commerce étaient contraires aux intérêts de la nation; il désirait trouver une province où il pût faire un essai de ses principes. Il avait vu le pays de Gex en allant à Ferney et il avait proposé à Voltaire une contribution unique établie du consentement des habitants et remplaçant la multiplicité des taxes. « Mes petits-enfants, répondait le patriarche, s'assembleront lundi 11 décembre ; je m'y trouverai, moi qui n'y vais jamais. J'y verrai quelques curés qui représentent le premier ordre de la

France et qui regardent comme un péché mortel l'assujettissement de payer 30,000 francs à la ferme générale. Ils auront beau dire que les publicains sont maudits dans l'Évangile. Je leur dirai qu'il faut vous bénir et que vous êtes le maître auquel les publicains et eux doivent obéissance. Je leur remontrerai qu'il faut accepter votre édit purement et simplement, comme on acceptait la bulle. » La réforme réussit en effet.

Par une conséquence des mêmes principes, Trudaine pensait que plus une denrée est nécessaire et le besoin de cette denrée général et pressant, plus aussi le commerce en doit être libre. Il ne put réussir à convaincre les intérêts peu éclairés de son temps. S'il eût vécu jusqu'en 89, il eût augmenté le groupe des Mounier, des Malouet, des Montmorin; il les eût suivis dans leur dévouement et dans leur résistance.

La mort frappa M. de Trudaine encore jeune. Lorsqu'en 1787, la place d'intendant des finances fut supprimée, il s'était retiré dans sa campagne de Montigny, sans accepter le poste de contrôleur général qu'on lui offrait. Il y faisait jouer la comédie. Mademoiselle Clairon était venue déclamer le songe d'Athalie et le rôle de Viriate dans *Serto-*

rius, qu'on disait être son triomphe. Dans une lettre à madame de Choiseul, la marquise Du Deffand raconte comment M. de Trudaine fut enlevé à l'affection des siens : « Vous serez bien surprise en apprenant la mort de M. de Trudaine ; elle a été aussi imprévue et aussi prompte que celle de la maréchale de Fitz-James. Lundi, il se portait comme à son ordinaire ; depuis quelque temps, il se plaignait de sentir des barres dans l'estomac, il prenait du lait de chèvre qui ne passait pas bien. Le mardi, il alla se promener en voiture. Il en descendit, voulant faire quelques tours à pied. Se trouvant trop faible, il fit peu de chemin et remonta en carrosse. A peine y fut-il entré, qu'il tomba sans connaissance sur ceux qui étaient avec lui. On le ramena bien vite, on le fit saigner. Le sang vint bien et soudain il mourut. Je ne sais quelles gens étaient avec lui. » Ces gens étaient madame de Saint-Maur, qui n'avait, racontent les mauvaises langues, que l'esprit qu'on lui prêtait, madame la présidente Belot des Mesnières et M. Saurin. « Je vous sais bien gré, écrivait Voltaire à la vieille aveugle, de regretter M. de Trudaine ; c'était le seul homme d'État sur qui je pouvais compter[1]. » Il n'y avait en

---

1. *Mémoires de Soulavie*, t. IV.

France aucun parti qui n'en parlât avec vénération.

Deux fils lui survécurent, tous les deux d'une rare distinction et d'un caractère plus rare encore. L'aîné avait, comme son père, pris le nom de Montigny; le second, celui de leur aïeule, madame de la Sablière. Ils avaient l'un pour l'autre l'affection la plus touchante et ne voulurent jamais se quitter. Aussi le plus âgé seul se maria; il épousa mademoiselle de Courbeton. Le plus jeune, mieux doué, était poète et musicien; tous les deux n'avaient pas dépassé l'âge des illusions quand la Révolution éclata. Ils siégeaient à la chambre des enquêtes du Parlement et remplissaient avec honneur les devoirs de leur charge. Ils étaient heureux de vivre et ils croyaient à la bonté des hommes!

V

François de Pange et le monde de madame de Beaumont
à l'ouverture des états généraux.

Ce fut le chevalier François de Pange qui présenta les frères Trudaine à madame de Beaumont. Ils devinrent les habitués de son cercle intime; ils initièrent cette âme ardente et déjà attristée au culte des lettres. François de Pange avait beaucoup fait pour l'ouvrir; sa parenté lui avait donné des droits. Ils étaient, en effet, cousins par alliance. A défaut d'alliance, ils étaient attirés par des affinités de nature[1]. Leur santé était extrêmement délicate et donnait au son de leur voix l'émotion fréquente que leur cœur recevait des événements considérables qui se passaient sous leurs yeux.

1. *Essais de mémoires* sur M. Suard.

François de Pange était l'un des esprits les plus courageux, les plus éclairés, les plus polis parmi cette société d'élite. Il avait dans les manières et dans le langage cette finesse et cette grâce qui prouvent à la fois l'habitude des affections douces et celle des idées précises. Il ne disait, suivant le mot de Rœderer, que des choses dignes d'être écrites et il n'écrivait que des choses dignes d'être faites. Il avait vingt-trois ans en 1787, et déjà, à l'ingénuité et à l'exquise sensibilité de son âme, il joignait un savoir étendu et la maturité du jugement. Il était tout entier de son époque par son optimisme expansif. C'était déjà l'homme qui, après avoir fait partie de la Société de 1789 et du club des Feuillants, devait être le collaborateur du *Journal de Paris* et livrer, avec quelques écrivains intrépides, du mois de janvier au mois d'août 1792, des batailles désespérées, dont leur vie était tous les matins l'enjeu, pour la défense des lois et des libertés publiques.

Avec de tels dons, une si grande hauteur de cœur, il ne faut pas s'étonner de son influence sur des jeunes gens enthousiastes qui croyaient que la Révolution était grosse des destinées du monde. Par sa sagesse, par son tempérament à la Vauvenargues, de Pange s'en détachait et restait lui-même. S'il n'avait eu, comme tous les hommes de cette fin du xviiie siècle, une passion profonde que ses amis respectaient, nul doute qu'une sympathie plus intime ne l'eût uni à madame de Beaumont. Il la voyait tous les jours, il l'accompagnait dans le monde, ils aimaient les mêmes choses; mais François de Pange avait pour une autre de ses cousines, madame Louise Mégret de Serilly, une affection partagée que le tribunal révolutionnaire faillit à jamais briser, mais qui se renoua après thermidor et trouva enfin dans une union trop courte de suprêmes félicités. C'est d'elle que parlait André Chénier lorsque, enviant à son ami,

> Nourri du lait secret des antiques doctrines,
> Un bien modique et sûr qui fait la liberté,

il lui rappelle ses rêves, ses goûts de solitude et des bois,

> Le banquet des amis et quelquefois, les soirs,
> Le baiser jeune et frais d'une blanche aux yeux noirs.

C'est André Chénier qui fut, en effet, le chantre de ce monde élégant, voluptueux, instruit, distingué, ouvert à toutes les idées et à toutes les passions généreuses. Qu'on relise les élégies et les épîtres; à côté de Camille et de Fanny, les noms des deux Trudaine et de François de Pange, sont toujours dans sa bouche.

> Ce sont les confidents de ses jeunes mystères.

Ils avaient été élevés ensemble au collège de Navarre ; leurs vacances se passaient sous les ombrages de Montigny ; là, François de Pange avait essayé de rimer : « Tu naquis rossignol, » lui disait Chénier ; mais il avait été trop tôt fugitif des « neuf sœurs » ;

> De son cœur presque enfant la mûre expérience

l'entraînait vers l'histoire ; il n'était pas, comme ses aimables compagnons, des soupers de la Reynière et de Lycoris ; le désir du savoir, la passion de l'universalité, le consumaient. Aucun ami cependant ne prêtait une oreille plus attentive et plus charmée aux vers d'André ; personne aussi n'avait mieux compris ce qu'il y avait de viril dans cette âme à la fois tendre et romaine.

> L'amicale douceur de leurs chers entretiens

ne fut jamais remplacée ; aussi le poète a-t-il attaché son nom chéri, dans le livre de la postérité, avec un clou d'or.

Lorsque les dures nécessités de la vie, son pesant esclavage, forcèrent André Chénier à entrer dans la carrière diplomatique, ce fut madame de Beaumont qui le recommanda à son père. M. de Montmorin l'attacha à l'ambassade d'Angleterre. On sait quels liens étroits unissaient la famille du ministre des affaires étrangères à celle de la Luzerne. L'ambassadeur de France à Londres était l'oncle de Victoire de Montmorin, qui avait épousé le fils du ministre de la marine.

Pendant les deux années de séjour de Chénier en Angleterre, les relations mondaines de madame de Beaumont s'étendirent en dehors de son premier cercle. L'entrée de Necker au ministère de 1788 facilita cette transformation. C'est de cette époque que datent les rapports affectueux avec madame de Staël. Tout entière alors à ses devoirs d'ambassadrice, elle avait accepté la tâche de rendre un compte exact et régulier de ce qui se passait à la cour. — Elle avait déjà un salon à elle, où, bien avant Benjamin Constant, M. de Guibert régnait, puis le comte Louis de Narbonne. Frappée de l'intelligence de madame de Beaumont, du sérieux et de la sûreté de son commerce, elle aimait à consulter son goût délicat sur ses premières productions. Par sa verve raisonneuse et expansive, par son éducation protestante et génevoise, elle brisait le cadre de l'ancien monde. Elle était presque une moderne. La société française lui paraissait à de certains égards trop civilisée; elle était étonnée de voir la vanité occuper seule toutes les places l'homme ne vivre que pour faire effet autour de lui, pour exciter l'envie qu'il ressentait à son tour. « Ce besoin de réussir, comme elle l'a écrit, cette crainte de déplaire altérait, exagérait souvent les vrais principes du goût. Chaque jour, on mettait plus de subtilité dans les règles de la politesse. L'aisance des manières existait sans l'abandon des sentiments; la politesse classait au lieu de réunir. Il fallait et parler et se taire comme les autres, connaître les usages pour ne rien inventer, ne rien hasarder; et c'était en imitant longtemps les manières reçues qu'on acquérait enfin le droit de prétendre à une réputation[1]. ». Une révolution se préparait dans la manière de vivre. On commençait à pérorer plus qu'à causer, et des divisions qui ne s'étaient jamais produites allaient enlever à la France cet art particulier, composé de sous-entendus, de nuances et de quiétude.

[1]. Madame de Staël, *De la littérature dans ses rapports avec les institutions sociales.*

Appelée à vivre aux confins de deux mondes séparés en quelques mois par un abîme, madame de Beaumont écoutait tout; elle n'était indifférente à rien. M. Suard, qui l'avait rencontrée, l'ayant jugée aussi spirituelle qu'aimable, François de Pange, un des habitués de la maison, l'avait présentée, et l'on mit plus que de l'empressement à la recevoir. Elle s'y plut beaucoup, et son esprit prompt et solide formait un saisissant contraste avec son enveloppe maladive. C'est alors que Rulhière fit graver pour elle un cachet qui représentait un chêne avec cette devise : « Un souffle m'agite et rien ne m'ébranle. » Plus tard, durant sa lente agonie, elle avait adopté un cachet égyptien en caractères arabes, avec cette inscription. « Sa puissance ne saurait subir ni destruction ni diminution. » Voulait-elle parler de Dieu ? voulait-elle, au contraire, parler d'une affection qui alors l'absorbait tout entière ?

Le besoin d'admirer l'entraînait vers les lettres et les philosophes, et, s'il est vrai que ce besoin soit chez certaines femmes une altération du désir d'aimer, combien cette âme était riche de sentiments comprimés ! Une jeune étrangère à la mode et qui n'avait pas encore écrit *Valérie*, madame de

Krüdner, désira se lier avec elle. Abandonnée de son mari, qui avait quitté la France sans dire à sa femme où il allait, madame de Krüdner, âgée alors de vingt-huit ans, avait eu pour M. Suard un ardent caprice. Chaque année, elle allait passer un mois dans un village où sa sœur était religieuse. Pour ne pas s'en séparer, elle se faisait presque religieuse elle-même ; pendant ces quelques jours de retraite, elle écrivait à M. Suard : « Je ne manque jamais de suivre ma sœur aux chœurs et aux offices ; je me prosterne avec elle au pied des autels, et je dis : « Mon Dieu, qui m'avez donné ma sœur » et mon amant, je vous aime et je vous adore ! »

Cette étrange et mystique personne fit naître chez madame de Beaumont le désir de connaître la comtesse d'Albany. Elle s'était installée à Paris à la fin de l'année 1787 et s'était mise en relation avec toute l'aristocratie. La veuve de Charles-Édouard était venue assister aux derniers beaux jours de la vieille France et lui présenter Victor Alfieri. Autant par curiosité que par sympathie, le grand monde affluait dans leur hôtel de la rue de Bourgogne ; et madame de Beaumont était présente le soir où Beaumarchais vint lire son drame *la Mère coupable*. André Chénier, qui était revenu de

Londres, plus mélancolique que jamais, blessé par les mœurs anglaises, mais ayant affermi ses convictions libérales, André Chénier accompagnait ce jour-là, avec François de Pange, la fille de M. de Montmorin. Une note trouvée dans les papiers de Beaumarchais nous apprend qu'il fut touché des critiques et des louanges de ces juges plus fins et plus délicats, s'ils n'avaient pas autant d'esprit que lui.

Les derniers moments de bonheur [1], les amis les passèrent le plus possible les uns près des autres. Les frères Trudaine avaient quitté leur somptueux hôtel de la place Louis XV, dès qu'elle avait été tachée par les premières gouttes de sang. Ils s'étaient retirés à Montigny. André Chénier collaborait au journal de la Société de 89, au *Moniteur* et au *Journal de Paris;* avant que toutes ses illusions politiques fussent déçues, avant qu'il fût à jamais écœuré par les hommes et par les choses, il se reprenait encore à aimer. Madame de Beaumont l'avait introduit chez madame Pourrat, l'amie intime des la Luzerne. Remarquable par sa beauté autant que par sa bonté, par la pureté de son goût autant que par la générosité de ses sentiments,

1. Arnault, *Souvenirs d'un sexagénaire*, t. IV, et Lacretelle, *Testament politique et littéraire*.

mariée à un opulent banquier qui dirigeait la Compagnie des eaux, mère de deux filles qui inspirèrent de profondes affections à des cœurs dignes d'elles, madame Pourrat possédait à Luciennes, aux portes de Versailles, une propriété où madame de Beaumont venait passer les heures qu'elle pouvait enlever à sa sollicitude filiale. La seconde fille de madame Pourrat, la baronne Laurent Lecoulteux, plus jolie mais moins brillante et moins pétillante d'esprit que sa sœur aînée, madame la baronne Hocquart, devenait une des muses d'André Chénier, en même temps que madame Hocquart inspirait au jeune Montmorin un attachement insensé. Le pauvre garçon avait vingt-deux ans à peine, lorsque le tribunal révolutionnaire le condamna. Il marcha à l'échafaud dressé en face de l'hôtel Trudaine, en tenant attaché sur ses lèvres un ruban bleu qui avait enlacé la taille de celle qu'il avait silencieusement aimée, comme Aubiac allait à la potence, dit Chateaubriand, en baisant un petit manchon de velours qui lui restait des bienfaits de Marguerite de Valois.

Avant ces heures néfastes qui sonnèrent trop vite, madame de Beaumont, tout à ses amitiés avec les beaux esprits, rencontrait encore à Luciennes un homme d'une conversation riche et variée, très supérieur à ce qu'il a écrit, Rioufle. Rien de plaisant, de piquant et quelquefois même de profond comme ce qu'il racontait. Si Rioufle eût été moins paresseux, mais il l'était avec délices, il eût acquis, d'après le témoignage de ses contemporains, une réputation aussi brillante que durable. La correspondance de Joubert nous donnera exactement l'impression que firent sur son amie et sur lui les *Mémoires d'un détenu*, dès qu'ils parurent.

C'est dans les soirées de mai et de juin 1791, soirées de printemps où passa comme une fée madame Gouy d'Arsy, en laissant une trace dans le cœur mobile d'André Chénier, que l'amitié s'établit plus grande entre le poète et madame de Beaumont. Confidente de ses capricieuses amours, elle pouvait prêter une oreille plus attentive et plus détachée à la lecture des troublantes élégies dont la composition remonte surtout à cette date. André lui prêtait ses manuscrits; il l'autorisait même à copier ce qui lui plaisait. Grâce à cette communication, elle put, en 1801, réciter des pièces entières à Chateaubriand, dans leur douce retraite de Savigny-sur-Orge; elle savait par cœur *Myrto*, *la Jeune Tarentine* et *Néère*, et ce fragment d'une suavité pénétrante :

> Accours, jeune Chromis ; je t'aime et je suis belle ;

et cette pièce d'une désespérance si complète, qui arrachait des larmes à de beaux yeux :

> O nécessité dure, ô pesant esclavage, etc.

Nous aimons à nous représenter ces derniers Athéniens, dans les jardins de Luciennes, un de ces jours printaniers baignés de lumière et comme pénétrés d'un souffle de Grèce, heureux encore, parce que les âmes restaient, malgré les événements, pleines de confiance en l'avenir; nous aurions essayé d'en retracer le souvenir qui s'est prolongé presque jusqu'à nous, si nous ne trouvions dans un livre oublié et de la bouche même d'un auditeur le récit d'une de ces conversations qui en apprennent plus que bien des livres.

C'était deux ans auparavant, dans une réunion, chez M. Suard. La compagnie était nombreuse et de tout état; ceux que nous connaissons maintenant étaient là : François de Pange, André et Marie-Joseph Chénier, Riouffe, l'abbé Morellet, Trudaine de Montigny, qui venait de commander à David son tableau de *la Mort de Socrate*, Trudaine de la Sablière, qui, sous ce titre : *le Fédéraliste*, traduisait les écrits publiés en Amérique en faveur de la constitution proposée au congrès ; Alfieri, la comtesse d'Albany, madame Pourrat, mesdames Hocquart et Le Coulteux, madame de Staël, madame de Beaumont. On causait des états généraux, lorsque le marquis de Condorcet entra. On venait de faire de lui l'éloge le plus complet ; on avait vanté son active obligeance et la douceur de son commerce. Les Trudaine rappelaient les belles paroles qu'il avait prononcées sur leur père à l'Académie des sciences. Bien peu osaient se souvenir du mot de mademoiselle de Lespinasse : « C'est un mouton enragé et un volcan couvert de neige. » Sa causerie avait tant de richesses, ses connaissances une si étonnante variété, qu'on était curieux de l'entendre. On était au mois d'avril 1789. André Chénier était venu de Londres passer quelques semaines avec ses amis et se renseigner sur les événements. Le tiers état marchait à la suprématie, et Sieyès dirigeait l'attaque. Condorcet était si sûr de la victoire, qu'il en analysa sur-le-champ tous les magnifiques résultats, comme s'ils eussent été présents à ses regards : « Son flegme philosophique voilait tout ce que ses espérances et les nôtres, dit un témoin, avaient d'intrépide et de démesuré. Le cri commun était alors : « A bas les illusions ! » et jamais on n'avait été plus emporté par leurs flots. On ne se défiait pas du torrent, parce qu'il présentait une surface limpide. » Cependant quelques objections étaient faites ; l'abbé Morellet entrait en fureur dès qu'on parlait de l'abolition des dîmes. Alors Condorcet détourna la conversation sur le sujet dont il s'était pénétré : les avantages pour la société du progrès illimité des sciences. Il offrit à ses auditeurs le tableau d'un véritable âge d'or, montra la raison et les vertus croissant d'âge en âge. Il enrichissait la postérité de tant de dons magnifiques, grâce à l'avancement de la médecine, de l'hygiène, de la chimie, de la navigation aérienne, grâce au développement des forces magnétiques et électriques, grâce à l'application des mathématiques même à la morale, qu'il étendait démesurément les bornes de la longévité humaine. L'auditoire, enthousiasmé par un si magnifique langage, s'écria tout d'une voix : « Quel dommage que nous ne » soyons pas notre propre postérité ! » Excité de plus en plus, Condorcet arriva de degrés en degrés jusqu'à assurer presque l'immortalité sur la terre.

L'esprit et le bon sens français, et de la meilleure source, intervinrent alors.

« — En vérité, mon cher marquis, interrompit madame Pourrat, vous nous feriez sécher de jalousie pour le sort de nos chers descendants. Ne pouviez-vous pas augmenter notre part aux dépens de la leur, qui me paraît excessive? Et puis, tout bien compté, cette immortalité-là me paraît assez pauvre. Fénelon ne nous dit-il pas que Calypso, abandonnée par son amant, se plaignait d'être immortelle? Or j'imagine que beaucoup de femmes se trouveront fort délaissées lorsqu'elles arriveront à l'immortalité, toutes ridées, toutes édentées, et avec tous les autres désagréments de la vieillesse dont je n'ose faire l'énumération. Puisque vous êtes en train de faire des découvertes physiques, trouvez-nous donc une fontaine de Jouvence; sans quoi, votre immortalité me fait peur.

» — A quoi pensez-vous? reprit Condorcet. C'est la résurrection que vous préférez? Eh bien, sera-t-il fort agréable à des dames arrivées à cet âge malencontreux dont vous racontez les misères, de ressusciter avec toutes leurs dents de moins, et de voir fleurir éternellement à leurs côtés des jeunes filles, des jeunes femmes enlevées à la fleur de l'âge et dans tout l'éclat de leur beauté?

» — Je ne sais pas, [répondit en souriant madame Laurent Le Coulteux, de quel prix seront nos pauvres charmes formés du limon de la terre aux yeux des anges et des saints; mais je crois que la puissance divine saura mieux réparer les outrages du temps, s'il en est besoin dans un tel séjour, que votre physique et votre chimie ne pourront y parvenir sur cette terre. Il me semble que tout s'embellit avec une auréole céleste. »

Ainsi se jouaient la fantaisie, l'esprit, la frivolité dans ces entretiens si français d'allure, de ton et de langage. Tout était permis pour faire sourire. « Tandis que je réveille cette conversation, ajoute Lacretelle, je me sens poursuivi d'une image funeste. Je vois ce même Condorcet proscrit, mis hors la loi par la Convention; je le vois s'arrachant à la plus généreuse hospitalité, par la crainte de compromettre une noble amie qui lui disait pour vaincre ses scrupules : « Oui, vous êtes hors la loi, » mais vous n'êtes pas hors de l'humanité. » Je le vois errant, passant les nuits dans les cavernes de Montrouge, chez cet ami même où il avait naguère exprimé les rêves de sa philanthropie et ne pouvant y trouver un abri de quelques heures. »

Qu'on se rappelle la saisissante prophétie que La Harpe met dans la bouche de Cazotte ! Elle vient naturellement à la mémoire. Qui eût dit aux Trudaine, à André Chénier, à ces apôtres convaincus de la liberté, de la philosophie et de la raison, que leur tour viendrait, après le roi et la reine de France, celui-là eût passé pour un faiseur de plaisanteries patibulaires, suivant le mot un peu trivial de Chamfort. Cependant la tragédie s'annonçait. Les acteurs étaient à leur poste, l'opinion qui naissait avait une force prodigieuse; n'ayant encore rien produit, elle se regardait comme infaillible. La lumière venait par cent trous qu'il était impossible de boucher. Cette brillante école du xviiie siècle, si forte par le nombre, l'ardeur, qui touchait à tous les problèmes et les remuait tous, entraînait M. de Montmorin lui-même et redressait son éducation première. Elle allait en faire un constitutionnel et un défenseur convaincu des idées anglaises.

VI

Le ministère du comte de Montmorin pendant la Révolution.

I

Il y a un attrait qui agrandit l'âme à parler avec équité d'un homme lorsqu'il a été longtemps calomnié et méconnu. C'est comme une haute et tardive justice que l'on rend à un condamné innocent. On se laisserait alors facilement entraîner à exagérer l'importance du personnage, l'étendue de son intelligence, l'originalité de ses vues, l'éclat de ses qualités et de ses vertus. Nous ne tomberons pas dans cet écueil en restituant son caractère véritable au rôle du comte de Montmorin pendant la Constituante et la Législative. Nous avons, pour nous garder de toute exagération, les témoins les plus éclairés et les plus impartiaux, les aveux les moins suspects et la mise au jour de ces dessous de l'histoire sans l'examen desquels on ne pénètre qu'une partie de la vérité.

Le comte de Montmorin, au dire même des personnages de son intimité [1], est, de tous les ministres du malheureux Louis XVI, celui qui fut jugé avec le plus de sévérité. L'opinion générale sur son compte était telle en 1789, qu'on ne pouvait, dans le monde de la cour, avouer même ses rapports avec lui. Il y avait du courage à l'estimer. Plus détesté par les jacobins que les aristocrates les plus signalés, parce qu'il luttait de plus près contre les ennemis du roi, Montmorin attend l'heure où, mieux comprise, plus dégagée des passions, l'histoire définitive de cette terrible époque sera écrite. Il appartient à cette vieille aristocratie française qui, à l'inverse de la petite noblesse de province, voulait de bonne foi établir en France une chambre des lords et une chambre des communes. Certes, il ne pouvait être suspect de rester attaché quand même à l'ancien régime, celui qui écrivait en 1791 : « Ce que l'on appelle la Révolution n'est que l'anéantissement d'une foule d'abus accumulés depuis des siècles. Ces abus n'étaient pas moins

1. Archives nationales, inventaire Montmorin ; papiers séquestrés.

funestes à la nation qu'au monarque. Ils n'existent plus. La nation souveraine n'a plus que des citoyens égaux en droits, plus de despote que la loi, plus d'organes que les fonctionnaires publics et le roi est le premier de ces fonctionnaires. Telle est la révolution française. Elle est faite, elle est complète, elle est sans retour. Espérer le contraire serait une erreur dangereuse, et toute entreprise fondée sur cet espoir nous plongerait dans un abîme dont il est impossible de sonder la profondeur et dans lequel toute l'Europe serait entraînée avec nous [1]. »

Appelé prématurément à diriger les événements dont nul n'avait prévu le courant irrésistible, il marcha devant lui dans la ligne du devoir et de la raison, et cette fermeté l'amena à se séparer de cette portion de l'aristocratie qui n'a jamais pu garder dans ses rangs ceux de ses amis qui montrent quelque sagesse et quelque prudence. L'esprit de parti a accusé Montmorin de faiblesse, comme s'il avait pu avoir alors véritablement de la force! On l'a aussi accusé d'inexpérience, comme si quelqu'un avait pu acquérir, dans ces années où tout

1. Lettre aux ambassadeurs (23 avril 1791). Lettre à M. de Noailles (3 août 1791).

le passé était brusquement aboli, une expérience à la hauteur des circonstances!

Nous avons, du reste, pour nous le témoignage de Mallet du Pan, qui jugeait Montmorin, au moment de sa démission, l'homme fort du ministère; nous avons l'appréciation des étrangers qui l'ont approché, et l'illustre Jefferson a écrit de lui que c'était un des hommes les plus honnêtes et les plus respectables de France [1]. Il devait seulement à son éducation ecclésiastique, et surtout à son tempérament maladif, une sorte de timidité; mais elle ne peut pas plus justement lui être imputée à crime que la petitesse de sa taille et la frêle structure de son corps. Éloigné de tout intérêt personnel, incapable, dans ces heures troublées, d'une perfidie, jamais personne ne craignit moins la mort, et l'on verra avec quelle intrépidité d'âme il prévit et supporta sa destinée. Indifférent aux injures, poursuivi avec acharnement par les méfiances et les haines quand elles s'irritèrent à l'excès contre cette ombre de pouvoir, il se confia trop dans l'honnêteté de ses sentiments et ne put marcher le pas rapide de l'opinion. Il eût de bonne heure écouté le découragement qu'apportent les mé-

1. Bertrand de Molleville, *Mémoires secrets*.

comptes, s'il n'eût été soutenu par son affection désintéressée pour la personne du roi, par l'amitié qui l'unissait à La Fayette et par ses convictions constitutionnelles. Suspect longtemps à la reine, Montmorin ne cessa cependant de rester fidèle. Les fautes que lui fit commettre Louis XVI sont aussi nombreuses que les situations fausses dans lesquelles les indécisions du roi et sa double politique le placèrent; Montmorin ne se plaignit jamais et s'exposa toujours avec témérité. Convaincu à tort qu'en achetant quelques orateurs de club, il contre-balancerait les déclamations furieuses, il n'écartait pas les périls auxquels ses infidèles agents l'exposaient. Il répondait à des amis qui s'effrayaient : « Je conviens de la vérité de vos représentations; mais aucun danger personnel ne m'empêchera jamais de faire tout ce que je croirai utile à Sa Majesté. » Et, à côté de ces qualités rares en révolution, ses connaissances acquises, l'extrême justesse de son jugement, lui assuraient dans la direction des affaires étrangères, avant l'explosion de la politique girondine, l'estime de l'Europe.

On peut diviser en trois périodes son ministère depuis la convocation des états généraux : la première, où, d'accord complètement avec Necker, désirant comme lui une constitution, il s'approcha du système politique de l'Angleterre, et conserva l'espoir d'obtenir, de la noblesse et du roi, ce changement par les voies de la conciliation ; la seconde période dans laquelle, voyant la Révolution varier d'objet, poursuivre l'égalité plus que la liberté et rêver l'établissement d'une sorte de démocratie royale, il tenta avec Mirabeau d'arrêter les exagérations et de créer le parti modéré au milieu des tourmentes populaires ; la troisième période enfin, où, tous les moyens de se défendre manquant successivement à la royauté, Montmorin concentra tous ses inutiles efforts à sauver la personne même de Louis XVI. Ce fut le temps où il écrivait au comte de la Marck ce billet désespéré : « J'ai pleuré ce matin comme un imbécile chez le roi ; il en a fait autant. Tout cela ne remédie à rien. »

Avant d'entrer par cette porte des larmes, il faut donner quelques éclaircissements sur la conduite de Montmorin pendant le passage aux affaires du cardinal Loménie de Brienne, dans ces mois où les esprits, inquiets et ne sachant où se fixer, attendaient et appelaient Necker comme un messie.

II

Le comte de Montmorin avait enchanté, dès le début, tout le corps diplomatique. Il avait rétabli l'ancien usage, lorsque le roi ne recevait pas à Versailles, de venir à Paris donner ses audiences[1]. Comme il joignait à la plus sincère modestie une extrême honnêteté ; comme il ne se flattait pas de bien faire, mais de faire le moins mal possible ; comme il avait de l'activité dans l'expédition des affaires, une décision prompte et consciencieuse, il ne recueillait alors autour de lui que de la bienveillance. Ses réceptions étaient fort brillantes. Généreux jusqu'à la prodigalité, ses revenus ne suffisaient pas au luxe de sa maison ; il avait été obligé de vendre ses propriétés d'Auvergne.

Un document conservé aux Archives nationales permet de se renseigner complètement sur sa fortune[2]. La table du ministre coûtait, avec le vin, 202,800 livres par an ; les gages et habillements des domestiques attachés à l'hôtel de la

---

1. *Journal* de Bachaumont (année 1787).
2. Archives nationales, inventaire Montmorin ; papiers séquestrés.

rue Plumet s'élevaient à 52,835 livres. L'écurie, qui était de onze palefreniers et de vingt-quatre chevaux, dépensait 24,000 livres; les mémoires particuliers des gens, c'est-à-dire les dépenses de poche, montaient à 8,000 livres; le blanchissage à 6,000; enfin, l'entretien personnel des maîtres de la maison et le jeu de la reine coûtaient 80,000 livres au minimum. On lit, dans l'inventaire, que madame de Beaumont avait, en outre, une voiture et une livrée, que son trousseau avait coûté 25,000 livres, qu'elle dépensait 7,000 écus par an pour sa bibliothèque et ses reliures. Sa sœur, madame de la Luzerne et elle, recevaient chacune, pour leur entretien personnel, une rente annuelle de 18,000 livres.

En dépouillant ces précieux papiers, un petit fait paraît touchant à signaler. Dans une lettre à Joubert, de mai 1797, madame de Beaumont lui demande l'adresse d'un libraire. Elle voulait absolument se débarrasser d'une édition de Voltaire trop volumineuse; sa seule prétention était d'emporter un moindre poids en voyage. « Vous l'offrir après cet aveu, disait-elle à son ami, c'est s'y prendre aussi spirituellement que cet homme qui apportait un panier de prunes à son curé, l'assurant que ses cochons n'en voulaient plus. N'importe, si ce n'est de bonne grâce, c'est de bon cœur que je vous l'offre. » Ce n'est pas sans émotion que nous avons lu la quittance de 850 livres pour deux exemplaires des œuvres de Voltaire achetés directement à Beaumarchais, l'un destiné à madame de Beaumont, l'autre à son père.

Pour faire face à un pareil état de maison, le comte de Montmorin, en dehors de ses appointements, s'élevant à 300,000 livres, y compris les gratifications, n'avait que 80,000 livres de rente qu'il touchait de ses intendants. Pour se rapprocher de ses amis, Megret d'Étigny et de Sérigny, il venait de leur acheter, moyennant la somme de 730,000 livres, la propriété de Theil, non loin de Sens, tout près de Passy-sur-Yonne. Une aussi mauvaise administration conduisait infailliblement à la ruine, si la cassette royale n'eût pas été une ressource. Chacun des époux touchait en effet sur le Trésor une pension annuelle de 18,000 livres environ [1].

La comtesse de Montmorin, très ambitieuse pour sa famille, désirait que son mari obtînt le titre de duc héréditaire. La demande, conservée aux Archives,

---

1. *Archives parlementaires*, t. XIII (1re série).

est accompagnée d'une note écrite de la main de Montmorin. Nous y apprenons qu'il a refusé la grandesse pendant son ambassade en Espagne. Nous savons aussi, par cette note, que l'archevêque, premier ministre, traitant seul les affaires avec le roi et ayant supprimé tout rapport avec le monarque, avait froissé ses collègues. Le pouvoir du cardinal de Brienne n'avait pas été cependant de longue durée. Avec une présomption aveugle, plus semblable à l'ineptie qu'au courage, il n'avait fait que presser le cours des événements. Le comte d'Artois lui-même, sur les instances de la comtesse de Polignac, avait conjuré Louis XVI de renvoyer le premier ministre et de rappeler Necker.

Le comte de Montmorin se prêta d'autant plus volontiers à cette négociation qu'il n'avait pas à se louer de l'archevêque. Il lui avait donné dans deux circonstances, devant l'opinion, la responsabilité de fautes qu'il n'avait pas commises. On sait quel étonnement se produisit en Europe, en 1787, lorsqu'on apprit que le sultan avait fait enfermer le ministre de Russie aux sept tours et déclaré la guerre à Catherine[1]. Ce n'étaient plus, cette fois, les Russes qui menaçaient l'empire ottoman. M. de

1. *Mémoires du comte de Ségur*, t. III.

Ségur, notre ambassadeur à Saint-Pétersbourg, avait expédié un courrier au comte de Montmorin pour obtenir des instructions. La Prusse et l'Angleterre avaient fait jaillir les premières étincelles de ce feu qui pouvait embraser le monde. Sous l'influence prédominante du premier ministre, le comte de Montmorin n'avait pas pris de parti et s'était borné à prescrire une réserve qui n'était que de la faiblesse.

Mais ce fut en Hollande que la politique française subit la plus grave humiliation.

La république des Provinces-Unies se trouvait agitée de troubles intérieurs. Depuis la paix de 1783, les états généraux, en lutte ouverte avec le stathouder héréditaire, le prince d'Orange, s'appuyaient sur la France. Dans une contestation survenue entre l'empereur Joseph et la Hollande, notre intervention avait été souveraine; le cabinet de Versailles avait même consenti à payer une indemnité. Un traité d'alliance et de garantie mutuelle des droits des neutres vis-à-vis de l'Angleterre avait encore resserré depuis nos liens d'amitié avec les Provinces-Unies. Le stathouder en était exaspéré. La mort du grand Frédéric changea subitement la face des choses. La princesse d'Orange était la sœur du nouveau roi de Prusse, Frédéric-Guillaume; la conciliation avec les états généraux devint impossible. Les patriotes, commandés par d'Averhoot, le 9 mai 1787, battirent les troupes du prince d'Orange. Le stathouder fut forcé de quitter sa résidence; les états déclarèrent l'union rompue. Au moment où les esprits étaient le plus animés, la princesse partit de Loo pour se rendre à la Haye. Arrêtée par un poste militaire, on ne lui permit pas de continuer sa route, elle se plaignit avec emportement et demanda à son frère une réparation éclatante. Le roi de Prusse fit avancer vingt mille hommes, sous les ordres du duc de Brunswick. Le comte de Montmorin, stimulé par les patriotes hollandais, promit qu'un corps d'armée de vingt mille Français allait être réuni à Givet. La seule présence d'un camp sur notre frontière eût décidé Frédéric-Guillaume à négocier. L'archevêque de Sens ne voulut jamais consentir à créer des ressources pour cette démonstration militaire; le ministre de la guerre, le maréchal de Ségur, se refusa alors à prendre des mesures insuffisantes; les troupes prussiennes n'hésitèrent plus à entrer sur le territoire des Provinces-Unies. Le duc de Brunswick a dit lui-même, depuis son expédition, que, s'il y avait eu quelques tentes à Givet, il n'aurait pas continué sa marche. Le roi de Prusse ne voulait pas, dans l'intérêt seul de sa sœur, s'engager avec la France dans une guerre dont la maison d'Autriche n'aurait que trop profité.

Cependant l'Angleterre avait armé en même temps que la Prusse. La cour de Versailles donna enfin des ordres pour mettre en mer une escadre. Montmorin entama une alliance avec la Russie, l'Autriche et l'Espagne. Au grand étonnement de l'Europe, surprise de notre hésitation, l'archevêque de Sens proposa au cabinet anglais de signer une convention de désarmement. Cette convention enleva tout à la fois au gouvernement français l'estime de ses rivaux et la confiance de ses alliés. Le projet de quadruple alliance, qui eût peut-être sauvé la Pologne, fut pour toujours entravé ; un secrétaire du comte Oxenstiern en avait trahi le secret, et le comte de Ségur, notre ambassadeur en Russie, fut réprimandé pour avoir hâté les négociations, c'est-à-dire pour avoir failli réussir. L'empereur Joseph II avait bien raison d'écrire à ce moment : « La France vient de tomber ; je doute qu'elle se relève. » Le comte de Montmorin n'avait donc pas eu à se louer du cardinal de Brienne.

La rentrée de Necker aux affaires, en donnant à Montmorin plus d'indépendance dans le cabinet, allait-elle lui porter bonheur? L'heure arrivait où l'ancienne diplomatie française, fondée sur l'exécution du pacte de famille, devait faire place à la nouvelle politique révolutionnaire. A la veille du jour où l'une des plus grandes époques de l'ordre social s'ouvrit, on n'avait encore aucune idée précise sur ce que l'on ferait. Ceux qui exerçaient le pouvoir, à commencer par le roi, s'ils continuaient à parler en maîtres, obéissaient, en réalité, à la puissance invincible de l'opinion publique. Les possesseurs de privilèges étaient les premiers à s'excuser des avantages dont ils jouissaient. En voulant les conserver, ils prétendaient à l'honneur d'y être indifférents. Les abus n'étaient pas récents; ce qui l'était, c'était l'impression qu'ils faisaient naître. S'il est vrai que le moment le plus dangereux pour un mauvais gouvernement soit celui où il commence à se réformer, il était impossible de ne pas voir que la nation marchait à un rapide dénouement. Le trésor était à sec, les parlements en exil, toutes les provinces agitées, la disette menaçante, les états généraux promis solennellement et sans retard, Paris inondé d'un débordement de pamphlets et s'habituant déjà à ne plus travailler et à vivre dehors.

Nous ne voulons raconter les événements que dans la mesure où Montmorin y prit part. La vie de madame de Beaumont fut, dans ces dramatiques années, tellement mêlée à celle de son père, qu'on ne peut passer son ministère sous silence. Nous devons, pour mieux comprendre pourquoi sa fille avait si peu d'attaches à la vie, faire connaître cette série d'infortunes qui permettait à madame de Staël de dire que la famille de Niobé n'avait pas été plus cruellement frappée.

III

Necker, dans sa retraite, voulant justifier sa conduite depuis les états généraux, déclarait qu'il cédait à un mouvement de véritable peine. Il fallait, pour le soulager, qu'il associât à tous les soins, à tous les ménagements rendus nécessaires par les événements de chaque jour, un homme dont il ne s'était jamais séparé depuis son retour aux affaires et depuis qu'il avait connu son excellent esprit, la fidélité de son caractère, un ami nouveau pour lui, mais très ancien par le rapport des sentiments,

Montmorin, ce ministre-citoyen, comme il l'appelle. « Que n'avons-nous pas fait ensemble, ajoute Necker[1], pour assurer les fondements d'une liberté sage, pour les défendre tantôt contre les orages qui les menaçaient, tantôt contre les exagérations qui en affaiblissaient la base et dont nous prévoyions les dangers! Nous excusions ou plutôt nous adoucissions auprès du roi les actions, les procédés et les manières dont il pouvait avoir à se plaindre, et, près des députés, à l'Assemblée nationale, nous tenions le langage qui pouvait calmer leur défiance et ramener les plus ardents à des opinions modérées. »

Montmorin était, en effet, le seul qui connût la pensée de Necker. Aussi le suivit-il dans toutes les résolutions importantes qui précédèrent la convocation de la Constituante, opinant comme lui dans le conseil et cherchant à l'excuser de cette infatuation qu'apporte aux plus honnêtes une immense popularité. Ils vivaient tous les deux au jour le jour, croyant, en présence de ce grand inconnu, à la soumission et à la reconnaissance. Quels projets avaient-ils arrêtés? Quel plan s'étaient-ils décidés à accepter? On est confondu, en allant aux sources,

---

1. *Œuvres de Necker,* t. IV, p. 79.

de voir combien peu de consistance politique révèlent les actes préparatoires. Tous les avant-coureurs de la Révolution annonçaient cependant la nécessité de transiger avec l'esprit des temps nouveaux. Madame de Beaumont, très au fait par ses abondantes lectures de tous les pamphlets et brochures, écrivait pour son père des résumés qu'elle plaçait sous ses yeux. C'est ainsi que, lors de l'établissement des assemblées provinciales par l'archevêque de Sens, Montmorin, plus éclairé, avait décidé que le nombre des députés du tiers serait égal à celui des deux ordres réunis et que le vote aurait lieu par tête.

Les avertissements ne manquèrent pas, par d'autres côtés, aux ministres. Malouet, intendant de la marine, s'étant lié avec Montmorin, lorsqu'à son retour de l'ambassade d'Espagne, il avait passé à Toulon, vint lui développer ses idées. Tout devait être prévu et combiné avant l'ouverture des états généraux ; il fallait déterminer ce qui pouvait être abandonné sans danger et faire largement la part des besoins et des vœux. On devait ensuite se disposer à défendre même par la force tout ce que la violence des factions voudrait attaquer. Ce n'étaient pas les résistances des deux premiers ordres que Malouet, avec sa conscience élevée et pure, craignait alors le plus, c'était l'exagération des prétentions des communes. Montmorin, au contraire, tenait plus de compte du mauvais vouloir du clergé et de la noblesse. Une fois élu à Riom, Malouet, fort mécontent de l'état des esprits, était revenu à Paris; il avait de nouveau communiqué toutes ses réflexions à Necker et à Montmorin; il voulait qu'on fît au plus vite le dépouillement des cahiers et que la majorité des vœux fût considérée comme un fait acquis.

Pour bien connaître l'opposition à laquelle se heurtaient dans le conseil ces opinions si raisonnables, il faut se mettre sous les yeux le mémoire autographe de M. de Barentin, le garde des sceaux. La forme de la convocation et l'époque de la tenue des états avaient été l'objet devant le roi et la reine d'une discussion passionnée. Montmorin qualifiait la double représentation du tiers, de justice rigoureuse et faisait ressortir la disproportion immense de population et d'intérêts entre les deux premiers ordres et le troisième. Aidés par leurs collègues, MM. de la Luzerne et de Saint-Priest, Necker et Montmorin l'emportèrent. Lorsque, peu de jours après, le conseil eut à déterminer le lieu de réunion des états, Necker voulait que ce fût à Paris, où il croyait conserver l'influence de sa popularité. Montmorin écoutait ; le roi ne disait rien ; on parlait de Tours, de Blois, d'Orléans, de Cambrai : même silence du roi. Pensant qu'un déplacement éloigné le contrarierait, la majorité se rabattit sur Compiègne ; puis Montmorin, se reprochant sa complaisance, indiqua Saint-Germain ; alors Louis XVI prit la parole : « Ce ne peut être que Versailles, dit-il, à cause des chasses. »

Les esprits clairvoyants s'inquiétaient de cette insuffisance de vues. Quinze jours avant l'ouverture de l'assemblée, Malouet avait eu une dernière explication avec Montmorin en présence d'un des prélats les plus instruits, Guillaume de la Luzerne, évêque de Langres. La conversation s'engagea à l'occasion d'un article fort remarqué du cahier du baillage de Riom. Malouet avait fait voter la résolution de n'attribuer aux états que le droit de consentir et de sanctionner les lois et les impôts. Il laissait l'initiative à la couronne, et il voulait que le ministère en fît le point de départ de sa politique. Mais, comme les deux premiers ordres en majorité étaient contraires, l'évêque de Langres, s'emparant de la difficulté avec sa vivacité modeste, proposa l'expédient de réduire les trois ordres à deux. C'était l'établissement d'une chambre haute et le choix d'une constitution anglaise.

Telles étaient les visées de Montmorin. Pourquoi ne fit-il pas prendre au roi immédiatement cette résolution? C'est qu'il pensait avec Necker qu'un tel changement devait être concerté avec les députés de la nation. On n'a pas oublié ce qu'il advint quand la proposition fut présentée. Montmorin eut à défendre les principes du gouvernement anglais successivement contre le roi, les nobles et les députés du tiers. Louis XVI, avec son honnêteté indéniable, malgré quelques pas dans l'imitation de la royauté constitutionnelle, subit l'influence de la seule personne qu'il aimât, de Marie-Antoinette, et resta au fond le roi d'avant 89. La haute noblesse, les Montmorency, les Gramont, les Crillon, les Montmorin et quelques autres familles patriciennes savaient, au contraire, qu'on ne peut déchirer l'histoire où leurs noms et leurs services étaient à jamais gravés; cette aristocratie peu nombreuse acceptait une pairie héréditaire; mais la foule des gentilshommes de second ordre, anoblis de la veille, soit par des lettres patentes, soit par des charges vénales, tenait surtout à s'associer aux privilèges des anciens gentilshommes. La vanité des gens de cette classe s'exerçait bruyamment sur ceux qu'ils appelaient leurs inférieurs, c'est-à-dire la nation, et ils furent bien plus intraitables que les grands seigneurs; avec une seconde chambre où elle n'aurait pas eu la première place, la petite noblesse provinciale se crut en danger de perdre des distinctions qui ne faisaient qu'exciter les haines et les jalousies. Elle mit une obstination inouïe à repousser tout emprunt à la constitution britannique et elle versa dans cette théorie encore aujourd'hui à la mode et si dangereuse, avec ses apparences de profondeur, que de l'excès du mal sortirait le bien. Quant aux députés du côté gauche, irrités contre les privilégiés qui se séparaient constamment d'eux, redoutant le retour d'influences qu'ils avaient détruites avec une extrême énergie, voyant dans l'hérédité de la pairie une atteinte à la souveraineté du peuple, pleins de dédain, comme ce qui est jeune, pour l'expérience, pour le passé, et les idées étrangères, ils poursuivaient le rêve d'une royauté ancienne superposée à une démocratie illimitée.

Cependant les états généraux s'étaient réunis. La veille de l'ouverture de la séance solennelle, les douze cents députés se rendaient en procession à l'église Saint-Louis ; la comtesse de Montmorin et sa fille madame de Beaumont étaient placées à une fenêtre près de madame de Staël. L'ardente fille de Necker se livrait tout haut aux plus vives espérances en voyant pour la première fois en France les représentants de ses volontés. Madame de Montmorin l'interrompit avec un ton qui lui fit quelque effet : « Vous avez tort de vous réjouir ; il arrivera de ceci de grands désastres à la France et à nous. » On eût dit que la malheureuse mère pressentait les infortunes sans nombre qui devaient l'accabler.

Du 5 mai au 5 octobre, durant ces cinq mois où l'Assemblée devint maîtresse du sort du pays, Montmorin se rapproche un peu de Mounier, et de plus en plus se mêle à la politique intérieure. Il s'efforçait de pallier les fautes de Necker, et se créait, par la sûreté de son commerce avec lui, des ennemis irréconciliables au sein de l'entourage du roi, de la reine et des princes.

Bertrand de Molleville et Alexandre Lameth racontent que, pendant la lutte entre les communes et les privilégiés sur la vérification des pouvoirs et à la veille du jour où le tiers état s'érigea enfin en assemblée nationale, Montmorin reçut des mémoires proposant la dissolution. Il résista à ses amis eux-mêmes et, dans toutes ces questions de principes débattus entre la noblesse et le tiers, il soutint les projets libéraux, contre M. de Barentin, garde des sceaux, contre M. de Puységur, ministre de la guerre, et contre M. Villedeuil, ministre de l'intérieur. Dans une des séances du cabinet où les princes assistaient, le comte d'Artois ayant émis l'avis qu'aux nobles seuls appartenaient les grades militaires : « Les emplois ne sont pas des charges, répondit Montmorin; on les mérite en s'acquittant bien de ses devoirs, et ils doivent être confiés aux plus capables, sans distinction de naissance. » L'avis, combattu non moins vivement par le comte de Saint-Priest, fut écarté. La démocratie, à partir de ce jour, entra dans l'armée française. Le père de madame de Beaumont, malgré l'ancienneté de son nom, n'était donc d'aucune façon un homme d'ancien régime.

Lorsque arrivèrent la célèbre séance royale du 23 juin et l'avortement complet et irrémédiable des projets de Necker, le comte de Montmorin avait risqué sa position à la cour. Le mémoire de M. de Barentin, dans ses attaques presque injurieuses contre son collègue, ne laisse pas de doute. Necker avait préparé, depuis un mois, une déclaration presque mot pour mot semblable à celle qui fut donnée par Louis XVIII, à Saint-Ouen, vingt-cinq années plus tard. Mais la délibération du 17 juin par laquelle le tiers état s'appelait désormais l'assemblée nationale et l'immortelle séance du Jeu de Paume avaient paru au comte d'Artois des actes essentiels à réprimer. A l'heure du conseil dans lequel les concessions libérales devaient être arrêtées, un billet de la reine engagea le roi à sortir; la délibération fut renvoyée au jour suivant. Deux magistrats furent admis exceptionnellement à la discussion, ainsi que les deux princes frères de Louis XVI. Montmorin vint avec ardeur au secours de Necker, dont les projets étaient ainsi modifiés; il insista sur la droiture de ses vues, il invoqua l'ancienneté de son attachement pour le roi, le suppliant de se résigner à la constitution anglaise. La majorité refusa de condescendre à ses conseils. Necker alors ne voulut pas se rendre à l'Assemblée et offrit sa démission. La séance royale, loin d'atteindre le but qu'on se proposait, ne fut que l'occasion d'un nouveau triomphe pour le tiers état. Montmorin s'entremit au nom du salut de la monarchie, et, au grand mécontentement des courtisans, persuada au roi que la sûreté de sa personne était attachée à ce que Necker restât encore ministre[1].

Dans les premiers jours de juillet, la cour se crut en mesure de contenir le mouvement populaire et d'intimider l'Assemblée. Le roi, à l'issue du conseil, prit à part M. de la Luzerne et le chargea d'aller porter à Necker une lettre qui lui ordonnait de quitter la France. Il lui recommandait seulement de cacher à tout le monde son départ. Le lendemain, Montmorin recevait, de son côté, un billet de Louis XVI, lui annonçant qu'il jugeait à propos de l'éloigner et qu'il pourvoirait plus tard à ses besoins en récompense de ses services. M. de Breteuil, incapable de comprendre autre chose que le gouvernement des lettres de cachet, devenait premier ministre; M. le duc de Lavauguyon acceptait le portefeuille des affaires étrangères. Deux jours après ce coup d'État, la Bastille était prise; le roi venait à Paris, arborait la cocarde nationale et rappelait les ministres qu'il avait congédiés. Necker, en rentrant, rencontrait à Bâle madame de Poli-

[1]. Lettres et instructions de Louis XVIII au comte de Saint-Priest.

gnac et sa famille, partant pour l'émigration ; Montmorin, qui connaissait à fond Necker, fut étonné de son abnégation.

L'essai d'une monarchie constitutionnelle démocratique allait, pour quelques mois, succéder à l'essai de monarchie anglaise.

IV

La Fayette, dont l'esprit était pareil à celui d'un Américain des États-Unis et qui soutenait la monarchie par devoir plus que par goût, fut le personnage important de cette seconde période. Envoyé par la noblesse d'Auvergne à la Constituante, compatriote de Montmorin, La Fayette l'avait connu à Madrid, au retour de la guerre d'Amérique. Leur amitié se noua plus solidement, lorsque, devenu chef des gardes nationales, il eut, en réalité, le commandement de toute la force armée. Montmorin crut un instant qu'avec son appui il pourrait encore sauver la royauté. Il voulut à tel point s'assurer de lui au profit de la famille royale, qu'il lui avait offert d'être connétable ou lieutenant général du royaume. La Fayette avait refusé. Montmorin se fia à sa loyauté et ne s'en repentit jamais ; mais il

fut déçu dans son espoir en la valeur politique de
l'homme, quand il eut à combiner avec lui l'orga-
nisation d'un plan intérieur pouvant à la fois servir
à réprimer les clubs et à relever l'autorité constitutionnelle de Louis XVI.

La Fayette avait été consulté par Montmorin pour
compléter le ministère. L'archevêque de Bordeaux,
Champion de Cicé, devint garde des sceaux; le
comte de la Tour du Pin, ministre de la guerre;
M. de la Luzerne reprit le département de la marine; le maréchal de Beauvau fut appelé au conseil
sans portefeuille. Necker, qui présidait, n'avait
plus foi au succès de sa cause et il ne pouvait désormais se flatter de la confiance du roi, pas plus
que de celle de l'Assemblée.

En reprenant son poste aux affaires étrangères,
le comte de Montmorin comprenait aussi que l'ancienne politique de la maison de Bourbon était
finie. Peut-on vraiment lui reprocher de n'avoir
pas entrepris, au nom de la France, une expédition
dans l'extrême Orient, lorsque le fils du roi de Co-
chinchine était venu, quelque temps auparavant,
avec l'évêque, son gouverneur, solliciter des secours contre l'usurpateur qui avait détrôné son
père? Alors même qu'on eût envoyé les trois fré-

gates et les douze cents soldats qu'il demandait, croit-on que les circonstances permissent, dans ces années 1789 et 1790, d'étendre l'influence française dans ces lointaines régions[1]? Sans cesse exposé aux attaques d'une assemblée qui, de jour en jour, par la création des comités, concentrait en elle non seulement la politique, mais encore l'administration, Montmorin croyait devoir se borner à soutenir les liaisons établies et à sauver au dehors la considération de la France. Il n'était ni un aventureux, ni un homme de génie : toutes les négociations traitées personnellement par lui, avant la double politique du roi, consistent dans un traité de commerce avec la ville de Hambourg, dans le renouvellement des traités de paix avec la régence d'Alger, dans la confirmation de quelques arrangements avec quelques rajahs de l'Inde, dans une convention commerciale avec la petite république de Mulhouse et dans deux conventions avec l'Angleterre à la suite des événements de Hollande dont nous avons parlé.

Nos relations extérieures allaient devenir inquiétantes à mesure que la Révolution se développerait ;

---

1. Bachaumont, XXXIV ; Flassan, *Histoire générale de la Diplomatie française.*

l'influence de l'étranger se faisait déjà reconnaître dans les agitations occasionnées par la crise des subsistances. La Fayette avait dénoncé ces intrigues. Une lettre à Montmorin, de Dorcet, l'ambassadeur d'Angleterre, qui désavouait toute inculpation de ce genre et ses instances pour que cette lettre fût communiquée à l'Assemblée, contrairement aux formes diplomatiques, tout cela en disait assez. Depuis que la France avait aidé à la délivrance de l'Amérique, l'Angleterre avait repris contre nous ses vieilles haines; elle avait souri cependant à notre révolution, s'imaginant alors que nous courions après l'imitation de ce qu'elle avait fait au xviie siècle.

Quoi qu'il en fût, elle n'avait pas voulu profiter du complot de Brest et elle l'avait révélé à Montmorin. On s'attachait des deux côtés à éviter tout sujet de rupture; l'Assemblée applaudit la lettre de Dorcet et la consigna au procès-verbal. (Séances des 22 et 23 juillet.) Une ère nouvelle allait s'ouvrir dans l'étonnante histoire que nous étudions: les journées des 5 et 6 octobre avaient lieu.

Déterminé par La Fayette, avec qui il avait eu une longue conférence pendant que les colonnes parisiennes marchaient sur Versailles, Montmorin avait conseillé au roi de venir habiter Paris. On n'avait pas encore perdu l'illusion de croire à la durée de l'enthousiasme populaire pour la personne de Louis XVI[1]. Qui, ce jour-là, comprenait, que, dès ce moment, il n'y aurait plus, à proprement parler, de gouvernement monarchique? Montmorin, comme La Fayette, pensait que le péril le plus urgent était le duc d'Orléans. Le 6 octobre, La Fayette lui avait demandé un rendez-vous chez une femme de beaucoup d'esprit, dans la société de laquelle ils s'étaient rencontrés souvent, madame la marquise de Coigny. Là, après une conversation que Mirabeau appelait très impérieuse d'une part et très résolue de l'autre, il fut résolu que le duc d'Orléans partirait pour Londres avec une mission donnée par Montmorin pour justifier le départ.

En éloignant Philippe-Égalité, les deux amis s'étaient mis d'accord pour écarter ce qu'ils pensaient être le danger le plus immédiat.

La mission du duc d'Orléans près du roi d'Angleterre est intéressante à étudier. La correspondance échangée avec Montmorin témoigne d'une rare intelligence et révèle une sagacité véritable de la part

1. *Mémoires de La Fayette*, t. II, p, 240.

d'un prince que sa haine pour Marie-Antoinette allait absorber et dévorer. Montmorin lui avait remis comme instruction de savoir si l'intention de Georges III était de demeurer, en tout état de cause, spectateur passif de nos divisions, ou d'en tirer avantage en provoquant la guerre[1]. Le voyage du prince avait un autre objet : une fermentation extrême régnait en Belgique. Il s'agissait de pressentir les dispositions du cabinet de Saint-James pour le cas où les Belges essayeraient de se soustraire à l'autorité de l'empereur.

Comme le frère de M. de la Luzerne était ambassadeur en titre près la cour d'Angleterre, M. le duc d'Orléans devait d'abord le voir et lui confier le but de sa mission. Il s'en acquitta, en effet, avec autant d'exactitude que de pénétration. Très dévoué à l'alliance anglaise, partisan, alors que l'idée n'était pas encore mûre, d'un traité de commerce fondé sur le libre échange, vivant dans l'intimité du prince de Galles et bien renseigné par lui sur la politique étrangère, le duc d'Orléans aurait pu, dans d'autres circonstances, rendre d'éclatants services. Mais sa situation vis-à-vis du représentant

1. *Correspondance de Louis-Philippe d'Orléans avec Montmorin*, publiée par L. C. R. Paris, 1800.

officiel de son pays auprès du roi George ne tarda pas à devenir fausse. Il écrivait le 6 mars 1790 à ses amis MM. de Liancourt et Biron : « Je crois que la manière dont je pourrais être le plus utile ici serait ou que M. de la Luzerne fût employé ailleurs ou eût un congé, et que je restasse à la tête des négociations, soit que j'eusse ou que je n'eusse pas le titre d'ambassadeur, avec un chargé d'affaires autre que M. de Barthélemy, qui me serait subordonné, et qui opérerait dans les mêmes vues et les mêmes principes que moi. » Le comte de Montmorin résistait absolument à cette combinaison; il avait bien voulu se prêter à un éloignement du duc; mais il se refusait à lui accorder sa confiance et à déplacer M. de la Luzerne.

Les trames qui se nouaient et se dénouaient à Paris autour de son nom vinrent ajouter à la difficulté du séjour du duc d'Orléans à Londres. Un de ses intimes, le baron de Menou, avait été appelé au nom du roi dans le cabinet de Montmorin. Il lui reprochait d'avoir, dans une correspondance rendue publique en Angleterre, parlé de la banqueroute comme inévitable. Le duc d'Orléans, instruit de cette nouvelle par M. de la Touche, protesta énergiquement, demanda une enquête et parvint à faire agréer ses justifications. Il insistait également pour que ses pouvoirs fussent confirmés et étendus. « Le moyen le plus sûr et le plus noble, pour Monseigneur, de détruire jusqu'à l'apparence des calomnies dont il se plaint, lui écrivait Montmorin le 31 mai 1790, c'est de rendre son séjour à Londres utile à la nation et au roi. M. de la Luzerne se trouvera trop heureux que Monseigneur veuille bien lui donner ses conseils et l'aider de ses moyens et l'on peut se reposer sur son honnêteté du soin de publier les services que Monseigneur aura rendus. »

M. de la Luzerne n'était pas aussi bien disposé que le croyait le ministre des affaires étrangères ; en relations confidentielles avec La Fayette, notre ambassadeur le tenait au courant des moindres faits et gestes du duc d'Orléans et de madame de Buffon, qui l'avait suivi en Angleterre. « Le duc d'Orléans n'est guère plus heureux avec les Anglais qu'avec les Français. On le regarde comme ayant déserté son parti, ce qui est dans ce pays-ci un crime capital et dont on lui sait extrêmement mauvais gré. Il se borne donc à la société de son ami le prince de Galles, de quelques complaisants et de madame de B... Il ne me paraît pas, cependant, désireux du tout de retourner en France. Je vous assure, mon cher marquis, que je surveillerai de près ses démarches et qu'il ne sortira pas sans que vous en soyez prévenu. » M. de la Luzerne se trompait, le duc d'Orléans était pressé de retourner à Paris. Le 25 juin 1790, il écrivait à Montmorin qu'il se disposait à partir. La Fayette, instruit de son désir de retour, lui envoyait sur-le-champ un aide de camp, M. de Boinville, le conjurant, pour éviter des troubles, de rester éloigné. Le duc d'Orléans ne voulut pas entendre raison; il adressa à l'Assemblée nationale une note par laquelle il déclarait urgent le devoir d'aller reprendre ses fonctions de député et reconnaissait que son séjour en Angleterre n'était plus dans le cas d'être utile aux intérêts de la nation. La Fayette eut beau dire à l'Assemblée que les mêmes raisons qui avaient déterminé le duc d'Orléans à accepter une mission pouvaient encore subsister, celui-ci débarquait à Calais et assistait au club des Jacobins, le jour anniversaire de la prise de la Bastille. Il avait pourtant vu clair durant cet éloignement volontaire d'une année, et il avait spécialement signalé avec discernement deux incidents qui faillirent troubler prématurément, dans cette année 1790, la paix de l'Europe :

l'un était la révolution avortée des Pays-Bas, et l'autre la querelle suscitée à l'Espagne par l'Angleterre à propos de la saisie de quelques navires marchands par le vice-roi du Mexique.

Si les premiers événements de la Révolution avaient été considérés sans effroi par les cours étrangères, c'est que notre caractère de légèreté nationale rassurait; on traitait assez gaiement nos nouvelles libertés. Un théâtre de Londres s'était même permis de jouer une parodie de la Constituante. On voyait sur la scène le président, armé d'une grosse cloche, occupé à faire taire les orateurs, qui parlaient tous à la fois. Mais les événements du 6 octobre, les décrets rendus depuis le départ de Versailles, avaient révélé une vigueur et des passions inattendues. Les royautés européennes commençaient à être inquiètes et à redouter la propagande des idées françaises.

Une révolution avait éclaté dans le Brabant; elle était essentiellement nobiliaire et aristocratique. Un manifeste du 24 octobre 1789, signé Vanderhoot, déclarait que Joseph II avait violé les articles 3 et 5 du pacte fondamental en démolissant les fortifications, en supprimant arbitrairement plusieurs monastères et des confréries. Vainement l'aristocratie brabançonne s'était adressée à l'Assemblée nationale et au roi et avait essayé de l'entraîner dans des mesures qui auraient pu amener la guerre; La Fayette, tout-puissant, avait vainement tenté de créer un parti populaire dans le congrès belge; il avait envoyé M. de Sémonville et un intrigant de premier ordre, Dumouriez, pour voir si réellement un concert pouvait être établi entre les deux mouvements. Les négociateurs avaient échoué. Montmorin ne voulait pas rompre avec la cour d'Autriche, au moment surtout où Léopold II venait de prendre la couronne. L'Assemblée nationale avait approuvé cette politique en renvoyant au roi, sans les ouvrir, les lettres qu'elle avait reçues des agents plénipotentiaires des populations révoltées. Rassuré de ce côté, l'empereur, après avoir obtenu par la convention de Reichenbach l'assentiment des cabinets de Londres et de Berlin, avait fait marcher, sous les ordres de Bender, 40,000 hommes de troupes autrichiennes. Les Pays-Bas étaient retombés sous le joug. L'insurrection n'avait eu qu'un effet chez nous, c'était de donner le jour à un journal célèbre, *les Révolutions de France et de Brabant*, qui s'attacha comme un brûlot aux flancs de Montmorin. Le jeune Camille Desmoulins le rédigeait, et il fut avec Brissot le plus implacable ennemi du père de madame de Beaumont.

Mais le conflit entre l'Espagne et l'Angleterre devait être, pour la cause de la monarchie constitutionnelle, l'occasion d'un échec irréparable. Irrité de l'outrage fait à l'honneur du pavillon britannique, le cabinet avait demandé réparation à la cour de Madrid. L'Angleterre se montrait d'autant plus susceptible qu'elle n'était pas fâchée de trouver un prétexte pour se mettre en mesure d'exercer son influence sur les événements. Le pamphlet de Burke avait paru et avait semé l'effroi dans les âmes. Un armement considérable fut ordonné dans les ports anglais. L'Espagne, de son côté, réclamait de la France l'exécution du pacte de famille, la base alors de toute notre politique extérieure[1]. Par une lettre au président, dès le mois de mai 1790, Montmorin avait fait connaître à l'Assemblée nationale les motifs qui rendaient nécessaire l'équipement de quatorze vaisseaux de ligne. L'Angleterre avait augmenté ses forces dans une telle proportion et avec une si fiévreuse activité, que, dans une autre lettre du 1ᵉʳ août, il crut prudent de

1. Archives nationales, cote K (n° 1340); *Mémoires de Ferrières*, liv. IV.

demander de nouveaux subsides extraordinaires.

La question du droit de paix et de guerre était en ce temps-là agitée dans toutes les têtes. Il suffisait d'un motif pour mettre en jeu les revendications. Lorsque Alexandre Lameth crut voir de graves inconvénients à décider sur un cas particulier une thèse d'attribution constitutionnelle, il ne fut même pas écouté. La lice était ouverte. Qui n'a lu les harangues enflammées qui passionnèrent Paris pendant huit jours! La tribune était devenue le champ de bataille où semblait devoir se décider la cause de la Révolution. A la solution théorique d'un principe on attachait de part et d'autre, avec une égale ardeur, le triomphe ou le renversement de la Constitution. L'intérêt immédiat avait disparu devant l'abaissement de la monarchie.

Madame de Beaumont, qui avait rencontré Morellet chez les Trudaine, avait tenté de tirer de sa plume un secours. Dès les premiers mois de 89, dans une lettre au maréchal de Beauvau, publiée dans *le Mercure*, l'abbé Morellet, avec un remarquable bon sens, avait répondu à des publicistes superficiels, osant affirmer qu'il n'y avait dans la constitution anglaise ni liberté personnelle, ni tolérance religieuse, ni liberté de la presse, et que la nation obéissait aux volontés arbitraires d'un parlement oligarchique et corrompu. La fille de M. de Montmorin eût voulu qu'une brochure vînt en aide à la défense des prérogatives essentielles du roi, sapées dans leur dernier fondement. Mais Morellet était effrayé ; il fit la sourde oreille. La création du comité diplomatique avait, du reste, singulièrement affaibli l'initiative ministérielle, en attendant qu'il la supprimât. Les dépêches relatives au différend de l'Espagne avec l'Angleterre lui avaient été renvoyées ; et, pendant que les constitutionnels luttaient en petit nombre pour essayer de faire régner un monarque sur un pays révolutionnaire, pendant que l'influence du ministre était à chaque instant battue en brèche, la convention de l'Escurial du 28 octobre 1790 mettait fin aux difficultés sans notre participation.

Il y eut pourtant une circonstance où Montmorin, pouvant agir isolément, avait démontré son habileté. L'ambassadeur des Provinces-Unies réclamait le reliquat des quatre millions et demi que la cour de Versailles s'était engagée à payer en vertu du traité de Fontainebleau du 10 novembre 1785. Montmorin se défendit contre cette réclamation. Il rappela les bons offices du roi auprès de l'empereur; il ajouta que la Hollande ayant contracté, depuis, une nouvelle alliance avec l'Angleterre sans notre adhésion, la France était dégagée de ses promesses. Les derniers payements ne furent pas acquittés.

Il n'y avait pas de satisfaction à espérer pour Montmorin dans la situation critique qui se dessinait à tous les yeux. Louis XVI l'aimait et pourtant ne se livrait pas à lui; sa bonté n'avait rien d'expansif. La reine ne pardonnait pas à l'ancien menin son intimité avec Necker et La Fayette. D'autre part, l'esprit vulgaire d'envie et de haine s'irritait avec acharnement contre l'ombre du pouvoir qui restait au ministre. « Baptiste Montmorin a pris le rôle de la bêtise, écrivait Camille Desmoulins. O bon monsieur Capet, quel choix vous avez fait dans votre sagesse[1]! » Malgré les dégoûts qui lui montaient souvent au cœur et dont nous trouvons la trace dans ses confidences, Montmorin croyait encore au plan politique de La Fayette.

Quinze mois après son retour triomphal, Necker venait de donner sa démission sans que personne songeât à le retenir. Il n'y avait pas d'homme plus usé. La situation de ses collègues du ministère

1. *Révolutions de France et de Brabant*, t. III n° 36.

n'était plus tenable. La Fayette était intervenu auprès du roi; il lui avait nettement dit que, le comte de Montmorin étant connu pour son attachement à la Constitution, ne pas mettre de prix à son maintien aux affaires étrangères était un acte d'hostilité personnelle; que le seul moyen de durer était que le roi, Montmorin et lui eussent une confiance entière réciproque. La reine résistait, aigrie par une pareille recommandation. Montmorin avait en ce moment, auprès de l'Assemblée, une dernière lueur d'influence. Il tenait, d'ailleurs, grâce aux fonds secrets, les mille liens des négociations avec plus d'un meneur bruyant et vénal. Sa démission ne fut donc point acceptée. MM. de Fleurieu, du Portail, La Tour du Pin et Duport du Tertre devinrent ses nouveaux collègues. Mais l'amertume de son cœur et son découragement, nous les retrouvons à cette date dans un entretien qu'il eut avec M. de Ségur [1].

Rappelé de la cour de Russie, où il avait intelligemment représenté la France, le comte de Ségur (septembre 1790) était allé rendre compte de sa mission à Montmorin. De tous les tableaux qu'on avait tracés de la Révolution, celui que lui fit Montmorin fut le plus sombre. Son esprit éclairé sentait

1. *Mémoires du comte de Ségur*, t. III.

très bien la nécessité de terminer les troubles par une transaction sincère et par un pacte qui contiendrait tous les éléments d'un gouvernement représentatif; mais, en même temps, il était persuadé que la violence des passions rendait ce remède impossible. « D'un côté, dit-il à M. de Ségur, le peuple, dans sa fougue, paraît ne vouloir qu'une démocratie qui mène à l'anarchie. Il s'armera bientôt contre ceux qui veulent aujourd'hui le soumettre à un frein légal. D'une autre part, la cour, l'aristocratie et ce qui environne le roi rejettent avec opiniâtreté tout ce qui ne leur montre pas la monarchie telle qu'elle était autrefois. Vous savez à quel point j'aime le roi; il est juste, vertueux, bon; mais sa bonté est privée de force. Il ne sait résister ni à ceux qu'il craint, ni à ceux qu'il aime. Je fais de vains efforts pour le déterminer à suivre avec fermeté un plan quelconque. »

Ce langage, tout à l'honneur de Montmorin, précise à la fois l'état de son esprit et les obstacles insurmontables auxquels se heurtaient ses projets. Déçu du côté de La Fayette, il crut un instant avoir trouvé dans Mirabeau le génie indispensable pour que cette marche nouvelle du siècle se poursuivît avec calme et régularité.

V

Ils se connaissaient depuis longtemps. Une mauvaise aventure les avait brouillés.

C'était à la fin de 1787; Montmorin venait de succéder à M. de Vergennes. Mirabeau, sans ressources, presque dans le dénuement, avait obtenu par l'intermédiaire de l'abbé de Périgord, M. de Talleyrand, une mission confidentielle en Prusse. On était convenu que Mirabeau lui adresserait ses lettres chiffrées pour les remettre au ministre. Sur le bruit de la convocation des notables, Mirabeau était accouru en France, après plus d'un an de séjour en Allemagne, et, à l'aide des minutes de sa correspondance, il avait composé l'*Histoire secrète de la cour de Berlin*[1]. On était en novembre 1788; l'ouvrage allait paraître. Montmorin avait eu connaissance du manuscrit. Le duc de Lauzun le lui avait apporté et avait ajouté que Mirabeau en ferait le sacrifice si Montmorin voulait en donner le prix offert par le libraire, trois cents louis. Le marché accepté, l'argent avait été compté,

1. *Correspondance de Mirabeau et du comte de la Marck*, t. I*er* et II. — *Mémoires de Malouet*, chap. II.

à cette nouvelle condition que Mirabeau renoncerait à se faire élire en Provence. Cet engagement était-il possible? Nous ne le discuterons même pas. Mirabeau était parti, s'était présenté à Aix, et le livre avait paru. La femme du libraire, madame Legay, très liée avec Mirabeau, avait soustrait la copie du manuscrit vendu. La présence à Paris du prince Henri de Prusse, fort maltraité dans l'ouvrage, ajoutait aux embarras du gouvernement. Des poursuites rigoureuses avaient été ordonnées; on allait jusqu'à parler d'une lettre de cachet. L'abbé de Périgord, après de sanglants reproches, s'était brouillé avec Mirabeau pour ne se raccommoder avec lui qu'à son lit de mort. Des lettres presque injurieuses avaient été échangées entre lui et Montmorin, et l'impression était restée vive, lorsqu'ils se trouvèrent face à face à l'Assemblée constituante.

Par l'entremise du comte de la Marck, des relations s'étaient nouées entre Mirabeau et la cour dès mars 1790. En homme de gouvernement, Mirabeau avait vainement essayé jusqu'à cette heure de se rapprocher des ministres. Préoccupé de la marche des événements, de la tendance des partis, de l'inanité des mesures employées pour les combattre, il surmonta ses répugnances. Il voulait que

Necker et Montmorin lui confiassent leur plan, s'ils en avaient; il s'engageait à le soutenir, à employer tous ses moyens, toute son influence pour empêcher l'invasion des fausses idées démocratiques. Il s'était adressé à Malouet pour obtenir une conférence. Necker et Mirabeau avaient malheureusement été laissés seuls en présence l'un de l'autre. A cause de l'affaire du manuscrit, Montmorin avait cru ne pas devoir assister à cette première entrevue. On sait comment la raideur de Necker compromit tout et comment le lendemain, à l'Assemblée, passant tout rouge de colère, à côté de Malouet, il lui cria en enjambant un gradin : « Votre homme est un sot, il aura de mes nouvelles. »

Mirabeau s'était alors tourné vers La Fayette. Il ne réussit pas mieux. C'était vainement qu'il lui écrivait : « Soyez Richelieu sur la cour, pour la nation, et vous referez la monarchie, en agrandissant et consolidant les libertés publiques; mais Richelieu avait son capucin Joseph; ayez donc votre Éminence grise; ou vous vous perdrez en ne nous sauvant pas. Vos grandes qualités ont besoin de mon impulsion, mon impulsion a besoin de vos grandes qualités. » La Fayette plein de méfiance restait sourd ; on se contentait d'offrir à Mirabeau une ambassade. L'indignation et la colère s'emparaient de lui ; il voyait s'écouler stérilement des heures dont la perte était irréparable. Si on lit sa correspondance avec le comte de la Marck, pendant cette année 1790, son antipathie contre Montmorin, la sévérité de son jugement, y sont accusées à chaque page ; il le croit le serviteur de La Fayette et il ne le lui pardonne pas. La vivacité de son langage devait s'adoucir du jour où Montmorin put le convaincre que, quelles qu'eussent été son amitié et sa déférence pour La Fayette, son dévouement à la cause de la monarchie constitutionnelle l'emporterait sur tout. Cette preuve ne tarda pas à être faite.

Necker, opposé à l'établissement des assignats, lassé de la conduite de l'Assemblée, mécontent aussi de l'opposition sourde et continue qu'il rencontrait dans l'entourage intime du roi, avait, comme nous l'avons dit, pris la résolution de se retirer. Il était parti le 8 septembre, le cœur brisé. Le renvoi du ministère à la suite de cette retraite avait été obtenu. Montmorin seul avait été conservé et devenait le véritable chef du cabinet. Il n'était plus possible que le ministre principal n'eût aucune connaissance des projets ou des conseils de Mirabeau. Les rapports avec le roi, du moment qu'il n'y avait pas un centre de direction, étaient plutôt des intrigues qu'un système de conduite. Le comte de Mercy-Argenteau, qui avait l'oreille de la reine, était convaincu qu'on ne pourrait tirer parti de Mirabeau qu'en l'abouchant avec Montmorin. La Marck avait été chargé de cette délicate entreprise; il en parla à Marie-Antoinette. Elle tenait toujours rigueur à Montmorin de sa trop facile soumission aux volontés de Necker. Néanmoins, comme elle reconnaissait qu'il n'avait fait en cela qu'obéir au roi, elle pardonna facilement; elle n'avait pas, du reste, été longtemps sans s'apercevoir qu'au milieu des nouveaux ministres, Montmorin était le seul ami. Il venait d'avoir avec son collègue Duport du Tertre, le successeur aux sceaux de Champion de Cicé, une altercation des plus vives. Seul dans le conseil, il osait prendre la défense de la reine; on ne parlait dans les clubs que de la légitimité d'un attentat sur l'Autrichienne. Montmorin demandant si on laisserait consommer un tel forfait, Duport du Tertre répondit froidement qu'il ne se prêterait pas à un assassinat, mais qu'il n'en serait pas de même s'il s'agissait de faire un procès à la reine. « Quoi! s'écria Montmorin, vous ministre du roi, vous consentiriez à une pareille infamie? — Mais, répondit l'autre, s'il n'y avait pas d'autre moyen ! » Cela se passait en décembre 1790. On conçoit que Marie-Antoinette n'ait plus hésité à donner son affection à l'honnête homme qui la défendait courageusement.

Mirabeau rend compte dans sa quarante-sixième note de l'accueil empressé qu'il venait de recevoir de Montmorin. Il lui avait, en effet, fort habilement inspiré confiance; après avoir dissipé tout soupçon de connivence avec La Fayette, après avoir rejeté sur Necker l'insuccès des premières tentatives de réconciliation, Montmorin dit à Mirabeau : « Nous périssons, nous, l'autorité, la royauté, la nation entière. L'Assemblée se tue et nous tue, et cependant, quelque important qu'il soit de la renvoyer, on ne peut tourner court. Que faut-il donc? Temporiser, mais gouverner. Je veux relever l'autorité ; je veux consacrer toutes mes forces à ce but, vous le voulez vous-même. Les divers points de notre coalition sont faciles à arrêter. Je vous demande de m'aider : 1° à tracer un plan qui puisse faire finir l'Assemblée sans secousses; 2° à changer l'opinion des départements, à veiller sur les élections, à repopulariser la reine ; 3° à me faire obtenir sa confiance. » Et, avec une modestie égale à sa bonne foi, Montmorin ajouta : « Éclairez-moi, secondez-moi! Je n'ai jamais rêvé sur la constitution des empires, ce n'est pas là mon métier ; je le ferais mal. Il me faut des gens habiles et je ne compte que sur vous. »

Mirabeau, très ému, prit les mains de Montmorin : « Ce n'est pas le ministre du roi, forcé quelquefois de jongler, que je viens d'entendre, répondit-il ; c'est un homme d'honneur qui m'a parlé et qui ne veut pas me tromper. Je vous servirai, je vous seconderai de tout mon pouvoir. » A partir de ce jour, l'intimité des deux côtés fut absolue. Ranimé et encouragé, Mirabeau (23 décembre 1790) rédigea et compléta son plan, qui porte le titre d'*Aperçu sur la situation de la France et les moyens de concilier les libertés publiques avec l'autorité royale*. C'est à la fin de cet écrit qu'il se livre aux plus sinistres prévisions sur l'avenir de la famille royale. Montmorin, de son côté, mettait un sérieux esprit de suite à surmonter les obstacles qui se présentaient.

Ces obstacles étaient de diverses natures. L'absence d'énergie du malheureux Louis XVI n'était pas le moindre. « Lorsque que je lui parle de ses affaires et de sa position, écrivait Montmorin au comte de la Marck, il semble qu'on lui parle de choses relatives à l'empereur de Chine. » La médiocrité de son esprit ne s'atténuait pas, même dans ses rapports avec l'homme d'État le plus éminent. Et, en effet, Mirabeau, à travers les éclairs de son génie, comprenait que l'anéantissement du clergé, des parlements, des pays d'états, de la féodalité, des privilèges de tout genre, était une conquête commune à la nation et au monarque. C'était sur ces immenses ruines qu'il voulait bâtir. La Révolution était faite, mais la Constitution ne l'était pas, et Mirabeau, se sentant pour la première fois véritablement soutenu, songeait à établir un contre-poids entre les pouvoirs; sa plus vive préoccupation était le conflit perpétuel entre le roi et le corps législatif. Ses conversations avec Montmorin portaient principalement sur ce sujet. Madame de Beaumont, parlant plus tard à Chateaubriand de ce douloureux passé, revenait fréquemment sur cette courte période où, servant de secrétaire et de confidente à son père, elle avait partagé avec lui les illusions que faisaient naître les affirmations hardies, la foi audacieuse de Mirabeau.

Son apostrophe: « Silence aux trente voix! »

dans les premiers jours de 1791, avait, plus que toutes les indiscrétions, annoncé publiquement son changement d'opinion ; mais Montmorin n'avait confié à personne le secret de ces communications, lorsque, sur la prière du roi, coïncidant avec un désir de Mirabeau, communication du plan fut donnée à Malouet[1]. « C'est de votre faute, lui dit Montmorin en l'abordant, si vous êtes si tard et si mal instruit. Vous nous avez abandonnés avec humeur, et vous avez dans votre modération une telle inflexibilité, qu'étant bien sûr de vous trouver toujours au moment du besoin, je n'ai pas couru après vous. » Il lui fit alors le récit de toutes les négociations ; il ne lui dissimula même pas qu'il était dépositaire d'un bon de deux millions que Mirabeau devait toucher dès que les affaires auraient pris une meilleure tournure. Il recevait, en attendant, dix mille francs par mois.

La cour se figurait que le meilleur moyen d'arrêter la Révolution était aussi d'en gagner les chefs. C'était Montmorin qui était chargé de cette besogne ; une partie de la liste civile recevait cet emploi[2]. Elle ne payait pas moins de 34 000 livres par mois.

1. *Mémoires de Malouet*, chap. XV.
2. *Mémoires secrets* de Bertrand de Molleville, t. II, p. 141.

Ces corruptions systématiques étaient à la fois une erreur et une duperie. La Révolution, suivant l'expression de madame de Staël, n'avait que des chefs invisibles : c'étaient des croyants à certaines vérités, et nulle séduction ne pouvait les atteindre. Il faut transiger avec les principes en politique et ne pas s'embarrasser des individus, qui se placent d'eux-mêmes, dès qu'on a bien dessiné le cadre dans lequel ils doivent entrer. Ces transactions avec les consciences ne rencontraient à chaque pas que des déconvenues.

Depuis que le comité des finances avait réclamé la communication du livre des pensions, depuis que Montmorin avait été obligé de prouver qu'il n'avait pas fait passer d'argent à l'empereur, le département des affaires étrangères était l'objet d'attaques continuelles, surtout dans son personnel. Heureusement que Mirabeau était membre du comité diplomatique et qu'il accablait de sa supériorité le rapporteur Fréteau, la *commère* Fréteau, comme il le nommait dédaigneusement. Il ne put cependant empêcher l'Assemblée d'adopter un décret qui causa les plus graves embarras. Ce décret fixait la pension de retraite des ambassadeurs et des ministres plénipotentiaires. Les jacobins, en le votant, n'avaient eu qu'un but : le renouvellement du corps diplomatique. Les motions succédaient aux motions; le moindre incident servait de prétexte aux interpellations; tantôt c'était une dénonciation pour avoir autorisé le passage sur le territoire français de quelques troupes allemandes, usage réciproque et nécessaire pour les changements de garnison; tantôt c'était la signature donnée pour le passeport de Mesdames tantes du roi. Les orages s'amoncelaient sur Montmorin; combien de temps encore eussent-ils pu être dissipés, même si Mirabeau eût vécu?

Le 31 mars 1791, Montmorin écrivait à La Marck : « Je suis entièrement effrayé et tout aussi affligé. Le billet de Cabanis, ce matin, était détestable. Je renvoie pour savoir des nouvelles. Si elles sont aussi mauvaises que ce matin, si l'état continue à être aussi dangereux, ne pensez-vous pas qu'il y aurait quelques précautions à prendre pour les papiers? On me dit qu'il pourrait y avoir plusieurs personnes compromises. Je suis bien inquiet, très affligé, très découragé. »

Le 2 avril, en effet, Mirabeau mourait; avec lui disparaissaient les derniers rêves constitutionnels caressés par Montmorin. Son abattement fut profond. Il ne s'en releva pas ; il offrit sa démission, mais le refus de M. de Choiseul-Gouffier, ambassadeur à Constantinople, le força de reprendre une lutte qui l'avait lassé. Désormais il va consacrer ce qui lui reste à vivre à essayer de sauver les jours du roi. Son autorité près de lui baissait avec ses espérances ; quelques semaines à peine s'étaient écoulées, qu'il ne dissimulait plus qu'on marchait à la république. L'assemblée n'avait-elle pas, le 7 avril, voté la résolution par laquelle aucun député ne pourrait entrer dans le ministère que quatre ans après la fin de la législature ?

VI

Quelle politique extérieure pouvait prendre place entre ces deux années 1791 et 1792 ? La Révolution écrivait un droit diplomatique nouveau. C'était contre l'empire germanique que sa première action extérieure devait s'exercer. Le décret du 4 août 1790 avait dépouillé de leurs droits féodaux plusieurs princes ecclésiastiques et laïques de l'empire, à raison de leurs possessions enclavées dans les provinces d'Alsace, de Franche-Comté et de Lorraine. Dès le mois de janvier suivant, les délégués du cercle du Haut-Rhin, assemblés à Francfort, avaient pris un *conclusum* portant que l'empereur et le corps germanique étaient requis d'accorder appui et protection aux états, à la noblesse et au clergé de l'empire contre les actes de l'Assemblée nationale. Léopold, en entrant à Francfort (fin septembre 1790) avait promis d'appuyer les droits des princes allemands possessionnés. Il s'y était d'autant mieux engagé que les écrits français et les harangues de nos orateurs avaient donné un grand mouvement aux esprits dans les électorats de Trèves, de Cologne et de Mayence. Cependant la Constituante, qui n'était pas prête à déclarer la guerre, avait reconnu le principe d'une indemnité. M. de Ternant, colonel du régiment le Royal-Liégeois, avait été envoyé par Montmorin en mission extraordinaire à Coblentz pour déterminer les princes, réunis à la diète de Ratisbonne, à accepter un règlement basé sur les traités[1]. Une lettre de M. de Vergennes, fils de l'ancien ministre, et représentant la France dans les électorats, les dépêches à M. de Noailles, ambassadeur à Vienne, indiquent clairement les difficultés. Elles pouvaient être pacifiquement résolues; mais le roi et la reine,

1. Archives nationales, papiers séquestrés.

éperdus, sans appui réel à l'intérieur, ne comptant plus sur personne autour d'eux pour sauver la monarchie, veulent gagner du temps, espérant dans une intervention conciliante des puissances coalisées.

Montmorin est alors chargé de rédiger le manifeste célèbre du 23 avril 1791, adressé à tous nos représentants à l'étranger. « Le roi, écrivait-il, me prie de vous mander que son intention la plus formelle est que vous manifestiez ses sentiments sur la Révolution et la Constitution à la cour où vous résidez ; les ambassadeurs ou ministres de France près toutes les cours de l'Europe reçoivent les mêmes ordres, afin qu'il ne puisse rester aucun doute ni sur les intentions de Sa Majesté, ni sur l'acceptation libre qu'elle a donnée à la nouvelle forme de gouvernement, ni sur son serment inviolable de la maintenir. » Cette circulaire s'efforçait surtout de répondre à cette accusation que la volonté du roi avait été forcée, et elle se terminait par ces mots : « Ces calomnies ont cependant pénétré jusque dans les cours étrangères ; donnez de la constitution française l'idée que le roi s'en forme lui-même, ne laissez aucun doute sur l'intention de Sa Majesté de la maintenir. »

LA COMTESSE PAULINE DE BEAUMONT.

Montmorin communique cette circulaire à l'Assemblée; elle éclate en enthousiasme, — enthousiasme de peu de durée. Dès le lendemain, l'abbé Royou publiait ses *Réflexions:* « Quoi ! au sein des attentats contre sa personne, des outrages faits à son épouse, des persécutions suscitées à l'Église, des horreurs qui souillent la Révolution, le confident des pensées du roi ose protester à l'Europe qu'il est heureux!... Captif au milieu d'une nation qu'il a rendue libre, il voit tous ses goûts contrariés, toutes ses intentions suspectées, ses actions dénaturées, ses vertus même calomniées; ses plus fidèles serviteurs lui sont arrachés; il n'est pas jusqu'à sa conscience qu'on ne violente, et son ministre atteste à l'Europe qu'il est heureux! Quelle idée veut-il donc donner de sa sensibilité? Non, M. de Montmorin n'a rien cru de tout cela, et c'est pourquoi je regarde comme un chef d'œuvre de politique d'avoir, sans hésiter, adopté la lettre qui lui a été adressée par le club des Jacobins. »

Les doutes se répandent, en effet; *l'Orateur du peuple* imprimait ces lignes[1] : « Quelle foi ajouter à ta lettre, plat Montmorin, petite vipère gonflée de tout le venin de l'ancien régime et que le peuple

1. *L'Orateur du peuple*, t. V et VI.

aurait dû mille fois écraser ! » Et dans un autre numéro : « Croyez-vous à la sincérité des sentiments consignés avec tant d'affectation, dans la lettre de Montmorin aux cours étrangères? Plus elle est patriote, plus elle doit être suspecte ! » Enfin, *le Moniteur* du 31 mai insère un extrait d'une correspondance de Francfort dont voici le texte : « J'ai dans ce moment entre les mains les copies fidèles de deux contre-lettres envoyées en même temps que la déclaration, dont on a voulu qu'elles annulassent l'effet et qu'elles ont discréditée entièrement. »

Montmorin, de bonne foi, atteste, sur sa tête et son honneur, sa sincérité ; il était encore une fois trompé. Il n'en défend pas moins le roi.

Quinze jours après (21 juin), Dandré entrait, à six heures du matin, chez Montmorin et lui apprenait la fuite de Varennes. Une lettre de Louis XVI apportée au même instant lui annonçait son départ et lui disait d'attendre ses ordres. Il oublia, dans ce moment, ses propres périls pour se livrer à la joie de savoir le roi, qu'il aimait, échappé au danger de la sortie de Paris. La joie fut courte. La nouvelle s'était répandue ; le peuple assaillit aussitôt l'hôtel de Montmorin, réclamant sa tête. Il put faire parvenir à son collègue de Lessart, chargé du ministère de l'intérieur, ces quelques lignes : « Je ne puis sortir, le peuple entoure ma maison ; on y a mis des gardes. S'il y a quelques démarches à faire auprès de l'Assemblée nationale, je vous prie de me le faire savoir et de prier l'Assemblée de donner des ordres pour que je puisse me rendre auprès d'elle. Je ne demande pas mieux que de lui rendre compte de ma conduite. » Il écrivait en même temps au président.

Ordre fut donné de dégager Montmorin. A l'interpellation qui lui fut adressée, il répondit par ce simple mot : « Il y a à parier que, si j'avais donné au roi le conseil de partir, je l'aurais précédé ou suivi. » On l'invita, au milieu des applaudissements, à reprendre sa place au milieu des ministres. Mais l'irritation populaire ne fit que s'accroître lorsque, après l'arrestation de la famille royale, on découvrit le passeport délivré sous le nom de la baronne de Korf. Cette fois encore, la foule voulut mettre le feu à l'hôtel de la rue Plumet. La santé de madame de Beaumont reçut dans ces cruelles émotions la première atteinte grave. Les pleurs, les insomnies, les inquiétudes incessantes et mortelles que donnaient les violences populaires à une jeune femme vivant de la vie de son père et toujours à ses côtés, frappaient en elle les sources mêmes de l'existence. C'était, en effet, Montmorin, qui avait signé le passeport. Il lui avait été demandé, par M. de Simolin, ministre de Russie, à qui il ne pouvait le refuser. Quatre commissaires furent désignés par l'Assemblée : Rœderer, Gourdon, Camus et Muguet. Ils se transportèrent dans les bureaux des affaires étrangères, examinèrent la demande, compulsèrent les registres et rédigèrent un rapport favorable. Un député dit même que les éclaircissements fournis par le rapporteur étaient si satisfaisants et qu'il était si important d'environner de la confiance publique un ministre n'ayant pas mérité de la perdre, qu'il était convenable d'ordonner l'impression et l'affiche du rapport. La motion fut décrétée et la conduite de Montmorin déclarée irréprochable.

S'il était du reste nécessaire, pour établir sa sincérité, d'ajouter d'autres preuves, nous les trouverions dans un document inconnu de ses ennemis. Le 21 juin 1791, il écrivait confidentiellement au comte de la Marck : « Je reçois dans l'instant une lettre du roi m'annonçant qu'il est parti : jugez dans quel état je dois être ; je ne sais ce qui va arriver. Je crois devoir rester. » Un autre témoignage non moins irrécusable nous vient de Malouet. Il avait, de concert avec l'abbé Raynal, préparé un plan de résistance peu différent de celui de Mirabeau, et il avait prié Montmorin de le présenter. Le roi avait dit *non* sèchement, et ce *non* avait fait pâlir l'abbé Raynal. Louis XVI leur laissa ignorer que ces mêmes mesures étaient précisément celles qu'il concertait avec M. de Bouillé. A son retour de Varennes, le roi eut une explication avec Montmorin et lui dit : « Je n'ai été empêché de m'ouvrir complètement à vous que par une seule considération, la peur de vous compromettre. Je ne pouvais vous emmener ; devais-je vous mettre dans le cas d'un parjure si, sachant mon secret, vous persistiez à le garder, ou vous exposer à la mort si vous avouiez en être dépositaire et ne m'en avoir pas détourné. »

La méfiance populaire fut la plus forte ; elle s'est imposée même à l'histoire. *L'Orateur du peuple*, dans ses numéros 41, 47, 48, dénonce Montmorin en ces termes : « Et Montmorin, qui peut être la dupe du décret qui blanchit ce sépulcre de forfaits?... La tête de Montmorin devrait déjà être tombée sous le fer du bourreau... C'est lui qui a donné à la reine un passeport sous le nom de la baronne de Korf, et le roi était désigné comme domestique. Montmorin s'est très mal défendu, et l'Assemblée a eu l'indignité de le laver de toute accusation. »

L'Orateur du peuple a été cru ; on oublie même que la reine avait poussé si loin la dissimulation, qu'ayant rencontré, la veille du départ, Montmorin, elle lui avait demandé s'il avait vu Madame Élisabeth. « Je sors de chez elle, avait répondu Montmorin. — Elle m'afflige, répliqua la reine ; j'ai fait tout au monde pour la décider à assister demain à la procession de la Fête-Dieu ; elle paraît s'y refuser : il me semble pourtant qu'elle pourrait bien faire à son frère le sacrifice de son opinion. »

Les passions et les préventions aveugles ne se modifient pas, et nous retrouvons les mêmes calomnies avec toutes leurs iniquités le jour où Montmorin comparut devant ses accusateurs.

Qu'avons-nous à raconter avant ce jour-là? Le roi, suspendu de ses fonctions, n'était plus qu'un gage entre des mains ennemies; il avait excité l'inquiétude comme s'il eût été fort, et tous les moyens de se défendre lui manquaient. Depuis son retour de Varennes jusqu'à son acceptation de la

Constitution, les ambassadeurs de France n'avaient aucune correspondance officielle avec la cour où ils résidaient.

Presque en même temps que se signait la convention de Pilnitz, le 13 septembre, Louis XVI donnait son adhésion solennelle à l'acte constitutionnel. Ses frères avaient pris le parti de lui adresser ouvertement, sous la date du 11, une lettre à laquelle ils avaient donné la plus entière publicité par les gazettes étrangères. Dans ce manifeste, les princes l'engageaient à refuser sa sanction, ne voyant dans les principes de la Révolution que la violation du droit. Tout préparait donc la guerre; les provocations venaient du dehors. Dans la circulaire adressée par lui à M. de Noailles, le 19 septembre, Montmorin jugeait très bien que l'Europe, en menaçant la France d'intervenir à main armée dans ses débats intérieurs, révoltait la fierté d'une nation indépendante et que les puissances, en se laissant entraîner par les émigrés, hâtaient le renversement du trône. Cette dépêche devait être l'avant-dernier acte diplomatique de Montmorin.

Le 30 septembre 1791, la Constituante terminait ses séances, et cette assemblée, à qui la race humaine doit tant de reconnaissance, s'en allait, de l'aveu des contemporains, plus vieillie après deux années que le plus long règne de l'ancienne monarchie.

VII

La comtesse Pauline de Beaumont pendant la Terreur. — Le massacre de son père. — L'exécution de sa mère et de son frère Calixte. — La mort de son frère Auguste et de sa sœur madame de la Luzerne.

Le parti constitutionnel, successivement affaibli par ses fautes, n'était représenté à l'Assemblée législative que par un petit groupe d'hommes non sans talent, mais sans influence. Si Montmorin avait perdu tout espoir dans une action politique, l'habitude du danger l'avait rendu plus fort et plus décidé, en même temps qu'elle lui avait donné le dédain des injures et presque l'insouciance des précautions nécessaires. En avril 1791, son ami Bertrand de Molleville lui avait, sur ce point, un jour cherché querelle : Fréteau avait assuré au comité diplomatique que Montmorin avouait que le prince de Condé et le cardinal de Rohan étaient sortis de France pour soulever les puissances étrangères. Aux reproches que lui faisait sur cette intempérance de langage Bertrand de Molleville, Montmorin répondit: « Comment, vous qui me connaissez, avez-vous pu me croire capable de tenir un propos pareil? Ce que j'ai dit est précisément inverse; car, en parlant de la nécessité de réprimer enfin les excès qui avaient forcé le prince de Condé à abandonner le royaume, je me suis efforcé de montrer combien il était important d'employer tous les moyens possibles pour engager ce prince à revenir, parce qu'il était profondément respecté, que l'idée de son émigration forcée indisposerait les puissances et finirait par soulever tous les alliés de la maison de Bourbon; j'ai ajouté que, si nous désirions terminer favorablement nos négociations avec les princes de l'empire possessionnés en Alsace, nous devions employer tous nos efforts afin de nous concilier le cardinal de Rohan, qui aura certainement la plus grande influence sur leur détermination. » Bertrand de Molleville répliqua qu'il fallait, sans perdre de temps, opposer un démenti formel et public au rapport de Fréteau. « J'y ai pensé, dit

Montmorin ; mais, si Fréteau a concerté son rapport avec les autres membres du comité, ils sont capables, pour soutenir leurs manœuvres, d'opposer leur témoignage à mon assertion, qui, quoique vraie, n'en passera pas moins pour fausse. — Écrivez du moins à Fréteau, reprit Bertrand de Molleville, pour qu'il ait à se rétracter ou à rectifier son rapport, et menacez-le, s'il ne le fait pas, de faire imprimer votre lettre dans tous les journaux. » Montmorin approuva cet avis comme le plus modéré, et il écrivit le même jour à Fréteau, qui, dans sa réponse, convint de l'inexactitude. Il promit même de faire corriger l'erreur sur le procès-verbal et d'en instruire les membres les plus marquants de l'Assemblée. Montmorin eut la condescendance de ne pas en exiger davantage. Il se refusa à publier les lettres échangées. La lassitude des choses et des hommes amène cette insouciance.

Les temps étaient proches, cependant, où la vie allait être menacée. La Législative n'était qu'une courte préface avant la Convention. Dès la première semaine de son existence, le comité diplomatique fut mené par les violents. Le ministre des affaires étrangères n'était plus qu'un chef de bureau. Montmorin avait de nouveau pris le parti de se retirer. Les dénonciations pleuvaient sur lui; Condorcet lui-même, Condorcet son ami, l'accusait, dans la séance du 18 octobre, à propos du projet de loi contre les émigrants [1].

Le comte de la Marck, dans une lettre à Mercy-Argenteau, était d'avis que Montmorin conservât encore son poste. Dans une quantité d'affaires, il pouvait surveiller le roi lorsque, comme le redoutaient les courtisans, il échapperait à la reine. Le grand seigneur brabançon la considérait comme seule capable de régner, et ses opinions sur Montmorin varièrent jusqu'au moment où le ministre conquit l'amitié de Marie-Antoinette.

L'insistance de Mallet du Pan et de Malouet fut plus efficace [2]. Ils décidèrent Montmorin, avant sa retraite, à présenter encore à Louis XVI un plan de conduite. Il consistait à se rendre à l'Assemblée législative, et à déclarer que, les puissances étrangères ne croyant plus le roi libre, sa liberté devait être constatée; le roi demanderait, en conséquence, à aller à Fontainebleau ou à Compiègne, avec les gardes du corps, et à choisir un nouveau ministère n'ayant pas coopéré à la Consti-

---

1. *Correspondance de Mirabeau avec M. de la Marck*, t. III.
2. Voir *Mémoires de Mallet du Pan*, t. I, p. 248.

tution. Ou l'Assemblée eût refusé, et elle établissait ainsi la servitude du roi; ou elle eût accepté, et alors un cabinet dévoué était constitué. Montmorin revint à trois reprises sur les avantages de cette conduite; il se jeta aux genoux de la reine; les supplications furent inutiles. L'insuccès avait amené la résignation, et Montmorin fut suspecté de trop de finesse. Cette suspicion explique sa lettre du 26 octobre au comte de la Marck : « J'avoue que, malgré mon extrême répugnance, je me serais déterminé à rester si l'on m'en avait montré un désir positif, mais on ne l'a pas fait, et, en vérité, la chose en valait la peine. Je m'occupe en ce moment du compte que je dois rendre à l'Assemblée; j'espère qu'il sera tel qu'il pourra être utile au roi et que les cours étrangères en seront contentes. Il me fera peut-être quelques querelles ici avec les journalistes Brissot et compagnie ; mais, en général, je crois qu'il ne me fera pas de tort devant l'opinion. » Il ne connaissait pas encore la nouvelle assemblée devant laquelle il se trouvait.

Gouverneur-Morris, en relations constantes avec madame de Beaumont et son père, prévoyait l'avènement de la république sans croire à sa durée, et il suivait avec sympathie les efforts tentés pour sauver les jours de la famille royale; il avait aussi préparé un plan pour être soumis à Louis XVI. Le 22 octobre, il alla le communiquer[1] à Montmorin et l'engagea à rester quelque temps encore en fonctions; il voulait ne le voir sortir du conseil qu'après en avoir été président. Montmorin ne se rendit pas à ses raisons et lui fit une confidence grave. Il quittait le ministère parce qu'il ne jouissait pas complètement de la confiance de Leurs Majestés; le roi et la reine, ajoutait-il, étaient gouvernés par des avis venant tantôt de Bruxelles, tantôt de Coblentz. Montmorin s'était vainement efforcé de les convaincre de la nécessité d'arrêter une ligne fixe de conduite. Rien ne leur ouvrait les yeux. Le roi, extrêmement choqué qu'un homme avec lequel il vivait dans la familiarité depuis son enfance persistât à donner sa démission, ne fit rien pour l'encourager à la retirer. Les instances de Bertrand de Molleville ne furent pas mieux accueillies.

Ce fut le 31 octobre 1791 que Montmorin donna lecture à la Législative de son rapport sur la situation de la France vis-à-vis des puissances étrangères. Résumé fidèle des événements extérieurs depuis le jour où Louis XVI, revenu de Varennes,

1. *Mémorial* de Gouverneur-Morris.

avait été suspendu, le rapport exposait avec impartialité la situation, blâmait l'émigration, indiquait ses lieux de rassemblement, ne dissimulait pas la défiance des cours européennes contre la Révolution, tout en s'enfermant dans les bornes d'une discrétion exigée par l'intérêt public. Cet important document se terminait par ces lignes : « Je présente ces réflexions sur les inconvénients de demander trop de détails au ministre des affaires étrangères avec d'autant plus de confiance qu'elles ne peuvent avoir pour objet de rendre plus facile l'exercice d'une place que je vais cesser d'occuper. Dès le mois d'avril dernier, j'avais donné ma démission à Sa Majesté ; mais la distance qui me séparait de celui qu'elle me destinait pour successeur me força de continuer mon travail jusqu'à la réception de sa réponse, qui fut un refus. Depuis, je ne trouvai plus où placer ma démission, et l'espérance d'être encore de quelque utilité à la chose publique et au roi put seule me consoler de la nécessité de rester dans le ministère, au milieu des circonstances qui en rendaient les fonctions pénibles pour moi. Aujourd'hui, Sa Majesté a daigné agréer ma démission ; le rapport qu'elle m'a ordonné de vous faire est le dernier devoir que j'aie à remplir envers les représentants de la nation comme ministre des affaires étrangères ; et je me félicite, en terminant ma carrière ministérielle, de pouvoir vous donner l'espoir d'une paix que vous aiderez le roi à maintenir et à consolider par la sagesse de vos décrets. »

Le comte de Montmorin, en se retirant, avait espéré conserver la place de ministre d'État ; on fit observer au roi que ce titre était contraire à la Constitution et que l'Assemblée ne manquerait pas de s'y opposer. Il eût aussi accepté la charge de gouverneur du dauphin, dont on avait autrefois parlé. Les circonstances ne permettaient pas de la lui confier. Montmorin se trouvait dès lors presque sans ressources ; ses affaires privées étaient dans un tel désordre, que ses dettes surpassaient de beaucoup son actif. Le roi, informé, lui assura la somme de 50,000 livres par an sur les fonds secrets et lui envoya, comme souvenir, son portrait en pied, pareil à celui qu'il avait donné à M. de Vergennes en 1786.

Montmorin s'enferma pendant quelques semaines dans sa campagne de Theil, près de Sens, avec ses enfants. Ce furent ses dernières heures de joie domestique ; il s'occupait de réparations ; il revit, comme pour échanger les suprêmes paroles, les amis fidèles, les Trudaine, et François de Pange. Il ne put séjourner longtemps en Bourgogne. Il dut rentrer à Paris, se présenter à la section de la Croix-Rouge [1]. Un extrait des registres du comité révolutionnaire constate que Montmorin envoya 300 livres pour les pauvres de son quartier et 300 pour ceux de Fontaine-Grenelle. Le 23 janvier 1792, il est obligé de se faire délivrer un certificat déclarant qu'il continue à demeurer rue Plumet.

Dans ce sombre hiver de 1792, pendant que le ministère Narbonne, de Lessart, se débattait entre les folles manœuvres de l'émigration et les irritations croissantes de la Révolution, pendant que Bertrand de Molleville, devenu ministre de la marine, essayait de renouer à chers deniers les intrigues subalternes qui, jusqu'alors, avaient été si peu utiles, Montmorin était frappé au cœur dans ses affections.

Son fils le plus jeune, Auguste, partait pour l'île de France comme enseigne de vaisseau. Ils ne devaient plus se revoir. Un coup de vent, à quinze mois de là, faisait sombrer la barque qui portait Auguste Montmorin prêt à s'embarquer pour reve-

---

1. Archives nationales, papiers séquestrés.

nir à Brest. Il se noyait au moment de la fin tragique de sa famille. Il léguait à sa sœur Pauline une étoffe de soie pour une robe de bal, et cette étoffe devait lui servir de linceul. Nous avons la lettre d'adieu du jeune officier de dix-sept ans; elle est datée de décembre 1791[1] : « Vous me dites, mon cher papa que je suis heureux d'aller dans un pays tranquille; mais quel bonheur puis-je trouver, lorsque je ne sais pas si vous êtes en sûreté !.. J'avais déjà écrit à maman et à mes sœurs. On m'avait appris la plupart des nouvelles que j'ai eues dans vos lettres; mais on m'avait dit que M. Bertrand était déjà remplacé, et j'ai vu avec plaisir qu'il était encore ministre... Adieu, mon cher papa; n'oubliez jamais votre fils et croyez qu'il ne cessera jamais de vous respecter et de vous aimer tendrement. — AUGUSTE DE MONTMORIN. » En entrant dans la région que Dante appelle inconsolée, la première ombre devant laquelle nous nous inclinons est celle de ce pauvre enfant dont Pauline, sa sœur, écrivait : « Il était aussi courageux que doux, et comme il avait de beaux cheveux blonds ! »

Le 15 mars arrive : de Lessart, le successeur de Montmorin, est mis en accusation et conduit à Or-

---

1. Archives nationales, papiers séquestrés.

léans. Dumouriez, Clavière et Roland sont ministres. Le roi appelle Montmorin ; il lui dit qu'il ne peut considérer comme ses conseillers des hommes qui sont ouvertement ses ennemis [1]. Il se décidait à nommer un conseil secret auquel il abandonnerait la direction des affaires ; il en désignait, comme membres, avec Montmorin, l'archevêque d'Aix M. de Boisgelin, l'abbé de Montesquiou et Malouet, et il fixait au lendemain, à minuit, la première réunion. Montmorin répondit au roi que certainement les personnes choisies étaient pleines de dévouement, mais qu'un comité secret était un danger de plus et ne présentait aucune ressource ; qu'il était impossible de faire exécuter ses décisions ; qu'on ne tarderait pas à s'apercevoir des réunions fréquentes et de leur influence sur les déterminations du roi ; que les clubs mettraient alors infailliblement le peuple en insurrection contre le château ; qu'il fallait commencer par s'assurer les moyens de se défendre. Après avoir présenté ces observations, Montmorin se rendit successivement chez l'archevêque d'Aix, chez l'abbé de Montesquiou et chez Malouet. Sans qu'ils eussent pu se concerter, ils firent tous sé-

1. *Mémoires de Malouet*, chap. XVIII.

parément la même réponse que Montmorin. Malouet lui remit même cette réponse par écrit; il revenait à son projet de confédération des départements et des gardes nationales, en s'appuyant sur la constitution et sur l'autorité défaillante de La Fayette. Il oubliait que les constitutionnels étaient un épouvantail, surtout pour la reine.

Montmorin, en devenant l'ami de Marie-Antoinette, ne devint jamais son vrai confident. Il avait été écarté de ce rôle par son acceptation sincère de la Constitution. On se servait de lui vis-à-vis de la Révolution; on le tenait à distance quand on s'entendait avec l'étranger. La prédiction de Mirabeau lui traversait alors la mémoire. Il relisait ces lignes que le grand homme d'État avait écrites, dans son désespoir de ne pas être compris : « Le roi et la reine y périront; la populace battra leurs cadavres. Oui, oui, on battra leurs cadavres ! »

A partir d'avril, ni Bertrand de Molleville, ni Malouet, ni Montmorin, ne purent ostensiblement se rendre aux Tuileries. Le château était garni d'espions, et les journaux dénonçaient chaque matin ce qu'on commençait à appeler le « comité autrichien ». La déclaration de guerre était inévitable; les généraux étaient désignés; les emplacements des armées fixés. Le 20 avril 1792, date mémorable, les ministres obligèrent le roi à faire usage de son initiative pour aller lui-même à l'Assemblée proposer la guerre contre l'Autriche ; elle fut votée par acclamation. Montmorin put, à la suite de cette séance, voir Louis XVI. Il lui développa les considérations les plus sages sur l'émigration. Le premier des devoirs était de ne jamais livrer son pays à l'ennemi. La guerre civile, quelque cruelle qu'elle fût, était plus excusable. Mais, en se présentant sous les drapeaux de l'Autriche et de la Prusse, la noblesse devenait étrangère à la France. C'est ce qu'elle ne sentait pas. Montmorin eût compris la Vendée ; mais il ne pardonnait pas Coblentz. Cette opinion nettement exprimée à Louis XVI achève de déterminer le véritable esprit politique de Montmorin. Ses paroles laissèrent-elles, comme on l'assure, une impression dans l'esprit du roi ? Conçut-il pour la première fois la nécessité d'une défense à l'intérieur, en se séparant de toute alliance étrangère ? En tout cas, il était trop tard. Les avis de quelques hommes d'intelligence et de cœur, se réunissant pour essayer d'endiguer l'impétueux torrent, pouvaient-ils désormais être autre chose qu'une désignation pour l'échafaud ?

Montmorin va chercher sa famille à Theil; elle ne veut plus le quitter. Accusé de prévarication, lui, l'intégrité et la générosité mêmes, il avait envoyé à la Législative (17 avril 1792) les états de dépenses de son ministère. La lumière fut bientôt faite; nous la ferions au besoin après lui. Ses réparations à Theil sont connues; les mémoires ont passé sous les yeux de ses implacables adversaires [1]. Le prix de son hôtel de la rue Plumet, acheté de la succession Beaumanoir le 28 mai 1784, moyennant 220,000 livres, n'avait été soldé qu'au moyen d'un emprunt. Néanmoins les soupçons de concussion étaient répandus. Une visite avait été pratiquée au château par la municipalité de Sens. L'homme d'affaires, le fidèle Peyron, dont il est parlé dans la correspondance de Joubert, avait pris le parti d'ouvrir désormais devant les délégués de l'autorité municipale toutes les caisses qui venaient de Paris. Une note indique que le papier peint destiné à la chambre à coucher de madame de Beaumont était l'objet d'observations et avait paru suspect.

Montmorin prévoyait le sort qui l'attendait; sollicité de passer en Suisse, il s'y refusa avec obstination. Il disait au comte de la Marck, le 19 avril :

1. Archives nationales. Inventaire de M. de Montmorin.

« Dès que la guerre sera commencée, il faut s'attendre à toutes les inquisitions imaginables. Les accusations se multiplieront contre tous ceux dont on voudra se défaire. Les premiers moments seront durs pour les honnêtes gens. Dieu veuille que le roi et la reine n'en soient pas les victimes ! »

La guerre était commencée. Dumouriez avait quitté le portefeuille des affaires étrangères pour aller commander l'armée du Nord. Le dernier effort de La Fayette lui-même ne devait pas réussir. La garde nationale l'abandonnait et sa mise en accusation était à la veille d'être demandée. Les ministres se succédaient les uns aux autres, tous plus faibles devant l'Assemblée. C'était sous le ministère de M. de Narbonne que le dernier acte politique de Montmorin s'était accompli. Il avait obtenu de Louis XVI le désaveu officiel des armements faits en son nom par les princes ses frères ; mais ni ses proclamations, ni ses lettres, n'avaient produit d'effet. La mission secrète du baron de Vioménil et du chevalier de Coigny, envoyé à Coblentz pour témoigner aux émigrés la désapprobation royale, avait excité au plus haut degré leurs colères contre Montmorin. Considéré par eux comme jacobin, et sur les bancs de la Législative comme aristocrate, il put, sans se tromper, répondre à Bertrand de Molleville, qui l'engageait à se pourvoir de papiers pour sa sûreté : « C'est un passeport pour l'autre monde qu'il me faudrait. Toutes ces précautions sont inutiles ; quoi que je fasse, je n'échapperai pas aux gens qui m'en veulent. Je suis sûr d'être assassiné dans moins de trois mois. »

II

Montmorin s'obstinait à ne pas abandonner Louis XVI, et il restait à son poste d'honneur, comme une sentinelle perdue. Malouet, Bertrand de Molleville et lui formaient, sans qualité, une sorte de conseil affectueux et résolument dévoué. Ils ne pouvaient pas être longtemps à l'abri des délations.

On répandait partout le bruit de l'existence d'un comité autrichien. Tous les pièges étaient tendus pour donner de la consistance aux méfiances surexcitées. Au commencement de mai 1792, Richer de Serizy se rendit chez Regnault de Saint-Jean-d'Angély, son collègue à la Législative, et le pria, au nom de la princesse de Lamballe, d'assister à un comité chez elle le vendredi, à six heures du soir.

Il ajouta que Malouet, Bertrand et Montmorin s'y trouveraient. Regnault était dupe d'une perfidie[1]. Il ne s'en aperçut pas; ses doutes sur l'existence du comité autrichien disparurent, et sa dose de vanité fut suffisante pour lui faire considérer l'invitation comme la chose la plus naturelle. Il courut chez Malouet, qui lui répondit : « Je ne connais pas madame de Lamballe et je ne suis d'aucun comité. — Ce n'est pas un comité public, reprit Regnault, c'est un comité qui se tient secrètement chez la princesse; elle m'a fait l'honneur de m'y inviter. — Je vous proteste, répliqua Malouet, que tout ce que vous me dites est absolument nouveau pour moi : je n'ai jamais mis le pied chez la princesse de Lamballe; à peine la connais-je de vue, et je ne suis d'aucun comité. — Que dois-je donc penser, repartit Regnault, du message que j'ai reçu de Richer de Serizy? — Je présume, répondit Malouet, que c'est une plaisanterie, ou qu'on a voulu vous tendre un piège, et je vous conseille de vous tenir sur vos gardes. » Ils se quittèrent : Malouet alla raconter à Bertrand de Molleville cette aventure; ce dernier fit partir un courrier pour Anet,

---

1. *Mémoires secrets* de Bertrand de Molleville, chap. XXIII.

où se trouvait la princesse de Lamballe, et l'informa de ce qui se passait. Elle lui répondit qu'elle ne connaissait même pas Richer de Serizy et Regnault de Saint-Jean-d'Angély. De quel comité politique pouvait être cette insouciante princesse?

Montmorin avait cru sage de mépriser jusqu'alors les clameurs et les faiseurs de motions. Mais une accusation formelle le fit sortir de son flegme habituel. Cette accusation émanait d'un journaliste, Carra, rédacteur des *Annales patriotiques*. Il articulait nettement le crime de trahison contre Bertrand de Molleville et Montmorin, et il invoquait à l'appui les témoignages de Merlin, de Bazire et de Chabot. Montmorin et Bertrand déposèrent une plainte en diffamation entre les mains du juge de paix de la section Henri IV. Cet honnête et courageux magistrat a mérité de ne pas être oublié. Il se nommait La Rivière. Il ouvrit une enquête. Les trois députés désignés reconnurent l'exactitude de la déclaration de Carra. Le juge de paix se présenta alors à la barre de l'Assemblée (18 mai 1792). Il demandait que le comité de surveillance lui remît tous les titres, notes et renseignements qu'il pouvait avoir. Une discussion s'engagea. Bazire attaque la plainte comme étant nulle en sa forme, parce que les plaignants s'étaient qualifiés ministres d'État. La Législative passe à l'ordre du jour, sur une observation de Dumolard, réclamant justice pour tous. Le lendemain 19 mai, Romme dénonce le juge de paix, qui venait de décerner un mandat d'amener contre Bazire, Chabot et Merlin. Tous les trois protestaient contre l'atteinte portée à l'inviolabilité parlementaire. La Rivière se rend de nouveau à l'Assemblée, et déclare qu'aux termes de l'article 8, section v de la Constitution, tout citoyen devait répondre quand il était interrogé au nom de la loi et que le mandat d'amener n'était qu'une mesure de procédure et de police. Louis XVI, prévenu par Montmorin, intervient alors dans une lettre lue à la tribune par Duranthon, garde des sceaux, lettre qui sollicite les députés à accomplir leur devoir avec impartialité. La colère de l'Assemblée est à son comble. Guadet, appuyé par Lasource, n'hésite plus et propose la mise en accusation du juge de paix. Genty proteste vaillamment, mais est accueilli par les cris : « A l'Abbaye ! à l'Abbaye ! » La motion, malgré lui, est adoptée au milieu des applaudissements. Le malheureux La Rivière est transféré à Orléans; il devait, le même jour que de Lessart et Brissac, être égorgé par la bande de Fournier l'Américain. « Encore, comme disait Malesherbes, après sa condamnation encore si cela avait le sens commun[1]! »

A voir l'acharnement de cette éloquente et idéaliste Gironde contre un magistrat intègre, à lire ces discours enflammés contre Montmorin, on reconnaît que les imaginations, troublées par une méfiance absolue, au moment où la guerre mettait en jeu l'existence de la nation, ne voyaient dans les constitutionnels, parce qu'ils étaient attachés au roi, que des ennemis irréconciliables. L'issue de ces accusations acceptées sans contrôle et qui étaient dans l'air ne faisait doute pour personne. Montmorin courait avec intrépidité à la mort.

Dans la séance du 20 mai, Gensonné et Brissot avaient dénoncé encore le comité autrichien. Deux jours après, les débats solennels commencent; c'est Gensonné qui parle le premier. « J'ai demandé la parole sur la lettre du roi, dit-il, parce que l'ordre donné au ministre de la justice et transmis par lui au commissaire près le tribunal de Paris m'a paru violer la Constitution et la loi, et qu'il est de votre devoir de rappeler à leur exacte observation tous les fonctionnaires publics qui tenteraient de s'en écarter. Cette démarche qu'on a fait faire au roi,

---

1. *Souvenirs* de Mathieu Dumas.

l'ordre donné au ministre de la justice, l'invitation au corps législatif de se dessaisir des pièces relatives aux conspirations, les rapports de cette démarche avec l'accusation intentée par les ex-ministres Bertrand et Montmorin, avec la conduite du juge de paix La Rivière, ne peuvent laisser aucun doute sur l'obsession qu'exercent encore sur l'esprit du roi les agents de cette conspiration que depuis longtemps l'opinion publique a désignée sous le nom de *comité autrichien*. » Malgré le talent puissant de Gensonné, l'Assemblée était en majorité indécise, lorsque Brissot, l'ennemi personnel de Montmorin, prit la parole pour préciser les faits. Il faut lire son discours tout entier dans *le Moniteur*. L'accusation y est développée avec art et perfidie : il cite la correspondance diplomatique avec M. de Noailles, ambassadeur à Vienne ; il isole les phrases, il isole même les mots ; dans la lettre du 3 août 1791, il extrait un fragment ; il ne le réunit pas à la lettre entière pour en juger l'esprit ; il le subdivise au contraire en petites parties, qu'il détache pour les commenter séparément. Sans hésiter, il transforme en ennemis de la Constitution de 91 ses principaux auteurs. Il se souvient des tablettes de Zadig, dont les fragments mal rapprochés pouvaient offrir un sens coupable. Il essaye de cet artifice sur la correspondance de Montmorin ; il prend une ligne dans sa lettre du 3 août, une autre ligne dans sa lettre du 19 septembre, et il compose ainsi une phrase qu'il récite sans interruption, invitant bien à en peser les mots ; il en altère même la signification ; et, Montmorin ayant écrit qu'il ne voulait faire ni l'apologie ni la censure des nouveaux *principes* dont l'empereur d'Autriche redoutait l'expansion (lettre du 3 août, pages 31 et 32), Brissot lit : « Je ne ferai ni l'apologie ni la censure des *pouvoirs* nouvellement créés. » En avançant dans l'examen de cette dénonciation, on frémit de voir sur quelle légèreté est fondé un décret d'accusation. Brissot dit-il, par exemple, que Montmorin s'opiniâtrait à conserver dans leurs places des personnages hostiles, tels que M. de Castelnau, résident de France à Genève : on fouille les pièces et l'on voit que ce poste a été supprimé en 1791. Brissot reproche-t-il à Montmorin d'avoir laissé dans l'oubli le patriote Genêt, chargé d'affaires à Saint-Pétersbourg : on apprend que le ministre lui a, au contraire, accordé une gratification et qu'il a été ensuite envoyé en Hollande.

L'Assemblée, au surplus, ne fut pas convaincue.

Kersaint, ayant demandé qu'on mît aux voix le décret d'accusation, la motion fut rejetée; l'impression des discours de Gensonné et de Brissot, avec les pièces certifiées conformes, fut ordonnée; et l'affaire fut renvoyée aux comités réunis de diplomatie, de surveillance et des douze.

Dans la séance du 23 mai, Chabot annonce que Montmorin s'est embarqué à Boulogne-sur-Mer avec la princesse de Lamballe et M. de Caraman. Gensonné aussitôt s'écrie de son banc : « La fuite de Montmorin doit prouver pour quels motifs les personnes qui ont voté l'ajournement semblent en ce moment si empressées d'entendre le citoyen Chabot. » La nouvelle était fausse : Montmorin publie une lettre dans laquelle il déclare courageusement qu'il n'a point et n'aura jamais le dessein de quitter la France, et qu'il ne quittera même point Paris avant que l'Assemblée ait approfondi la dénonciation lancée contre lui. Chabot fait alors des excuses, mais promet de prendre sa revanche. Cependant les discours et les annexes, dont l'impression avait été ordonnée, sont distribués. Dans la séance du 2 juin 1792, le représentant Mayern se plaint de ne trouver dans les pièces justificatives que des fragments de lettres, fragments façonnés avec art, ajoute-t-il, et accommodés à la dénonciation. Le même jour, Montmorin fait remettre à la Législative un mémoire en réponse à ses accusateurs. Il avait fait imprimer lui-même, en totalité, les pièces dont les extraits avaient servi de fondement au réquisitoire de Brissot. Citées pour prouver des crimes, elles n'attestent que des services. Partout, dans cette correspondance, le ministre justifie les mesures prises par l'Assemblée nationale, proteste au nom de son énergie et de sa prudence, ne parle des princes émigrés que pour désavouer, au nom du roi, toutes leurs démarches, dissuade l'empereur de faire des tentatives pour rendre au monarque son ancienne autorité, annonce qu'elles seraient sans objet, prévient qu'elles seraient d'ailleurs sans succès et qu'on augmenterait la fermentation générale. Il représente qu'aucune puissance étrangère à la France ne peut y changer l'ordre des choses établi, qu'on peut dompter facilement un parti, mais non pas une nation nombreuse, exaltée et puissante. Montmorin voulait conserver la paix et l'alliance de l'Autriche; il voulait maintenir le traité de 1756 conclu contre la Prusse. Brissot et ses amis désapprouvaient passionnément cette politique. Ils en avaient le droit; mais, comme répondait Montmorin : « Tout ce que cela prouve, c'est que M. Brissot tient pour criminels de haute trahison ceux qui ne pensent pas comme lui. » Le mémoire se terminait ainsi : « La seule faveur qui me reste à demander à mes lecteurs, c'est de vouloir bien lire les pièces entières de ma correspondance, et de me juger d'après l'impression qu'ils recevront de cette lecture. »

L'impression fut, en effet, profonde ; lorsque, le surlendemain, Chabot, au nom des comités, donna communication de son rapport, lorsqu'il essaya de répandre des doutes, même sur la fidélité de Rochambeau, de Dillon, de La Fayette, les murmures d'indignation le forcèrent à supprimer des pages entières. Comme conclusion à ce long débat sur le comité autrichien, l'Assemblée se contenta de renvoyer les nouvelles pièces énoncées dans le rapport à l'examen des comités compétents.

Montmorin pouvait se croire sauvé. Pour assurer son repos à la campagne, il avait fait distribuer dans l'Yonne, par l'intermédiaire de Peyron, de nombreux exemplaires de sa défense. A Paris, un homme de cœur, l'ami de sa fille Pauline, François de Pange, s'était hardiment jeté dans la mêlée. Après une vive polémique avec Brissot, le jour même où il montait à la tribune pour accuser Montmorin, François de Pange, dans le soixante-quinzième supplément du *Journal de Paris,* lui adressait cette philippique : « Vous allez prouver à l'Assemblée, dites-vous, l'existence du comité autrichien? Au moment où l'Autriche est en guerre avec la France, ce mot ne peut désigner qu'une société d'ennemis publics. Le comité de surveillance a déclaré n'avoir pas les preuves de l'existence d'une telle société; mais vous vous êtes engagé à les fournir. Vos espions sont-ils donc meilleurs que les siens? » Et le vaillant journaliste continue de flétrir, en citant ses phrases, l'ancien adulateur du roi. L'article finit par ces mots : « Je ne vous retiens plus, homme du 10 mars; paraissez à la tribune! »

Dès que le mémoire de Montmorin paraît, François de Pange reprend la plume et signe à la fois, dans le numéro trente-six de *l'Ami des patriotes,* et dans le quatre-vingt-cinquième supplément du *Journal de Paris,* une éloquente apologie de l'ancien ministre.

« Attaqué de la sorte (nous citons les dernières lignes), M. de Montmorin n'a pas eu de peine à se justifier; toutes ses réponses sont simples, parce qu'on n'a pas besoin d'emphase quand on dit la vérité; elles sont claires et courtes, et c'est dans cette discussion qu'on a vu, pour la première fois peut-être, la réplique de l'accusé être plus brève que l'écrit accusateur. — Brissot s'est présenté au combat avec de faibles moyens; mais il avait pour auxiliaire l'art d'interpréter et de noircir les plus secrètes pensées, celui de transposer les phrases, celui d'altérer les termes et surtout le courage cynique de mentir imperturbablement... Quand Brissot emploie tous les prestiges de la charlatanerie et toutes les ressources de l'imposture pour tromper et avilir l'Assemblée nationale, pour faire jeter dans les fers et livrer peut-être à des bourreaux un citoyen irréprochable, je demande comment je dois qualifier ce J.-P. Brissot et quel délit il dénoncera jamais qui soit plus grave que le sien. — Je sais que, puisqu'il est député, la Constitution le déclare inviolable et je n'appelle pas sur lui la vengeance des lois. Mais puisse au moins le mépris de toutes les âmes généreuses faire de ce vil tyran une éclatante justice! Ce mépris vengeur est un sentiment libre qu'aucune loi ne saurait contraindre. Il est doux de l'exhaler sur les plus puissants coupables et de ternir ainsi leurs scandaleux triomphes. Il est juste d'en atteindre jusqu'à la tribune nationale l'orateur effronté qui la profane par des calomnies. »

Pour n'oublier aucun nom, parmi les amis de Montmorin qui le défendirent publiquement à cette heure difficile, rappelons aussi que Suard fit paraître dans les soixante-dix-septième et soixante-dix-huitième numéros du *Journal de Paris* un long article signé seulement de ses initiales, sur le prétendu comité autrichien et ses dénonciateurs.

M. de Toulongeon, dont l'ouvrage n'est que le témoignage d'un esprit modéré et honnête, mêlé aux premières scènes de ce drame, s'est trouvé à portée de recueillir des renseignements précis. Il affirme qu'on a calomnié les intentions et les démarches de ces derniers conseillers de Louis XVI, Malouet, Malesherbes, Bertrand de Molleville, Montmorin. « Il n'avaient, dit Toulongeon, d'autre mobile que la constitution anglaise[1]. » Sans doute, son adaptation à l'état social de la France était devenue impossible ; mais est-ce un crime de l'avoir tentée, et cet essai mérite-t-il les sévérités de l'histoire ? Il en est plus d'un, dans cette rupture irré-

1. *Histoire de France depuis 89*, par L. de Toulongeon Pièces justificatives.

vocable entre le monde ancien et le monde nouveau, il en est plus d'un qui, resté sur l'autre rive, avait essayé de jeter un pont entre les deux sociétés séparées désormais par un abîme; ne leur lançons pas d'outrages; car ils avaient gardé de la vieille France les qualités supérieures, délicates et chevaleresques. Pourquoi donc, sur l'interprétation isolée de deux lettres publiées dans la correspondance de Mirabeau et du comte de la Marck, accuse-t-on encore Montmorin de trahison? L'une de ces lettres, écrite de la main de madame de Beaumont, est du 22 mai 1792; l'autre, dictée à un ami, est du 19 juin suivant. Depuis six mois, Montmorin n'était plus aux affaires étrangères; c'est au milieu des dénonciations les plus violentes qu'il continue d'instruire des faits quotidiens le comte de la Marck, suivant son habitude depuis plus d'une année.

Les importantes correspondances publiées dans ces derniers temps n'ont apporté aucun argument à l'appui de ces jugements de parti pris ou insuffisamment fondés[1]. S'il est aujourd'hui démontré que, pendant toute la durée de son règne, Marie-

1. *Correspondance de Marie-Thérèse et de Marie-Antoinette*, par MM. Geffroy et d'Arneth.

Antoinette avait regardé le comte de Mercy comme son propre ministre, s'il est avéré qu'elle n'avait jamais oublié cette recommandation de Marie-Thérèse, au moment de leur séparation, de rester bonne Allemande, il est non moins certain que Montmorin n'était pas instruit de cette double politique que représentait, notamment à Vienne, le baron de Breteuil, de cette politique qui fit directement appel à l'intervention armée des souverains et qui avait pour mission confidentielle de démentir l'acceptation officielle de la Constitution. Sans doute quand la Révolution eut elle-même engagé la guerre, quand la reine eut adressé à Mercy le billet du 26 mars 1792, qui contient le plan de campagne de nos armées, Montmorin ne croit pas le comte de la Marck un ennemi de la France et ne suspend pas des relations qui auraient dû, dès cette heure, prendre fin ; sans doute il donne à son confident les impressions de la cour, partageant avec elle cette courte vue qu'il suffira d'une promenade militaire pour sauver Louis XVI, et surtout Marie-Antoinette; sans doute il ne croit plus qu'il y ait un autre moyen de relever la nation, et que « ce n'est pas en elle-même qu'elle peut trouver les ressources nécessaires pour sortir du précipice où l'ont jetée les fous et les enfants[1]. » Mais avoir la préméditation de trahir La Fayette, son ancien ami ! Une phrase, dans une lettre intime, ne suffit pas pour convaincre d'infamie : « Les nouvelles que nous avons ici de Coblentz sont que les émigrés seront employés. Si cela est, j'en serais très fâché. On ne saurait, selon moi, les mettre trop à l'écart pour agir. » Telle est sa pensée politique dominante. Le surplus, inspiré par la passion de voir la famille royale échapper à l'échafaud, peut être critiqué, blâmé, mais ne peut servir de fondement à la condamnation de l'histoire pour connivence directe avec les généraux autrichiens. Le comte de Montmorin, héritier d'un des noms les plus fiers de l'aristocratie, ne voulait ni sa disparition, ni son effacement dans le gouvernement. Il n'est certainement pas un des ancêtres de la démocratie moderne; mais c'est un honnête homme, et l'un des esprits qui comprirent le mieux, aux débuts de la Constituante, les nécessités d'une monarchie contrôlée et libérale. Nous subissons trop encore aujourd'hui, dès qu'il s'agit de la Révolution, les défiances aveugles que le danger de la patrie expliquait alors, mais ne justifiait pas toujours.

1. *Correspondance avec M. le comte de la Marck*, t. III.

III

Deux mois nous séparent des massacres de septembre. La France entrait visiblement dans la république : c'était la conséquence de la guerre. Barnave, découragé et triste, avait pris congé de Marie-Antoinette; il avait dit adieu à Montmorin avec les plus funestes pressentiments. Il se retirait dans le Dauphiné, attendant que le bourreau vînt l'y chercher.

La journée du 20 juin faisait prévoir celle du 10 août. Montmorin s'était mis en évidence; il était signalé comme ayant eu la main sur le pommeau de son épée, à côté du roi, pendant qu'on le coiffait du bonnet rouge. Les journaux l'attaquent dès lors, avec une rage nouvelle. Il n'avait plus d'autre ambition, dans ces dernières semaines de la monarchie, que d'être un serviteur fidèle; cependant il rencontre La Fayette et échange avec lui quelques paroles désespérées. Après avoir expédié de son camp à l'Assemblée une lettre où il attaquait à la fois le ministre Dumouriez et la société des Jacobins, le général était allé à Paris. Il avait paru à la barre, avait parlé de l'indignation de l'armée. Puis il avait rendu un dernier hommage au roi et à la reine, qui continuaient à ne voir en lui qu'un démagogue. La Fayette, méditant déjà son volontaire exil, était reparti pour la frontière.

La vie de la famille royale étant l'unique préoccupation de Montmorin, il s'était assuré le dévouement de M. de Liancourt, commandant à Rouen quatre régiments, et, de concert avec Malouet, il avait arrangé, avec l'ordonnateur de la marine au Havre, M. de Mistral, l'armement d'un yacht destiné à porter en Angleterre Louis XVI, Marie-Antoinette et leurs enfants. L'intendant de la liste civile, Laporte, avait remis au roi une lettre explicative de Malouet. On ne put en tirer toujours que ce mot : « L'affaire de Varennes est une leçon; nous verrons. » Lorsque Laporte transmit ce dernier refus : « Allons, s'écria Montmorin, il faut en prendre notre parti; nous serons tous massacrés, et ce ne sera pas long. »

Paris était tout entier debout depuis les premier échecs de nos armées : les enrôlements volontaires commençaient, les défilés des sections se succédaient avec enthousiasme. Le manifeste du duc de Brunswick, bien loin d'affaiblir l'esprit public, l'excitait. De quelle utilité pouvaient être désormais les réunions à l'hôtel de la rue Plumet? Lally, Clermont-Tonnerre, La Tour du Pin, Bertrand de Molleville y venaient, et aussi Malesherbes, et enfin Gouverneur-Morris. Il étaient instruits en détail de tous les préparatifs du 10 août. Montmorin, infatigable de cœur, avait écrit au roi pour lui en faire part; il lui disait qu'il n'y avait plus à reculer, que soixante-dix amis résolus se trouveraient, avec des chevaux, aux Grandes-Écuries. Ne recevant pas de réponse, Montmorin s'était une dernière fois glissé au château. Madame Élisabeth, trompée, lui assurait que l'insurrection n'aurait pas lieu, que Santerre et Pétion s'y engageaient. La résignation était de plus en plus la forme du courage de Louis XVI.

Le même soir, après le souper, ce groupe d'hommes distingués et sans force était réuni dans le jardin de M. de Montmorin, discutant tristement toutes les chances de la situation. Malesherbes s'écria : « Je ne vois plus qu'une mesure de désespoir. Le roi s'étant interdit tout autre moyen de défense, il ne peut plus être question que de le préserver des assassins. Le parti révolutionnaire est armé contre lui, parce qu'il le suppose armé contre eux, et vous voyez quelles sont nos armes, puisque Sa Majesté se refuse à tout. » Malesherbes en était là, raconte Malouet, lorsqu'on vit arriver un domestique des Tuileries avec un paquet pour Montmorin. Le roi lui envoyait une lettre de Guadet et de Vergniaud, et une autre du premier valet de chambre Thierry.

La généreuse Gironde, républicaine pourtant, faisait une tentative pour sauver la tête de Louis XVI en amenant son abdication. Elle proposait la régence de Louis XVII, avec un conseil nommé par l'Assemblée. Le projet était irréalisable ; il était, d'ailleurs, repoussé par Marie-Antoinette. Montmorin pensait que, si Louis XVI persistait à se refuser à tout projet d'évasion, l'acceptation de la proposition des girondins, malgré l'humiliation personnelle qui suivrait son exécution, était peut-être la seule ressource.

On possède le procès-verbal, écrit de la main de Lally-Tollendal, d'une autre séance tenue le 4 août dans ce même jardin, entre les mêmes amis[1]. Chacun rendait compte de ce qu'il avait découvert ; Lally avait reçu une lettre anonyme, dans laquelle

---

1. Voir les notes du tome II de l'*Histoire de la Révolution* de M. Thiers.

on lui racontait une conversation chez Santerre ; on y annonçait le projet de marcher sur les Tuileries, de tuer le roi dans la mêlée, de s'emparer du prince royal. Au moment où les confidences touchaient à leur fin, accourut Malesherbes. Il venait presser madame de Montmorin et Pauline de Beaumont de se retirer à la campagne. La crise approchait et Paris n'était plus la place des femmes. Elles ne voulurent pas partir. Elles songèrent à demander asile à madame de Nanteuil, rue Neuve-des-Mathurins. Seule, madame de la Luzerne se cachait pour quelques semaines à Luciennes. Calixte avait donné sa démission d'officier de l'armée active et entrait, comme garde national, dans le bataillon royaliste des Filles-Saint-Thomas. Ce même jour, 4 août, le *Mémorial* de Gouverneur-Morris indique qu'il se rendit chez Montmorin et qu'il le trouva profondément abattu[1]. Montmorin tenta encore de causer avec le roi ; on le renvoya à M. de Montciel, qui s'occupait aussi d'une sortie. Montmorin lassait Louis XVI de son attachement.

Le 10 août arriva. La veille, il y avait eu un dernier lever à la cour pour les derniers fidèles.

---

1. *Mémorial* de Gouverneur-Morris.

Lorsque l'attaque commença, averti par le canon et le tocsin, Montmorin sortit à pied de son hôtel avec sa femme et Pauline. Il se réfugia d'abord rue de Grenelle chez la marquise de Nesle. Ne se jugeant pas en sûreté, il chercha un autre refuge, le lendemain, chez madame de Nanteuil. Elle le confia à sa nourrice, Hélène Leclerc, femme de Pierre-Louis-Mary Gazier, rue du Faubourg-Saint-Antoine, n° 128.

Des pièces signées Montmorin avaient été trouvées dans le sac des Tuileries. Le 16 août, une visite domiciliaire fut opérée rue Plumet; les scellés furent apposés. Fauchet avait déjà proposé la mise en accusation. Blotti tout le jour au fond d'une chambre, Montmorin ne sortait que la nuit pour acheter des journaux, ou pour remettre dans un endroit convenu d'avance les lettres émouvantes qu'il écrivait à sa femme, à sa fille. Quelques fragments en sont conservés aux Archives, reliques précieuses qu'on ne touche qu'avec émotion. On voit que, sous l'adresse de M. Barruel, ancien précepteur des enfants, les billets pouvaient quelquefois s'échanger[1].

On nous permettra de citer quelques lignes de

---

1. Archives nationales, papiers séquestrés.

madame de Beaumont, datées du 15 août. Les noms sont dissimulés, de peur d'une surprise ou d'une trahison. « Mille et mille remerciements du petit mot que vous m'écrivez, veuillez le renouveler tous les jours. Les nouvelles des gens qui me sont chers sont plus nécessaires à mon existence que l'air que je respire. Parlez de moi à ceux qui m'intéressent. Sans mes deux acolytes (sa mère et son frère), je serais auprès d'eux (elle n'ose nommer son père). Je les aime bien tendrement. Adieu, je ne puis vous en dire davantage. Je vous demande, à mains jointes, un mot tous les jours. » — « O ma charmante souveraine, répond le pauvre père du fond de sa cachette, combien il me tardait de vous écrire ! Votre joli petit billet m'a fait tant de plaisir ! Ne nous laissons pas abattre, ne parlez pas de moi à l'étourdi. » Un autre billet est à l'adresse de son secrétaire, M. Lemoine. Enfin, dans un autre, le dernier, on lit ces mots : « De vos nouvelles, je vous en prie, et de celles de nos amis Trudaine. » Souvenir des temps fortunés et des soirées de la place Royale ! On savait Montmorin traqué comme une bête fauve et le comte Mercy-Argenteau écrivait de Spa au prince d'Aremberg : « Je suis en peine de M. de Montmorin ; mais, à en juger par l'énoncé des derniers journaux, il pourrait encore échapper à ses assassins[1]. »

Il ne put leur échapper. On le découvrit par l'imprudence de son hôtesse. Dans ce temps de disette et de pauvreté, elle achetait les plus belles volailles, les meilleurs fruits et les portait chez elle sans précaution. On soupçonna bientôt qu'elle cachait un aristocrate. Cette conjecture se répandit parmi la populace du quartier, presque toute composée d'agents des jacobins. Peltier prétend que l'indiscrète affection de madame de Nanteuil éveilla aussi les soupçons : elle allait le voir et laissait sa voiture à une certaine distance[2]. Montmorin fut arrêté, au moment où il s'y attendait le moins, le 21 août 1792. On trouva sur sa table quelques journaux, le *Logographe*, journal du soir, les *Débats*, le *Patriote français*, deux assignats de cinquante livres et soixante-cinq de cinq livres. En le fouillant, on saisit une fiole d'opium, suprême recours dans un moment de désespoir.

1. Archives nationales, FJ, 4,625.
2. Peltier, *Dernier Tableau de Paris*.

IV

Il ne se fit pas illusion sur l'issue du combat, et voulut néanmoins se défendre pied à pied. Interrogé d'abord par le comité de sûreté générale sur le point de savoir s'il n'avait pas tenu un conseil secret sur les affaires publiques avec des membres de l'Assemblée constituante, il s'expliqua avec une rare présence d'esprit. L'interrogatoire porta ensuite sur la politique étrangère depuis la révision de l'acte constitutionnel. Le mémoire publié à la suite des accusations de Brissot renfermait les principales justifications; Montmorin s'y référa. Sur la coalition des puissances étrangères et sur les mesures à prendre pour en prévenir l'effet, il répondit avec sa correspondance officielle; chacune de ses réponses fut nette, précise, et ne pouvait donner prétexte à accusation. Néanmoins l'Assemblée l'appelle à sa barre; une confusion s'était faite entre l'ancien ministre et son cousin le marquis de Montmorin, gouverneur de Fontainebleau, et qui avait son appartement aux Tuileries. On allait jusqu'à attribuer au premier les ordres donnés aux Suisses dans la journée du 10 août; il n'eut pas de peine à expliquer cette confusion de noms. L'interrogatoire ne prit d'intérêt que lorsqu'il fut dirigé par Brissot et Gensonné. On comprend aux premières paroles qu'un duel à mort est engagé[1].

Nous ne citerons que les questions essentielles :

« Brissot. — J'observe à M. de Montmorin que la correspondance de Vienne des mois de septembre et d'octobre 1791 annonce que l'empereur et le roi de Prusse s'étaient ligués contre la France ; que l'un et l'autre auraient prêté des sommes considérables aux frères du roi, qui les empruntaient en son nom et pour se rétablir dans ses anciens droits ; que cependant M. de Montmorin, dans son discours du 31 octobre, a caché tous ces faits à l'Assemblée nationale. Je demande pourquoi.

» Montmorin. — La correspondance annonçait une convention entre les cours de Vienne et de Berlin ; le motif en était la détention du roi. Je prévins à plusieurs reprises le comité diplomatique de l'Assemblée constituante. Sur mes provocations, l'on hâta les armements. Lorsque j'eus l'honneur de parler à l'Assemblée constituante, le 31 octobre, à l'occasion de ma démission, les

---

1. *Moniteur*, séance du 22 août 1792.

choses avaient changé de face. L'empereur, qui avait provoqué la coalition par une circulaire dont je n'ai eu connaissance que par les papiers publics, l'empereur avait, par une autre circulaire, écrit aux mêmes puissances de suspendre l'effet de la première. Il avait même répondu à la lettre par laquelle le roi lui annonçait l'acceptation de la Constitution, qu'il n'existait à cette époque aucun mouvement extraordinaire de troupes. J'ai donc dit la vérité lorsqu'en quittant le ministère, au mois d'octobre, j'ai annoncé à l'Assemblée que nous avions des espérances de paix fondées. »

Gensonné, voyant que Montmorin peut être sauvé, intervient alors et lui demande comment, ayant été ministre des affaires étrangères jusqu'au 31 octobre, il a pu ignorer que les sollicitations des princes français auprès des puissances étrangères se faisaient au nom du roi et de concert avec lui.

« Montmorin. — Les sollicitations des princes français n'ont commencé à être réellement très vives qu'en juillet et août 1791. Je savais bien que c'était pour le roi qu'ils sollicitaient ; je n'ai jamais su qu'ils aient pris son nom et je me plaignais amèrement, dans une dépêche à la cour de Vienne, de ce que l'on avait accueilli une intervention de leur part pour laquelle ils étaient absolument sans titre.

» GENSONNÉ, *s'adressant au président de l'Assemblée, Lacroix*. — Je vous prie, monsieur le président, d'observer à Montmorin qu'il est convenu, dans une de ses réponses, qu'en juillet et août derniers, les sollicitations auprès des puissances étrangères étaient très vives. Montmorin, dans son dernier compte rendu, a bercé la nation par de fausses espérances de paix rejetées sur la prétendue exagération des journaux et des sociétés populaires. La mauvaise humeur des puissances ennemies jette encore les fondements d'un système de trahison que la cour a ouvertement suivi depuis cette époque et que les papiers trouvés dans le secrétaire du roi ont complètement dévoilé. »

Ces papiers, que l'on connaît aujourd'hui, absolvent Montmorin en prouvant sa bonne foi; il n'était pour rien dans les intrigues secrètes des Tuileries; aussi sa réponse à la question posée par Gensonné est-elle concluante : « Je dirai d'abord qu'à l'époque du mois de juillet, les sollicitations des princes français devinrent vives, et que la position dans laquelle se trouvait le roi paraissait faire accueillir ces sollicitations avec quelque succès : après l'acceptation de la Constitution, j'ai dû croire qu'il allait en résulter un nouvel ordre de choses. Nos agents, qui avaient été repoussés jusqu'alors, furent écoutés comme ils l'avaient été précédemment. Ils annonçaient les dispositions des cours où ils étaient envoyés comme pacifiques; ils peignaient même les cours comme soulagées de n'avoir plus à se livrer à une guerre. L'on ne saurait taxer de pusillanimité les dernières dépêches que j'ai écrites à Vienne. Elles étaient de nature à forcer cette cour à s'expliquer. J'ai dit ce qui existait alors. Je pourrais alléguer une preuve bien positive, c'est qu'aujourd'hui même que la guerre existe depuis le mois d'avril, à peine les préparatifs des puissances étrangères sont-ils achevés. »

L'interrogatoire terminé, Lasource, chargé de dresser le rapport au nom des comités, propose que le marquis de Montmorin, le gouverneur de Fontainebleau, soit mandé sur-le-champ, afin que les deux cousins n'aient pas le temps de se concerter. « Il y a encore un Montmorin, vieillard de quatre-vingt-sept ans, qui habite Le Havre, » reprend ironiquement l'ancien ministre des affaires étrangères. Lasource baissa la tête. A la séance du soir, 23 août, le marquis de Montmorin est, en effet, introduit; on avait trouvé dans son appartement, après le pillage du 10 août, le manuscrit du compte rendu d'une conversation entre cinq ou six députés dont les noms étaient inconnus; on avait de plus saisi les quittances de diverses sommes touchées de la liste civile pour des dépenses relatives aux faisanderies. On l'interrogea sur ces deux points; ses explications furent catégoriques et devaient écarter tout soupçon. Néanmoins, sur la proposition de Bazire, il fut conduit à l'Abbaye pour être traduit devant le tribunal criminel. Le marquis devait subir, à un jour d'intervalle, le même sort que son infortuné parent.

Les *Mémoires* de Soulavie nous apprennent un détail curieux[1]. Après avoir passé devant le comité de surveillance, l'ancien ministre était resté dans la chambre d'instruction sous la garde de deux gendarmes. Il aurait pu s'évader. Soulavie, occupé de recherches historiques, travaillait dans cette pièce; ils furent quelques instants seuls et leur conversation a été recueillie. Montmorin s'était tenu constamment debout; Soulavie lui offrit sa chaise.

1. Soulavie, *Mémoires historiques*, t. VI.

« — C'est la première marque de bonté que je reçois depuis mes malheurs, dit Montmorin.

» Soulavie, *après quelques paroles de politesse.* — Je n'aimais pas l'excès de la puissance royale sous l'ancien régime, ni la faiblesse du gouvernement avant la Révolution.

» Montmorin. — Nos opinions se trouvent analogues. N'ai-je pas contribué à la liberté? N'ai-je pas, par un tendre attachement à Louis XVI, demeuré constamment à côté de lui? On ne connaît pas le roi; il est aussi innocent que je le suis. Je n'ai voulu la guerre de la France contre aucune puissance. Je la regarde comme la cause de tous nos maux. Cependant me voilà détenu. M. Brissot m'a attaqué hier bien injustement dans l'Assemblée. M. Lasource, membre du comité, est chargé de faire un rapport. Ah! monsieur, si l'humanité a toujours sur votre cœur de l'influence, rendez-moi le service de me faire connaître ici les griefs secrets de ces messieurs; je ne crains pas la mort, je crains le sort de madame de Montmorin.

» Soulavie. — Je suis étranger à toutes les opérations de ce cabinet.

» Montmorin. — Que me conseillez-vous et quel mal pensez-vous que Brissot puisse me faire?

» Soulavie. — Tous les maux qu'il pourra. Il sait ce que vous avez fait : ennemi de tous les ministres des affaires étrangères, de Vergennes, de Montmorin, de Lessart, de Chambonas, de Dumouriez, il les croit tous instruits de ses aventures; il ne s'est cru en repos que lorsqu'il a eu placé un ministre des affaires étrangères de son bord. Vous êtes mal gardé; vous n'avez en ce moment-ci qu'un seul militaire, je vous exhorte à vous évader.

» Montmorin. — M'évader, après la séance de l'Assemblée, c'est m'exposer à être massacré. La prison est pour moi un asile que je préfère. Que pensez-vous que tout ceci pourra devenir?

» Soulavie. — L'ennemi approche; je ne crois plus le roi en sûreté.

» Montmorin. — L'infortuné monarque est perdu; je ne vois qu'un moyen de le rétablir un jour : c'est une déclaration de la république; cette déclaration seule peut sauver le roi. Cette République sera terrible contre l'ennemi; elle sauvera le territoire intact; elle sera déchirée par les factions intestines. La Révolution se purgera ainsi de ses immondices. Vous avez vu, au 14 juillet, La Fayette et d'Orléans se brouiller. Peu de jours après, vous avez vu le parti de Mirabeau et de Lameth se diviser. Les jacobins et les feuillants étaient frères avant la révision. Les jacobins, à l'époque de la déclaration de guerre, se sont encore divisés en parti de Robespierre et en parti de Brissot. C'est l'âme de la Révolution que la scission et le trouble... Terminons la conférence par un service signalé que vous pouvez me rendre. Je suis dans des peines cruelles sur madame de Montmorin. Dans quelles souffrances l'interrogatoire de l'Assemblée nationale ne l'aura-t-il pas jetée? Faites-moi la grâce de passer chez elle. Elle demeure au milieu de la rue Neuve-des-Mathurins. Elle sera glacée d'effroi en voyant arriver du comité quelqu'un de ma part; mais dites-lui un mot qui la rassurera, c'est que je me porte bien.

» SOULAVIE. — Je vous demanderai, de mon côté, une autre grâce. Vous n'avez rien pris depuis vingt-quatre heures; je sors et je vais vous faire servir à dîner.

» MONTMORIN. — Je resterai encore dans cet état, n'ayant aucun besoin.

» SOULAVIE. — Afin que vous mangiez sans crainte, j'irai chercher le dîner moi-même.

» MONTMORIN. — Vous ne pourriez plus me rendre aucun service; car votre pitié vous rendrait très suspect, et je désire de vous que les pièces de mon ministère soient par vous remises au comité. Convaincu de mon patriotisme, je ne balance pas à faire cette proposition.

» Soulavie. — Je ne puis toucher aux papiers du comité, mais les voilà dans ce coin. Qui vous empêche de les mêler comme un jeu de cartes? Les députés s'occupent bien de papiers! Ils sont ici pendant deux ou trois heures occupés à se quereller; après quoi, ils passent à l'Assemblée et coulent la journée avec des femmes ou dans les plaisirs. Dans le moment actuel, il s'élève une rivalité entre eux et la municipalité. C'est ce qui pourrait vous arriver de plus heureux.

» Montmorin. — Soyez patriote, monsieur; vous serez pour moi un défenseur officieux bien précieux. Abandonné de toute la terre, égaré et fugitif dans Paris, arrêté et conduit à ce comité, la Providence vous a envoyé pour me sauver; et vous le pouvez en calmant les esprits du comité. »

Ainsi se termina ce colloque, curieux à consulter pour qui veut juger équitablement Montmorin. Le soir même, Soulavie rendit visite à la comtesse; il la trouva mourante de désolation et de terreur dans son lit. « Je ne suis pas madame de Montmorin, lui dit-elle craignant une embûche; mais je lui ferai porter les nouvelles que vous me donnez de son mari. » Soulavie, ému par tant de douleur, se retira sans insister pour la convaincre de son identité.

Le 31 août, Lasource lisait son rapport à la Législative ; il concluait, au nom des comités réunis, à la mise en accusation. Le seul grief retenu était le silence gardé par le ministre vis-à-vis des mouvements et des desseins des princes rebelles. Tous les prétextes n'étaient-ils pas bons pour se débarrasser de l'ami du roi? Ce n'était pas impunément que Montmorin avait répondu un jour à Brissot que sa méchanceté et sa générosité lui étaient également indifférentes. Brissot ne lui pardonnait pas. En attendant le jugement, on conduisit Montmorin dans les cachots de l'Abbaye. Est-il vrai qu'il obtint que son fils Calixte vînt partager sa captivité? Est-il vrai qu'il écrivit une lettre suppliante à Danton? M. de Lamartine énonce ces faits; mais nous n'en avons pas trouvé de preuve. Est-il vrai enfin que, désespéré de la justice des hommes et n'ayant plus sur lui le poison qu'il avait emporté dans sa retraite de la rue Saint-Antoine, Montmorin brisa à coups de poing une table de bois de chêne? N'y a-t-il pas eu une confusion avec son cousin? L'éditeur des Mémoires sur les journées de septembre donne cet acte de colère comme certain, et l'attribue au père de Pauline de Beaumont.

Nous sommes arrivés au jour néfaste. C'est le 2 septembre[1]. Les nouvelles des armées françaises étaient mauvaises. L'ennemi était à quarante lieues de Paris. Verdun venait de capituler, Longwy était pris; on entendait de nouveau de toutes parts cet effrayant tocsin dont le souvenir était resté gravé dans les âmes depuis la nuit du 10 août. Les officiers et les soldats qui s'étaient rendus ce jour-là au peuple et qui avaient été mis sous la protection de la nation sont d'abord massacrés. On vient prendre Montmorin dans sa prison et on le met en face de ce tribunal qui s'était installé sur le lieu du crime. Maillard présidait. Montmorin déclare aussitôt qu'il ne reconnaît pas de pareils commissaires pour ses juges, qu'ils n'avaient été nommés par aucune loi, que l'affaire pour laquelle il était détenu était soumise à la décision d'un tribunal régulièrement constitué, et qu'il espérait bien que sa décision changerait l'opinion que le peuple avait de lui.

---

1. Procès-verbaux de la commune de Paris. Mémoires sur les Journées de septembre. Journiac de Saint-Méard, *Mon Agonie de trente-huit heures*.

Jusqu'à la dernière minute de sa vie, sa conscience s'élevait contre ses dénonciateurs. Un des acolytes de Maillard interrompt brusquement le prisonnier et dit : « Monsieur le président, les crimes de Montmorin sont connus; mais, puisqu'il prétend que son affaire ne nous regarde pas, je demande qu'il soit envoyé à la Force. — Oui, oui, à la Force! » crient à la fois tous les juges. Est-il bien sûr qu'un éclair de joie ait alors illuminé le visage de la victime et qu'elle ait espéré échapper aux mains des bandits? « A la Force! » était à la fois l'arrêt et le signal de mort. Le grand seigneur sardonique et dédaigneux se réveilla : « Monsieur le président, dit-il, puisqu'on vous appelle ainsi, je vous prie de me faire avancer une voiture. — Vous allez l'avoir, » lui répond froidement Maillard. Il fit un signe à l'un des assistants, qui sortit aussitôt pour avertir les assassins qu'ils allaient avoir un aristocrate de choix. Le misérable rentra dans la salle et dit à Montmorin : « La voiture est à la porte. » Montmorin réclame divers objets et des souvenirs qui étaient restés dans son cachot. Il veut les emporter. On lui répond qu'ils lui seront envoyés. Il sort, et Maillard écrit aussitôt en marge du registre d'écrou : *Mort*. Montmorin tombe à la porte au milieu d'une meute de forcenés. Ils se jettent sur lui, le renversent et le frappent à coups de sabre ou de pique. M. Ignace de Barante, dans ses notes inédites, raconte qu'au moment où on l'égorgeait, il mordit la main d'un des bourreaux, un nommé Cumont; un autre septembriseur, Boinnet, lui abattit les doigts à coups de hache et les mit dans sa poche pour les montrer dans tous les cafés du voisinage. Percé de coups en plein corps, tailladé et labouré de plaies, Montmorin respirait encore; les assassins alors l'empalèrent et le portèrent ainsi comme un trophée jusqu'aux portes de l'Assemblée.

Telle fut la fin, nous pouvons dire tel fut le martyre du comte Marc de Montmorin Saint-Hérem, qui, le premier, fut ministre de affaires étrangères de la Révolution.

V

Madame de Montmorin avait tout appris. Les horribles détails de ce long supplice lui avaient été racontés; Pauline de Beaumont ne les ignora pas davantage. Elle partit avec sa mère, sa sœur et son frère pour Rouen, où M. de Liancourt les recueillit.

Mais y séjourner fut impossible. La peur, l'image encore saisissante de la journée de septembre, et ce sentiment naturel qui, dans ces heures d'infinie détresse, porte ceux qui s'aiment à se réunir, déterminèrent la famille Montmorin à demander l'hospitalité en Bourgogne à leur voisin, à leur parent, le comte Mégret de Sérilly, ancien trésorier de l'extraordinaire des guerres, propriétaire du château de Passy-sur-Yonne.

L'hiver de 1793 se passa pour eux dans cette solitude[1]. François de Pange la traversa en fuyant la Terreur. Quelques amis venaient la nuit, de Villeneuve ou de Sens, apporter des nouvelles ou des livres. Lombard de Langres, ayant donné à lire à madame de Montmorin les *Contes moraux* de Marmontel, aperçut, quand elle les lui renvoya, une note marginale écrite de sa main, dans laquelle elle priait Dieu de la faire mourir. Ses vœux allaient être exaucés, et de quelle façon ! L'infidélité d'un domestique attira sur Passy et ses hôtes l'attention du comité de sûreté générale institué par la Convention.

M. de Sérilly avait un frère, Mégret d'Étigny, officier supérieur aux gardes françaises, qui se

---

1. Archives nationales W 363, n° 788. — *Mémoires de Lombard de Langres*, t. 1er, chap. IX.

trouvait à Paris le 10 août. Un de ses amis, un de ses frères d'armes, le baron de Viomesnil, était de ceux qui avaient défendu, l'épée à la main, aux Tuileries, la personne du roi. Blessé à la jambe d'un coup de feu, Viomesnil s'était traîné chez M. d'Étigny, rue Coq-Héron, n° 65; il y avait succombé à ses blessures quelques jours après. Lorsque le conventionnel Maure fut envoyé en mission dans le département de l'Yonne, une lettre d'un valet de chambre lui dénonça M. d'Étigny comme ayant donné asile au baron de Viomesnil. En même temps que cette dénonciation appelait sur le château de Passy les fureurs des terroristes, un autre incident analogue les attirait aussi sur une illustre famille de la même province.

Le comte de Brienne, frère du cardinal, était à Sens avec ses neveux. Maure apprend qu'un ancien officier des gardes du corps s'y trouvait. MM. de Loménie le connaissaient, et se crurent obligés d'aller lui rendre visite. L'entrevue fut amicale. La pitié était alors un crime. Ordre vint de Paris d'arrêter à la fois la famille Mégret et la famille de Loménie[1]. Le cardinal, l'ancien ministre, vivait encore. Seul des archevêques de France, il avait

---

1. *Mémoires du comte Beugnot*, t. Ier, p. 313.

prêté serment à la Constitution civile du clergé. Le souverain pontife lui ayant enjoint par un bref de se rétracter, M. de Brienne s'était tenu pour insulté et avait renvoyé au pape son chapeau de cardinal. Il était descendu à présider le club des jacobins de Sens, le bonnet rouge sur la tête. Instruit du mandat d'arrêt qui ne faisait pas exception pour lui, il avala en se couchant une pastille de Cabanis dont il avait eu la précaution de se munir depuis le commencement de la Révolution. Le lendemain, on le trouva mort dans son lit. Le reste de la famille fut conduit à Paris et enfermé à la prison des Madelonnettes.

Les commissaires du comité révolutionnaire se transportèrent le lendemain au château de Passy. Ils y trouvèrent madame et M. de Sérilly, madame de Montmorin, ses deux filles, madame de Beaumont et madame de la Luzerne, et Hugues Calixte de Montmorin, son fils. Folle de frayeur, la vicomtesse de la Luzerne s'était précipitée dans sa chambre [1]. On ne put tirer d'elle aucune parole. Sa mère et son frère, à qui les commissaires demandèrent si elle était habituellement dans cet état, répondirent que, depuis un an, elle avait la tête égarée. Le chirurgien

1. Archives nationales. — Procès-verbal.

du bourg voisin, Edme Garnier, fut appelé et certifia que, depuis cinq semaines, elle avait le pouls faible et l'œil hagard[1]. On confisqua sur la jeune femme quelques lettres écrites en anglais par son mari, attaché à l'ambassade française à Londres, et qui n'avait pu rentrer. On trouva enfin dans le coffre de son secrétaire une casserole de cuivre remplie de clous de fauteuil et d'anneaux de lit, tout rouillés. Quand on l'interrogea sur ses intentions, elle prononça d'une voix éteinte ces paroles : « J'ai voulu faire du vert-de-gris pour m'empoisonner, si je suis toujours malheureuse. » Les forcenés la laissèrent sous la garde de sa sœur, madame de Beaumont, qui dut signer le procès-verbal.

Quand, le lendemain, les recruteurs de la guillotine voulurent transporter à Paris tous les hôtes du château, madame de Beaumont se présenta : on ne voulut pas d'elle. Elle insista et monta dans la voiture ; sa pâleur, sa maigreur frappèrent les regards. Les agents de la Convention, après une demi-heure de marche, jugèrent que cette ombre serait un embarras. Ils l'abandonnèrent sur la route à peu de distance de Passy.

Sa mère, sa sœur, son frère furent compris avec

---

1. Archives nationales, affaire Élisabeth Capet.

les Loménie de Brienne, dans l'affaire de la princesse Élisabeth. Le réquisitoire de Fouquier-Tinville commet les plus grossières erreurs. Il ne prenait même plus la peine de vérifier le nom et le domicile : ainsi Calixte Montmorin est indiqué comme domicilié à Passy, près Paris; sa mère, qui était une *Tanne* est appelée Tanesse; elle est inculpée textuellement « d'avoir été la femme du scélérat qui a trahi la France pendant toute la Révolution et qui a subi la terrible vengeance du peuple; d'avoir été ainsi la complice de tous les crimes de son infâme mari. Enfin elle paraît (*sic*) avoir entretenu des correspondances avec le traître la Luzerne, son gendre. » Quant à Calixte Montmorin, il était, dit-on, au château le 10 août : « La preuve en résulte d'une arme qu'on a trouvée chez lui et qui servit ce jour-là à poignarder plusieurs citoyens; c'est une arme à deux dards, dont il avait été fabriqué alors une si grande quantité, et qui, en même temps qu'elle était instrument de l'assassinat médité contre le peuple, était aussi un signe de ralliement parmi les conjurés. Enfin la femme la Luzerne, est coupable parce qu'elle a entretenu la correspondance la plus active et la plus suivie avec son mari. Les lettres existent, et la femme la Luzerne, convaincue de ce délit, a cherché à prévenir le jugement que la loi a porté contre elle. »

La malheureuse ne s'était pas empoisonnée ; mais, atteinte d'une fièvre chaude, elle avait été transportée dans un hôpital de la prison Saint-Lazare ; elle y mourait la veille de l'exécution. Les lettres de son mari, écrites en anglais, n'avaient pas été traduites et néanmoins avaient paru suspectes.

Tout est odieux et déchirant dans cet horrible procès. Mais l'héroïsme reparaît chez la mère et chez le fils. De même que le père avait été sardonique et hautain avec Maillard, la mère est sublime dans un mensonge devant le tribunal révolutionnaire ; elle avait entendu avec bonheur prononcer son arrêt de mort. Dans ce moment terrible, elle trouva l'occasion d'acquitter envers madame de Sérilly la dette de la reconnaissance. Madame de Sérilly s'était évanouie au prononcé de sa condamnation. Madame de Montmorin, voyant sa cousine tomber sans connaissance, dit au tribunal : « Messieurs, madame de Sérilly vient de perdre la parole, elle ne peut vous dire son état ; moi, je vous déclare qu'elle est enceinte. » Et madame de

Sérilly fut transférée de la Conciergerie à la maison de l'hospice de l'Évêché. Elle n'en fut pas moins inscrite sur la liste des suppliciés. Son extrait mortuaire fut dressé. Lorsque, après thermidor, elle fut appelée en témoignage dans le procès de Fouquier-Tinville, elle apparut comme un fantôme, son acte de décès à la main[1].

Le soir même (21 floréal), à six heures du soir, eut lieu l'exécution des condamnés. Le bruit s'étant répandu dans Paris que madame Élisabeth allait être conduite à l'échafaud, madame Beugnot voulut se placer sur son passage afin de prier pour elle et de recevoir son dernier regard. Elle se rendit dans ce dessein au coin de la rue Saint-Honoré. Le sinistre cortège s'avançait. Il était, ce jour-là, composé de six charrettes. Madame Beugnot jette un coup d'œil sur la première. Qui voit-elle? Le comte de Brienne, qu'elle connaissait et dont elle se sent reconnue. Elle s'évanouit. Pour raconter ces détails, un ami des Montmorin était là aussi dans la foule. C'était M. Lemoinne, l'ancien secrétaire du ministre. Il suivit les voitures jusqu'à la place de la Révolution. Dans la dernière était ma-

---

1. *Mémoires de Lombard de Langres.* — *Mémoires du comte Beugnot,* t. 1er.

dame de Montmorin et son fils. Quoique âgée de quarante-neuf ans à peine, madame de Montmorin paraissait en avoir soixante. Ses cheveux avaient blanchi. Elle était calme et satisfaite de quitter ce monde. Calixte de Montmorin, debout, tête nue, tenait dans sa main un objet qu'il portait fréquemment à ses lèvres. Sa sœur Pauline, la confidente de ses premiers troubles d'amour, lui avait vu emporter, au moment de l'arrestation à Passy, le petit ruban bleu que madame Hocquart lui avait laissé dérober un soir, à Luciennes. Il avait vingt-deux ans. Sa dernière pensée allait où il avait laissé son cœur. Quand les charrettes s'arrêtèrent, Calixte, respectueux envers madame Élisabeth, s'inclina devant elle. A chaque fois que le couperet de la guillotine descendait, il criait : « Vive le roi ! » avec un courageux domestique de la maison de Brienne, compris, lui aussi, dans la fournée. Dix-neuf fois, il poussa le cri de : « Vive le roi ! » Lorsque la vingtième victime monta les marches, il essaya bien de crier ; mais, cette fois, le cri s'arrêta dans sa poitrine : c'était sa mère ! Calixte fut guillotiné après elle. Leurs corps furent enterrés à Monceau le même soir[1].

1. Archives nationales. — Procès de Madame Élisabeth.

Le procès-verbal est conçu en ces termes : « Ils ont, en notre présence, subi la peine de mort, à l'heure de six de relevée. *Signé :* Château. Enregistré gratis le 23 floréal an II. *Signé :* Judée. » Toute réflexion, tout commentaire affaibliraient la grandeur de ce drame. On s'explique maintenant comment Pauline de Beaumont répétait fréquemment ce verset de Job : « Pourquoi la lumière a-t-elle été donnée au misérable, et la vie à ceux qui sont dans l'amertume du cœur? »

VIII

Les premières années d'amitié avec Joubert. — Mort de François de Pange.

Des agents de la nation avaient pris provisoirement possession des châteaux de Theil et de Passy-sur-Yonne et y avaient mis les scellés. Madame de Beaumont, presque mourante, trouva un asile chez un pauvre vigneron des environs de Villeneuve. Il se nommait Dominique Paquereau : son nom a mérité d'être conservé par Joubert. Abandonnée, seule avec deux anciens serviteurs de son père, Saint-Germain et sa femme, qui étaient entrés au service du comte de Montmorin lors de son ambassade à Madrid, madame de Beaumont s'abrita pendant quelques mois dans une chaumière délabrée. Elle vécut du prix de quelques bijoux qu'on vendait presque pour rien à Sens. L'hiver venu, elle se traînait de son lit au foyer. Elle racontait plus tard à ses auditeurs attentifs, dans le salon de la rue Neuve-du-Luxembourg, ses misères attendrissantes. Deux ou trois livres qu'elle avait emportés lui servaient de compagnie.

C'est là qu'elle apprit peu à peu toutes les calamités qui l'avaient frappée ; elle y apprit aussi l'exécution de ses amis, celle des frères Trudaine et d'André Chénier, celle de M. de Malesherbes.

Le beau-père de Trudaine de Montigny, vieillard de soixante-treize ans, M. Micault de Courbeton, accusé d'émigration, avait été guillotiné le premier. Son gendre avait été ensuite arrêté. Le dernier enfant, âgé de dix-sept ans, se trouvait à Montigny lorsque le comité de surveillance s'y présenta ; il fut laissé sous la surveillance de la municipalité. Mais Trudaine de la Sablière ne voulut pas abandonner son aîné et il devint alors l'objet d'un mandat spécial. Les Trudaine[1] (qui l'ignore ?) avaient été réunis à André Chénier et portés avec

---

1. M. le duc d'Audiffret-Pasquier a bien voulu permettre à M. Louis Favre d'explorer pour nous les précieux papiers du chancelier Pasquier.

lui sur les listes de Saint-Lazare. Madame de Beaumont se plaisait à raconter la lutte, digne de Plutarque, entre les deux frères devant le tribunal révolutionnaire. Acceptant pour lui-même les accusations les plus absurdes, l'aîné présenta la défense du plus jeune, dépeignant la candeur et la générosité de son caractère, comme s'il avait eu devant lui des juges et une justice. Les Trudaine ne furent pas épargnés. André Chénier les avait précédés de vingt-quatre heures.

La Révolution avait chassé madame de Beaumont du monde réel en le rendant trop horrible. Convaincue qu'il fallait aimer peu de gens et connaître beaucoup de choses, elle s'efforça d'agrandir ses idées et de concentrer ses affections. Que lui en restait-il ? La hache avait fait des trouées profondes. Les filles de madame de la Luzerne avaient heureusement retrouvé leur père ; elles étaient trop enfants pour être autre chose que des nièces. Parmi les commensaux de l'hôtel de la rue Plumet, F. de Pange, et sa cousine, madame de Sérilly, avaient survécu ; madame de Staël n'avait pas encore quitté Coppet ; madame Hocquart et les Suard avaient pu se cacher[1]. Ces amitiés, en se

---

1. Lettre du 1er octobre 1797.

renouant, eussent-elles toutefois suffi à l'âme mélancolique et désenchantée de Pauline de Beaumont? Son appétit de savoir, qui s'alliait au jugement le plus droit, aurait-il, en étendant la variété de ses connaissances, satisfait le sentiment et le besoin de bonheur qui étaient pourtant en elle? Aurait-on apprécié cette intelligence admirable, cet esprit qui se nourrissait de pensées, « sans y chercher la satisfaction de la vanité »? Eût-elle, en un mot, été tout à fait elle-même, si elle n'eût pas rencontré sur son chemin un homme d'un caractère aussi élevé que sûr, esprit de premier ordre, et d'autant plus distingué qu'il s'ignorait lui-même, fuyant le bruit, plein de manies et d'originalités, comme dit Chateaubriand, et manquant éternellement à ceux qui le connaissaient, ayant une prise extraordinaire sur ses amis, s'emparant d'eux comme une obsession, ayant la prétention d'être toujours au calme et étant troublé plus que personne; enfin (et c'est le coup de pinceau qui achève le portrait tracé par un maître) un égoïste qui ne s'occupait que des autres.

Nous n'avons pas une page inédite à ajouter aux documents publiés sur Joubert. Une honorable famille, chez qui sa mémoire est à juste titre vénérée, a conquis la sympathie de tous les lettrés par le soin pieux qu'elle a mis à faire connaître non seulement ses pensées et sa correspondance, mais encore sa vie modeste et sérieuse, son intérieur paisible, ses affections à la fois passionnées et austères. Si madame de Beaumont doit beaucoup à Joubert, il lui dut beaucoup aussi, et cet empire qu'il exerçait sur les autres, une femme qu'un souffle pouvait renverser, un être tout de grâce, de faiblesse et de langueur, l'exerça à son tour sur le penseur ingénieux et fort.

Il habitait la majeure partie de l'année à Villeneuve-sur-Yonne. Marié, depuis quelques mois à peine, il n'était plus un jeune homme. Les quarante ans allaient sonner. La rumeur publique lui apporta le récit des événements accomplis au château de Passy, la détresse et l'abandon dans lesquels se trouvait la fille du comte de Montmorin. Joubert fut ému. Il alla frapper à la porte de l'humble maison où Pauline s'était réfugiée. Cette visite marqua dans la vie de Joubert. Il lui offrit de la recevoir à Villeneuve; ses visites se renouvelèrent, même dans cet hiver de 1794, presque aussi cruel que celui de 1709; mais l'air qu'il respirait, près de cette chaumière couverte de neige, lui était déjà favorable, et son cœur honnête avait presque la crainte d'effaroucher madame de Beaumont par un trop vif empressement.

Ce qu'était alors Joubert, son état moral, c'est à lui-même que nous devons le demander. Il ne s'est pas dérobé aux regards de l'observateur. Dans son ignorance de la vie réelle et dans sa passion pour l'idéal, il n'avait pas changé depuis le jour où, la première fois, il avait quitté ses vieux parents pour aller à Paris. Sa mère le trouvait si grand dans ses sentiments, si éloigné des routes ordinaires de la fortune, que l'avenir l'inquiétait. Un jour qu'elle reprochait à son fils son désintéressement et sa générosité, il lui répondit qu'il ne voulait pas que l'âme d'aucune espèce d'homme eût de la supériorité sur la sienne. Cette âme ne s'était pas abaissée : la solitude, la réflexion, l'étude, l'avaient encore ennoblie. Depuis la Révolution, la France lui paraissait un tourbillon habité par un peuple à qui la tête tournait. Ce qui lui semblait faux n'existait pas à ses yeux; subtil à force de recherches, chassant aux idées, comme si elles étaient des papillons, rêvant la perfection comme le vulgaire rêve le bonheur, il était tourmenté, quand il écrivait, par l'ambition de mettre tout un livre dans une page, toute une page dans une phrase, et une phrase dans un mot. N'était-ce pas de lui-même qu'il disait que, pour juger de pareils esprits, il n'y avait pas de mesure usitée? Aussi vivraient-ils ignorés et mourraient-ils sans monument, si quelque haute amitié ne se montrait à côté d'eux, comme un hasard fortuné, pour leur servir de stimulant et faciliter leur éclosion.

Fontanes aurait pu, à beaucoup d'égards, remplir ce rôle : Joubert lui était profondément attaché, et depuis ces années heureuses où les cœurs se lient le mieux. La seule entreprise littéraire à laquelle il ait songé pour augmenter ses ressources, une revue anglo-française, Joubert lui en avait confié l'essai; il avait fait mieux; pour lui assurer son indépendance; il l'avait marié à une femme de son choix. Sans doute il ne taisait pas à Fontanes ses peines secrètes, ses luttes entre un corps faible et une âme vigoureuse; mais cet esprit rare, qu'il comparait à une noisette des contes de fées où l'on trouvait des diamants lorsqu'on en brisait l'enveloppe, cet esprit, si fin qu'il est parfois subtil, restait enfermé. Quelles mains délicates l'entr'ouvriraient? Dans les moments d'inspiration et de ravissement où la contemplation parfois le plongeait, aux heures où il eût voulu que ses pensées s'inscrivissent toutes seules sur les arbres qu'il rencontrait, tant il avait la tête gonflée et tant il répugnait à écrire, Fontanes eût été le critique choisi ; mais le désir de plaire, la confiance absolue, cet encouragement dont les plus sages ont besoin, qui les donnera ? Et cette louange discrète, quelles lèvres la diront sans banalité, comme on veut qu'elle soit dite ?

Madame de Beaumont fut tout cela pour Joubert. Elle absente, l'esprit de son ami était presque absent. Vainement Fontanes lui recommandait d'écrire, chaque soir, le résultat des méditations de la journée et l'assurait qu'à la fin il aurait fait un beau livre, sans aucune peine ; madame de Beaumont était alors au mont Dore et ne pouvait que rarement lui adresser de ses nouvelles ; il devenait un marbre ; jusqu'à ce que, Béatrix étant pour toujours partie, il en arrivât à s'ennuyer de ce qu'il entendait, de ce qu'il disait, indifférent à ce qu'il voyait, ne comprenant plus rien ni aux livres, ni aux hommes, ni à ses propres pensées, et si peu semblable à lui-même, qu'il écrivait à madame de Vintimille : « Le souvenir de moi vaut mieux que ma présence, et je n'ose plus me montrer à ceux dont je veux être aimé [1]. »

Ce n'étaient heureusement que des crises intermittentes; mais, pour les amener, combien devait être attrayante cette aristocratique jeune femme, et pénétrant son souvenir!

En décembre 1794, malgré un vigoureux hiver, madame de Beaumont se décida à aller revoir ses amis qui avaient survécu; son cœur était serré de quitter le pauvre logis de Dominique Paquereau; elle était effrayée de revoir cette ville teinte encore du sang de tout ce qu'elle avait eu de plus cher au monde. Joubert, avec sa bonté prévoyante, l'avait recommandée à l'un de ses frères qui habitait Paris. Elle descendit dans un modeste hôtel de la rue Saint-Honoré. Quelle impression dut lui laisser le spectacle des lieux où tant de forfaits s'étaient accomplis! Quelle transformation, rapide comme un changement à vue!

Qui ne s'est demandé comment purent reprendre le train ordinaire de la vie les nobles qui, sans émigrer, avaient échappé aux horreurs de 93 et de 94? C'était pour les anciens privilégiés comme un mauvais songe. Ils se frottaient les yeux. Était-ce possible? Quoi! en si peu de temps

---

[1]. Correspondance de Joubert.

toute une société anéantie! Les quelques lettres datées de cette époque et conservées en province, dans les anciennes familles de commerçants, sont instructives. Seuls, ils s'étaient risqués, dès le lendemain de thermidor, à reprendre leurs affaires avec Paris et y étaient rentrés. Les rues étaient débaptisées; les plus brillants hôtels étaient devenus des restaurants ou des maisons meublées; dans les églises mutilées, le bonnet rouge planté sur une pique remplaçait la croix; dans les vieux quartiers, jadis tout noirs de couvents et d'abbayes, les cloîtres étaient éventrés, les chapelles transformées en échoppes, les clôtures des jardins ébréchées; sur les murailles ces mots inscrits : *Propriété nationale à vendre!* A tous les étalages, chez les brocanteurs, des dépouilles à acheter, ornements d'autel, statues, reliquaires, tableaux, vieux livres; les cafés et les cabarets multipliés; seule la place de la Révolution était silencieuse, vide et nue. On n'y passait presque pas. Quelle modification plus complète encore dans le costume et dans les mœurs! A cette allure nerveuse, à ce langage hardi et cru, on ne pouvait se méprendre, pas plus qu'aux meurtrisssures de la façade des Tuileries et aux inscriptions gravées par le 10 août. Quand Chateaubriand lui-même, cinq ans après, entra à pied dans Paris, il lui semblait qu'il descendait aux enfers, tant l'émotion était encore poignante !

Madame de Beaumont ne séjourna pas plus de six semaines au milieu de ces ruines. L'hôtel Montmorin avait été pillé. Il ne restait debout dans le jardin qu'un cyprès planté par elle à quatorze ans. Elle se plaisait, plus tard, au cours de ses infinies tendresses pour René, à le lui montrer dans leurs promenades vers les Invalides. C'est à ce cyprès, dont il connaissait seul l'origine et l'histoire, qu'à son premier retour de Rome, prêt à repartir pour le Valais, il alla faire ses adieux.

La joie de madame de Beaumont, dans ce court séjour à Paris fut de retrouver François de Pange et madame de Sérilly. A peine sa cousine avait-elle recouvré la liberté qu'elle était citée comme témoin dans le procès intenté, par la conscience publique révoltée, à Fouquier-Tinville. Depuis que le club des Jacobins avait été fermé, les imaginations peu à peu se rassuraient. La bourgeoisie, exaspérée contre la terreur, était d'autant plus lasse de la rude domination des conventionnels, qu'elle avait ardemment acclamé la Révolution. La majorité de l'Assemblée eût voulu punir les députés les plus féroces qui l'avaient opprimée; mais, suivant le mot de madame de Staël, elle traçait la liste des coupables d'une main tremblante, craignant toujours qu'on pût l'accuser elle-même des lois qui avaient servi de justification ou de prétexte à tous les crimes. Les sympathies qui accueillirent madame de Sérilly lui permirent de rentrer immédiatement dans ses biens. Elle reprit possession du château de Passy et vint l'habiter avec François de Pange. Ils se marièrent et prirent avec eux madame de Beaumont, en attendant qu'elle obtînt la main levée du séquestre de Theil. Elle lia les hôtes de Passy avec Joubert. L'esprit austère de François de Pange ne lui eût pas été sans utilité. Son imagination se trouvait contrainte dans son commerce et n'osait pas se livrer à tous ses caprices. « M. de Pange veut qu'on marche, et j'aime à voler ou du moins à voleter[1]. »

Sa lettre du 26 avril 1795 allait trouver madame de Beaumont à Paris. Elle était tout entière au passé sanglant, recueillant des informations, écoutant les récits d'anciens serviteurs. Riouffe, l'ami des girondins, venait de publier ses *Mémoires d'un détenu;* ils avaient produit dans le public une vive

---

1. Lettre du 26 avril 1795.

sensation. Aucun ouvrage de ce genre n'avait été écrit avec le même talent. Le succès des *Prisons*, de Silvio Pellico, il y a quarante ans, pourrait seul rappeler la vogue de l'ouvrage de Riouffe. L'intérêt que Joubert et madame de Beaumont prirent à cette lecture est un signe des temps. La lettre à Joseph Souque, objet de l'engouement de ces deux nobles esprits, nous en paraîtrait peu digne, si nous ne nous placions pas au lendemain des scènes d'attendrissement produites par le procès des noyades de Nantes et par les dépositions des victimes échappées au tribunal révolutionnaire. Un bénédictin, un peu illuminé, s'était trouvé dans la cellule où était enfermé Riouffe. Pour se débarrasser de ses sermons, celui-ci avait imaginé, en fils du XVIII° siècle, de créer un culte nouveau sous le nom d'Ibrascha, et d'en publier les rites et les maximes. Joubert et madame de Beaumont avaient de l'aversion pour cet Ibrascha ; ils ont soin, dans leur correspondance, de le déclarer, tant ils avaient pris au sérieux l'auteur, et tant ils avaient été remués par les tableaux de l'intérieur des cachots avant le 9 thermidor.

Dans la stérilité littéraire de ces années terribles, un mot, une phrase, suffisaient pour attirer l'attention des esprits éclairés. La société ne s'était pas encore assise. Lire était donc la plus grande occupation de madame de Beaumont. Les échanges de livres étaient continus entre Villeneuve-sur-Yonne et Passy. Les plus graves étaient dévorés. Comme cette jeune comtesse de Béthisy dont parle Rivarol, madame de Beaumont aimait beaucoup les sujets de métaphysique ; ses questions abrégeaient les difficultés ; ses réponses redressaient souvent l'explication. S'il est vrai que, selon l'âge, selon l'année, selon la saison et quelquefois, dans le même jour, selon les heures, nous préférions un livre à un autre, un style à un autre style, il est encore plus vrai qu'il y a dans chaque siècle une sorte de goût général qui s'impose ; il donne à certains auteurs une réputation de mode et finit par imprimer un caractère uniforme aux intelligences contemporaines. Pauline de Beaumont était trop de son temps pour ne pas être quelque peu philosophe ; elle appelait Condillac son cher abbé, et il exerçait sur elle toutes les séductions de sa méthode et de sa lucidité ; elle essayait de goûter Malebranche ; elle admirait le *Phédon* et le mettait au-dessus de tout. L'*Apologie de Socrate* lui avait produit moins d'effet. « Je crois, disait-elle, que cela tient aux circonstances; nous avons vu tant de procès aussi injustes et tant de magnanimité parmi des victimes qui nous intéressaient plus vivement! » Elle prenait même connaissance des articles de Fontanes sur Kant. Enfin, pour achever de comprendre cette cervelle curieuse à l'excès, et qu'aucun effort, aucune forte attention ne rebutaient, nous ne pouvons oublier qu'il y avait en madame de Beaumont du sang de la vieille Auvergne. Aussi l'*Histoire de Port-Royal* l'occupa-t-elle plusieurs mois. Il lui semblait que, dans un chrétien, l'esprit devait être janséniste, et le cœur un peu moliniste. Elle attribuait toutefois cette dernière partie de ses souhaits à ce qu'elle appelait les préjugés de sa jeunesse. Une de ses tantes, l'abbesse de Montmorin, était soupçonnée d'être l'amie des jésuites. Toujours est-il que, dans les premières ardeurs de son zèle janséniste, elle écrivait à Joubert : « Si Port-Royal eût encore existé, j'étais en danger d'y courir [1]. » Elle se contenta de relire les *Provinciales*.

Gardons-nous de croire, malgré ces sérieuses lectures que nous ayons en face de nous une pédante. Elle avait eu grand'peur de le devenir. Ses ouvrages favoris l'eussent guérie. C'était d'abord

1. Lettre de mai 1797.

La Bruyère, qui lui avait appris à rire avant que d'être heureuse, sous peine de mourir avant d'avoir ri; Le Tasse, une passion qu'elle devait partager avec Chateaubriand; *Tristram Shandy*, qui l'amusait singulièrement et qui plaisait aussi à Joubert, de telle sorte qu'elle s'imaginait quelquefois qu'il lisait Sterne par-dessus son épaule. Mais sa lecture préférée était la *Correspondance* de Voltaire. Elle lui tenait lieu de société et de la société la plus spirituelle. C'était Joubert qui lui avait conseillé de lire ces lettres; il se piquait d'avoir le mérite de deviner le goût de son amie, et l'un de ses tourments était la conviction que l'esprit de Pauline ne s'était pas encore occupé des objets les plus propres à lui donner des ravissements. Il était impatient de voir en sa possession les ouvrages les plus capables de la charmer. Cela le rendait fort affairé : « Si Dieu me prêtait vie, lui écrivait-il[1], et mettait devant mes yeux les hasards que je lui demande, il ne me faudrait cependant que trois semaines pour amasser tous les livres que je crois dignes d'être placés, non pas dans votre bibliothèque, mais dans votre alcôve et si je parviens à me les procurer, il me sem-

1. Lettre du 15 mai 1797.

blera que je n'ai plus rien à faire au monde. »

Joubert, en effet, n'aimait que les petits livres, ceux qui n'occupent que peu de place et font les délices des délicats. Les très bons écrivains avaient peu produit, parce qu'il leur avait fallu beaucoup de temps pour réduire en beauté leur abondance ou leur richesse. Ainsi pensait Joubert, et il citait le mot de Saint-François de Sales : « J'ai cherché le repos partout et je ne le trouve que dans un petit coin et avec un petit livre[1]. »

Ces premières années de tendre et expansive amitié, de conversations intimes, entrecoupées de quelques voyages à Paris, nécessités par les embarras de fortune de madame de Beaumont, furent sans nuages. En les rappelant au comte Molé, Joubert en parlait comme d'une sorte de paradis perdu, tant les deux âmes étaient près d'être parfaites. Il se mêlait à leur affection quelque chose de ce qui rend si délicieux tout ce qui rappelle l'enfance, c'est-à-dire le souvenir de l'innocence. Ce n'étaient que visites, envois de livres, dans ce calme et doux pays de Bourgogne, entre Villeneuve, Passy et Theil, quand madame de Beaumont put y rentrer. Il ne lui manquait que le courage d'être heureuse ;

1. Lettre du 30 mars 1804.

mais, pour y atteindre, il aurait fallu d'abord le courage de se soigner et la volonté de guérir.

« — Je suis payé pour vous désirer de la santé, puisque je vous ai vue, lui disait Joubert ; j'en connais l'importance, puisque je n'en ai pas.

» — Cela serait plus tôt fait, répondait madame de Beaumont.

» — Plus tôt, oui, mais non pas bientôt, reprenait son ami. Enfin il faut aimer la vie quand on l'a ; c'est un devoir. Les pourquoi seraient infinis, je m'en tiens à l'assertion. »

L'année 1795 s'était écoulée dans une quiétude relative : à l'extérieur, la paix de Bâle venait d'accomplir la pensée du cardinal de Richelieu : la France réunissait ce qui est compris entre le Rhin, les Alpes et les Pyrénées ; à l'intérieur, la constitution de l'an III attestait les changements raisonnables qui s'opéraient dans les idées et les théories ; mais elle ne guérissait pas les plaies de l'anarchie et le malaise, qui était partout. François de Pange était pressé par madame de Beaumont de donner son opinion sur le gouvernement. Il jouissait enfin du repos à Passy, replié sur lui-même, sans se dissiper ni se répandre ; il écrivit à sa cousine cette lettre admirable, comme un testament politique.

Elle fut insérée dans le Journal de Peltier [1].

« Je ne puis me résoudre à publier même une brochure. J'ai cru longtemps à cet empire despotique de la raison, dont parle Montesquieu; mais chaque jour j'y crois moins; chaque jour mon découragement augmente. Pour qui écrirais-je? Pour quelques hommes raisonnables et éclairés dont j'aimerais le suffrage? Mais ce que je dirais de vrai, ils le savent, et ce qu'ils savent ne sert qu'à eux. Ce n'est pas la peine d'écrire pour une stérile approbation et le faible honneur d'avoir raison.

» C'est la masse du peuple qu'il faudrait éclairer; mais cette masse s'agite et ne lit pas. Il faut la calmer avant de l'éclairer. C'est l'ouvrage du temps, et cet ouvrage s'avance. Ce qu'on appelle le peuple est rassasié de ces grands mouvements, de ces grands spectacles qui ont produit de grands malheurs autour de lui, sans de grands avantages pour lui. Il sent enfin le besoin de repos et celui de l'ordre.

» Vous voulez qu'on éclaire, qu'on dirige l'opinion; mais, avant de la diriger, il faut la redresser. Ne voyez-vous pas que, semblable à l'aiguille de la boussole dans la tempête, elle est devenue folle,

[1]. *Paris pendant l'année* 1796, t. IX

qu'elle est pervertie ou égarée sur les premières notions de la morale ou de la politique? Qu'attendez-vous de l'opinion dans ce temps de délire, où l'esprit de faction a ôté le ridicule à l'absurde, l'horreur au meurtre, l'estime à la vertu?

» Sera-ce pour les hommes de parti que j'écrirais? La raison et l'esprit de parti sont des ennemis qu'aucun traité ne peut rapprocher, et l'esprit de parti parmi nous a pris un caractère qui le rend plus intraitable encore. Ce n'est pas seulement l'intolérance d'opinion et la jalousie du pouvoir qui le constituent comme partout : il se joint à ces sentimens un intérêt personnel qui en irrite la violence.

» Des hommes que des passions féroces, ou un fanatisme insensé, ou simplement une coupable faiblesse, ont rendus complices des crimes qui ont désolé et déshonoré la France, repousseront toujours de toutes leurs forces et la raison qui les condamne et l'humanité qui les accuse.

» Ceux qui n'ont rien respecté voudraient qu'on respectât leurs écarts, leur ignorance, leurs crimes mêmes; voilà d'où vient l'embarras de cette faction, la versatilité de ses plans, l'inquiétude de ses mouvemens. Mais c'est le danger où elle se trouve qui la rend plus dangereuse. Quel rôle voulez-vous que la raison joue au milieu de ce chaos?

» Il n'y a de conduite utile en ce moment que celle qui saura opposer les intérêts aux intérêts, la finesse à la ruse, la prudence à l'intrigue, des demi-vérités aux erreurs ; mais cette conduite ne peut convenir qu'à l'homme public qui, placé au milieu des affaires, doit tendre à son but par les voies les plus sûres. Elle ne convient pas au philosophe, qui, en traitant des principes éternels de la morale et de la raison humaine, ne doit aucun ménagement aux passions, aux préjugés, à l'erreur.

» Aussi la philosophie, qui n'a pas conduit cette révolution, qu'elle avait préparée, ne la terminera pas non plus, mais elle apprendra peut-être à en profiter. »

Les jacobins, que François de Pange continuait à attaquer avec énergie, et qu'il jugeait avec cette fermeté de vues, tenaient encore entre leurs mains une autorité compromise et défaillante. Ils avaient fait contracter à la nation des habitudes serviles et tyranniques à la fois, et préparaient pour Bonaparte les hommes qui ont fondé sa puissance. L'esprit public était tellement impatient de les voir écartés des affaires qu'il allait déjà de ses vœux au-devant de l'illégalité.

Cette lettre vigoureuse de François de Pange avait eu l'approbation enthousiaste de madame de Beaumont; Joubert aussi n'avait pas ménagé les éloges; il l'avait signalée à Fontanes, et il relevait particulièrement les dernières lignes renfermant un aperçu nouveau et tout un jugement sur la révolution française.

La frêle santé de François de Pange n'allait pas lui permettre d'édifier l'œuvre de philosophie sociale que ses amis attendaient de lui. Il voulait prendre pour épigraphe ce mot sévère, qu'il répétait à Joubert, un peu optimiste : *Triste comme la vérité*. Après quelques mois d'un bonheur longtemps attendu, mais du moins réalisé, le souffle lui échappait. Il mourait en septembre 1796. Nous devons à madame de Beaumont de connaître les derniers traits de sa vie et de pouvoir apprécier l'étendue de cet esprit éminent. Il s'appliquait à tout; il réunissait le goût de tous les arts à celui de toutes les sciences. Il était astronome et musicien, géomètre et homme politique; mais ce qui l'avait surtout rendu digne de respect, c'était son caractère. Il faut laisser à la personne qui l'a le mieux connu le soin d'achever ce portrait. Si nous réunissions en un volume les quelques écrits et les lettres de la femme ardente et triste, passionnée et grave que nous essayons de faire revivre, les deux pages consacrées par elle au compagnon de sa jeunesse, au premier éducateur de son jugement et de son intelligence, seraient en tête du recueil. Les voici :

« Vous me demandez quelques traits qui puissent donner une idée du caractère de celui que nous pleurons; mais la beauté même de ce caractère rend votre demande presque impossible à satisfaire. Sa vie entière est le seul trait qui puisse le caractériser. Un homme dont une qualité surpasse éminemment toutes les autres, qui, par exemple, est plus courageux que ne l'est le commun des hommes, ou plus généreux, ou plus humain, mais qui d'ailleurs n'a rien d'extraordinaire, cet homme brille par sa qualité dominante que le reste de son caractère ne donnait pas le droit d'attendre ; mais, lorsque tout est à l'unisson, quand les qualités du cœur et celles de l'esprit sont nettement ordonnées, que leur accord règle tous les mouvements de l'âme et de la pensée, on n'est plus frappé que de cet accord parce qu'il est rare ; mais ses effets n'étonnent pas, parce qu'ils sont prévus.

» Quel homme, je ne dirai pas de ses amis, mais de sa connaissance, a été surpris de son désintéressement lorsqu'il perdit une somme considérable, la portion la plus solide de sa fortune, et sur laquelle il avait dû compter si sûrement? A peine en parla-t-il et personne ne s'en étonna. De sa part, le contraire aurait étonné. On en peut dire autant de ce qui lui arriva le 15 vendémiaire dernier. Vous avez su qu'il courut alors de grands dangers en prenant la défense d'un homme qu'il ne connaissait pas, mais qu'il voyait maltraité. Il fut menacé, frappé et traîné en prison ; sans doute il devait être un peu ému : à peine sorti de prison, il m'écrivit, et la première moitié de sa lettre contenait des réponses à des commissions que je lui avais données. Ce ne fut qu'à la fin qu'il me raconta son aventure, avec une simplicité surprenante dans tout autre, mais que j'étais sûre de trouver en lui. Ce n'était pas la première fois qu'il s'exposait ainsi ; il aurait couru les mêmes dangers le lendemain. Son cœur le plaçait toujours dans le parti de l'opprimé, quel qu'il fût, et le péril était un aiguillon de plus.

» Cependant, malgré ce besoin de secourir et cette vive sensibilité, personne mieux que lui n'a su employer chacune de ses facultés morales à son véritable usage. Né avec une âme brûlante, il éprouvait très vivement ces sensations de plaisir ou de peine qui portent presque toujours de la partialité dans les jugements. Son extrême amour pour la justice le préservait de cette faiblesse, si ordinaire, qu'on pourrait la croire inséparable de l'humanité.

» Mais, si la justice avait sur lui cet empire, elle n'empêchait pas l'action de toutes les émotions fortes et précipitées que produit une révolution sur des organes faibles. Obligé de se cacher pendant le règne de la terreur, il apprit successivement dans sa retraite, souvent sans préparation, la mort de ses plus intimes amis. Les regrets qu'il leur donnait, l'indignation que lui inspirait l'injustice, ses craintes continuelles sur le sort de ceux qui lui restaient, déchiraient un cœur qui ne pouvait sentir médiocrement.

» Sa santé s'altéra. Le 9 thermidor, en lui rendant l'espérance de jours plus calmes, parut lui rendre aussi les moyens d'en jouir. Une émotion de bonheur arrêta pour quelques instants l'effet de tant d'émotions douloureuses. Mais cet effet avait été trop violent : sa perte devait être ajoutée à tant de pertes, les combler toutes, et ne laisser à ses amis, c'est-à-dire à tous ceux qui l'ont connu, que le regret d'avoir vu disparaître si promptement un homme fait pour éclairer, pour servir et honorer son pays par ses vertus et ses talents, et à qui le temps seul a manqué pour réaliser ses grandes espérances.

» Quand le dépérissement de ses forces le contraignit de s'occuper de sa santé, il disait : « Il ne » faut pas mourir ; je sens que je ne suis pas né pour » ne rien laisser après moi. » Il avait parfaitement la conscience de ses facultés intellectuelles et pas du tout celle des facultés de son cœur ; il savait bien qu'il avait plus d'esprit, une tête plus fortement organisée que le commun des hommes ; mais il ne savait pas, ou, du moins, il ne s'était jamais dit qu'il fût meilleur, plus généreux, qu'il sût mieux aimer qu'un autre. »

Ces lignes, qui portent la marque du xviii° siècle, par la science de l'observation morale, sont bien aussi l'œuvre d'une âme fière et digne de sentir tout le bonheur de madame de Sérilly. Nous sera-t-il permis de croire que Pauline ne se fût pas remariée, comme sa cousine, dix mois après son deuil, qu'elle n'eût pas épousé le marquis de Montesquiou-Fezensac, pour redevenir veuve une troisième fois en 1798?

Madame de Beaumont avait adressé à madame

de Staël cette oraison funèbre d'un de ces jeunes hommes qui se sentaient *tous quelque chose là!* C'est que madame de Staël elle-même considérait François de Pange comme le plus énergiquement, le plus spirituellement honnête de cette élite qui avait appelé la Constituante; et elle se plaignait à Rœderer qu'il n'eût pas, dans son journal, honoré une si noble mémoire; aussi, dès qu'elle eut reçu la notice de madame de Beaumont, s'empressa-t-elle de la faire insérer dans le Journal de Peltier sous ce titre : *François de Pange, par une femme de ses amies* [1].

1. *Œuvres de Rœderer*, t. IV et V, et *Paris en* 1796.

IX

Madame de Staël et madame de Beaumont.

I

La Suède ayant reconnu la République, l'ambassadeur était rentré à Paris et avait rouvert sa maison. C'était un spectacle étonnant que celui de la société bigarrée de 1795 ; madame de Staël l'a très exactement décrite dans ses *Considérations*. Comme la vie, à ses yeux, consistait à causer, elle trouvait moyen, à défaut d'autres auditeurs, de déployer les richesses de son imagination, même devant les conventionnels, de qui son cœur sollicitait sans relâche le retour de quelques émigrés.

Madame de Beaumont fut heureuse de la retrouver : « J'ai été bien touchée de la voir après deux années d'absence et des siècles de malheur. Quand elle ne serait pas aussi remarquable qu'elle l'est par son esprit, il faudrait encore l'adorer pour sa bonté, pour son âme si élevée, si noble, si capable de tout ce qui est grand et généreux. » Telles sont les premières impressions qu'elle confie à Joubert, et, comme le nom de madame Roland était alors dans toutes les bouches, madame de Beaumont, quoique bien meurtrie, rapproche dans une comparaison celle qu'elle appelle la Providence du 10 août et madame de Staël : « Elle est ce que madame Roland se croit, mais elle ne songe point à en tirer vanité ; elle croit tout le monde aussi bon et aussi généreux qu'elle. Combien cette simplicité est aimable et ajoute encore à son mérite ! Tandis que l'orgueil de madame Roland m'a presque rendue injuste, j'ai besoin de me rappeler sans cesse qu'elle est tombée sous le glaive pour lui pardonner. Elle m'a rappelé des intrigues qui ont réveillé en moi bien des ressentiments. J'espère cependant que je rends justice à son caractère, et je suis sûre de sentir toute la beauté de sa mort[1]. »

Pendant ces années du Directoire, où la sensibilité ardente de madame de Staël se donna carrière,

1. Lettre à Joubert.

où elle vécut vraiment son roman de *Delphine* avant de l'écrire, nulle femme ne l'admira autant que madame de Beaumont. Ce salon, où se heurtait le monde le plus disparate, membres du gouvernement, nobles rentrés, journalistes essayant de reprendre la plume, diplomates en quête de renseignements, ce salon ne pouvait longtemps plaire à Pauline. Elle préférait voir dans l'intimité celle qui était d'abord à ses yeux la fille de Necker, du collègue de M. de Montmorin ; elle l'écoutait mieux, lui trouvait infiniment plus d'esprit dans les causeries à deux que dans le monde ; elle recevait la communication de ses écrits. Lorsque fut décrétée la constitution de l'an III, dans sa brochure intitulée *Réflexions sur la paix intérieure*, madame de Staël avait commencé à aborder son noble rôle de modérateur, de défenseur des idées libérales, s'efforçant de ne pas les rendre solidaires des crimes commis en leur nom. Necker était soupçonné d'avoir inspiré sa fille. « Son père, répondait madame de Beaumont à Joubert, est trop fâché qu'elle se fasse imprimer pour l'aider ; l'ouvrage est bien entièrement d'elle, sa beauté et ses défauts lui appartiennent. »

Madame Necker d'ailleurs venait de mourir, et

madame de Staël avait communiqué à son amie une lettre de Coppet, d'une sensibilité profonde, où la douleur inguérissable absorbait tout l'homme. Ce regret qu'avait son père de la voir entrer dans la carrière des lettres, elle le partagea un instant. Après les premiers pas qu'elle fit dans l'espoir d'atteindre à la réputation, premiers pas habituellement pleins de charmes, elle eut ce sentiment de la solitude dans laquelle une femme est placée par la renommée. On veut rentrer ensuite dans l'association commune. Il n'est plus temps ; il n'est plus possible de retrouver l'accueil bienveillant qu'obtiendrait l'être ignoré. C'était cet effroi qu'à ses débuts dans la publicité, elle confiait à madame de Beaumont la dissuadant d'écrire ; mais bientôt le souffle de la gloire poussait madame de Staël, et l'enivrement du succès faisait taire les légers scrupules. Jusqu'en 1798, Joubert put craindre que son influence personnelle ne fût contre-balancée. Il était alors admirateur sans restriction du génie de madame de Staël. De toutes les femmes qui avaient imprimé, il n'aimait qu'elle et madame de Sévigné. Il avait toutefois contre elle quelque méfiance. Il lui savait mauvais gré de dégoûter madame de Beaumont de la campagne. Il n'eût pas voulu qu'elle fréquentât trop ces esprits remuants : « Ils ont pour tête un tourbillon qui court après tous les nuages. Ils veulent brider tous les vents, dont ils ne sont que le jouet. Leur tournoiement vous a gâtée, mais vous vous raccommoderez. »

En mai 1797, dans un court voyage qu'elle faisait en Suisse, madame de Staël ayant donné rendez-vous à madame de Beaumont sur la route, à Sens ou à Villeneuve, Joubert avait néanmoins offert la chambre verte, celle que Pauline occupait dans ses rares séjours. « Je serai, je crois, assez fort, ajoutait-il, pour ne pas céder au désir de la voir et pour fuir le danger de l'entendre. » Madame de Staël souriait quand on lui parlait de la peur qu'avait Joubert d'être séduit par sa conversation. Elle ne l'y exposa pas, et ne put réaliser son projet de visite. Madame de Beaumont n'eût pas accepté d'ailleurs l'offre de Joubert. Rien de plus aimable que cette affectueuse querelle occasionnée par la dangereuse sirène qui pouvait descendre dans la silencieuse maison de Villeneuve. « Non assurément, je ne ferai point entrer ce tourbillon dans la paisible chambre verte ; vous ne seriez pas maître de ne pas la voir, quand même vous auriez le courage de résister à la tentation. Elle m'a déjà entendue parler de vous; il faudrait lui en parler encore, et, malgré mon désir d'assurer votre tranquillité, ce ne pourrait être de manière à éteindre son insatiable curiosité. Vous seriez attiré, troublé, et cette pauvre chambre verte ne serait plus un lieu de recueillement. *L'Écu* ou *le Chaperon rouge* seront le lieu de l'entrevue. » Comme madame de Staël eût été fière en lisant cette correspondance échangée à propos d'un arrêt entre deux relais de poste ! et comme toute cette simplicité, tout ce naturel ont disparu !

Dans ses premiers retours à Paris, madame de Beaumont, entraînée par son goût pour l'esprit et subjuguée souvent par une verve éblouissante, dut subir, malgré elle-même, l'ascendant que le talent impose aux plus rebelles. N'y avait-il pas, d'ailleurs, entre ces deux intelligences supérieures, des peines et des besoins communs ? Quand elle était seule, madame de Staël ne pensait-elle pas que le sort d'une femme est fini quand elle n'a pas épousé celui qu'elle aime, et que la société ne lui a permis qu'un bonheur : l'amour dans le mariage ? Quand le lot est tiré et qu'elle a perdu, tout est dit. Qu'on relise *Delphine*, les lettres II et VII de la seconde partie, et l'on y trouvera les accents d'une confession. N'y avait-il pas encore d'autres sujets plus délicats, qui, dans les conversations, revenaient souvent sur les lèvres éloquentes de madame de Staël? Le divorce inspire, on le sait, la lettre célèbre de M. de Lébensée dans le roman qui nous montre les pensées secrètes, les opinions vraies du milieu social où se rencontraient madame de Beaumont et ses amis. Il est impossible de ne pas croire qu'avant de prendre une résolution qui n'était pas, théoriquement du moins, de l'opinion de Joubert, madame de Beaumont n'ait pas entretenu madame de Staël de son projet. Elle reconnaissait tous les inconvénients du divorce; mais elle disait que c'était aux moralistes et à l'opinion de condamner ceux dont les motifs ne paraissaient pas dignes d'excuse. Elle ajoutait qu'au milieu d'une société civilisée qui avait introduit les mariages par convenance, les mariages dans un âge où l'on n'a nulle idée de l'avenir, la loi, en interdisant le divorce, n'était sévère que pour les victimes. Un seul obstacle arrêtait le raisonnement quand la conversation devenait plus personnelle : la foi catholique consacrait l'indissolubilité du mariage.

Madame de Staël, profondément spiritualiste, élevée par un père et une mère protestants convaincus, ne pouvait voir sans répugnance l'insouciance et la légèreté qu'on affectait pour les idées religieuses; s'il n'était pas donné à son esprit de se convaincre sur un tel sujet par des raisonnements positifs, la sensibilité lui apprenait tout ce qu'il importait de savoir. Sa puissance d'aimer lui faisait sentir la source immortelle de vie. Elle n'avait pas moins horreur du néant que du crime, et la même conscience repoussait loin d'elle tous les deux. Est-ce que Delphine n'écrivait pas à Léonce : « Je douterais de votre amour pour moi si je ne pouvais réussir à vous donner au moins du respect pour ces grandes questions qui ont intéressé tant d'esprits éclairés et calmé tant d'âmes souffrantes? »

Madame de Beaumont avait été aussi religieusement élevée qu'on pouvait l'être dans la haute société du XVIIIe siècle. Une seconde éducation lui avait été ensuite apportée par ses lectures, par les jeunes et distingués amis qui l'entouraient. Les forfaits de la Révolution, le triomphe des ennemis implacables de sa famille, les malheurs sans nombre dont elle fut accablée amenèrent une troisième éducation. Elle douta quelque temps, selon ses expressions, de la justice divine et de la Providence[1].

1. *Mémoires d'outre-tombe.*

S'il fallait un témoignage indiscutable du trouble de ses croyances religieuses, nous le trouverions en 1798 dans la lettre d'une pauvre servante attachée pendant de longues années à la maison Montmorin, mademoiselle Michelet. Nous apprenons aussi par elle l'état des affaires de madame de Beaumont. Un partage et un règlement de comptes avaient eu lieu entre mesdemoiselles de la Luzerne, qui habitaient Versailles, et leur tante. Les domaines de Bretagne, à Jouan, avaient été aliénés. Le château de Theil n'allait plus être la propriété de l'amie de Joubert. Elle avait vendu ses bois; mais ses acquéreurs avaient fait faillite; elle avait eu à soutenir des procès qu'elle venait de perdre. Cette lettre nous apporte ces précieux renseignements avant même de nous prouver, sous une forme touchante, combien la domesticité d'autrefois faisait partie de la famille et s'élevait par elle [1].

« Versailles, 6 pluviôse.

» Madame, vous avez grande raison d'être persuadée que la lettre que vous m'avez fait l'honneur de m'écrire a dû nous affliger. J'avais entendu

1. Nous devons communication de cette lettre, dont une partie a été publiée, à la bienveillance de la famille de Raynal.

dire qu'après l'arrangement de vos affaires, Theil pourrait vous demeurer. Nous en avions une très grande joie, ainsi que d'avoir appris que vous aviez gagné le procès de vos bois. Est-il bien possible que cela ne soit point? Nous en sommes pénétrés. Je vous plains, madame, sous tous les rapports : votre cœur sensible sera déchiré de voir des malheureux autour de vous sans pouvoir leur faire le bien qu'ils méritent. Je suis bien sûre que votre bonne volonté adoucira leurs peines ; mais il ne se consoleront pas, s'il faut, madame, qu'ils se séparent de vous.

» J'espère, madame, que vous ne perdrez rien avec les personnes qui viennent de faire faillite. Je le désire encore plus pour vous, madame, que pour moi, qui ai aussi une petite somme sur laquelle je fondais tout mon espoir. Ces messieurs m'en veulent de ce que je n'ai pas voulu accepter le remboursement, il y a trois ans. Il était bien dur d'avoir du papier pour du numéraire. Toute ma petite fortune a disparu. Ce qui me reste en abondance, ce sont des douleurs. Je suis presque tout à fait impotente ; je marche avec peine dans ma chambre. Vous êtes, madame, beaucoup plus jeune que moi; mais vous avez autant vécu pour le malheur.

» Si j'osais vous engager à tourner vos regards vers notre père commun, j'ose croire que vous supporteriez toutes vos peines avec résignation.

» Ah! si vous aviez encore le bonheur d'avoir l'asile de Jouan, je suis persuadée, madame, que vous feriez vos délices d'y passer vos jours. Qu'avez-vous éprouvé sur cette terre de douleurs? Bien peu de vraie satisfaction, avec beaucoup de dégoûts et d'ennuis. Oh! madame, que je serais heureuse, avant de mourir, de vous voir sainte, oui, sainte, si vous le voulez! Vous en avez tous les moyens. Je vais prier le bon Dieu pour qu'il vous en fasse la grâce. Je savais la mort de M. de Montesquiou. Hélas! depuis la Révolution, il vous a fallu faire beaucoup de sacrifices de ce genre.

» Vous avez eu raison, madame, de penser que dès que nous saurions mesdemoiselles vos nièces à Versailles, nous serions très empressées de les voir.

» Je ne sais, madame, si je dois être surprise de la friponnerie que vous me mandez avoir éprouvée. Hélas! il faut pardonner. La Révolution a bouleversé toutes les têtes et anéanti la bonne foi.

» Me permettez-vous, madame, d'embrasser tous nos bons amis? Faites-nous donner quelquefois de vos nouvelles, madame; il y a trois ans que je n'ai eu le bonheur de vous voir. Le temps m'a paru bien long. »

Avec sa respectueuse familiarité, avec son abnégation religieuse, mademoiselle Michelet nous fait voir clair dans la conscience de madame de Beaumont, et cette lettre d'une femme de chambre n'est pas déplacée au milieu de ces âmes tourmentées et frémissantes encore du choc de la tempête qui avait tout renversé. Il nous semble aussi que, lorsqu'elle prit la résolution de demander le divorce, la femme du comte de Beaumont n'avait pas été arrêtée par des hésitations de croyances.

II

Quelque attrayant pour l'intelligence que fût le salon de madame de Staël, madame de Beaumont n'y avait pas puisé la paix du cœur. Nous la revoyons en été à Theil, mais dans quel accablement! Elle faisait pitié. Elle avait avec humeur regagné la solitude; elle s'occupait avec dégoût, se promenait sans plaisir, rêvait sans agrément et ne pouvait trouver une pensée consolante. A la tristesse de ses lettres, on l'eût accusée de lire *les Nuits* d'Young, et cependant elle relisait son *Tristram Shandy*, mais sans fruit [1]. Elle appelait Joubert pour venir rendre quelque charme à sa demeure désenchantée, et Joubert la suppliait à mains jointes d'avoir le repos en amour, en estime, en vénération. Il demandait qu'elle ne lui fît grâce d'aucun détail quand elle lui parlait de son régime; car « de tous les journaux, il n'en était point qui pût autant l'intéresser que celui de son pot-au-feu ». Il voulait même qu'elle vînt en automne hardiment vendanger à Villeneuve, avec ses migraines, avec ses airs maussades. La chambre verte avait été balayée trois fois pour la recevoir. « Madame Joubert a peur que vous ne soyez mal ; je lui dis, moi, que vous vous trouviez bien chez Dominique Paquereau, et je me moque de ses craintes. »

Ce noble esprit comprenait toutes les délicatesses ; il parlait le langage le plus féminin et le plus attendri. Comme madame de Sévigné à sa fille : « Votre régime, disait-il à madame de Beaumont, me fait un bien infini rien que d'y penser. » Il eût désiré qu'elle ne se fatiguât plus à courir la poste et les auberges. Elle repartait cependant

---

1. Lettres de madame de Beaumont, août 1797.

pour Paris, et, à peine arrivée, éclatait le coup d'état du 18 fructidor.

Elle l'apprit par madame de Staël. La veille du jour funeste, elle avait été prévenue; un de ses amis lui avait même fait trouver un asile dans une chambre dont la vue donnait sur le pont Louis XVI; elle passa la nuit à regarder les préparatifs et vit la liberté s'enfuir avec l'aube. Madame de Beaumont put craindre que cette violation de la justice ne l'atteignît encore. « Tout le monde était dans l'incertitude, se préparant à faire son paquet, et courbé sous le joug de la déportation, comme autrefois sous le joug de la guillotine [1]. » Elle attendait sa destinée avec fermeté; elle se croyait invulnérable. N'ayant plus aucune illusion, elle était assez bien préparée pour tous les voyages (c'était son mot), et le voyage dont on ne revient pas n'était pas celui qu'elle eût fait avec le moins de plaisir. Si elle échappa aux nouvelles proscriptions, le plus ancien ami de Joubert, et déjà le sien, ne fut pas épargné; Fontanes put néanmoins gagner l'Angleterre par l'Allemagne. Madame de Staël avait été arrêtée à Versoix, sur les frontières de la Suisse, près de Coppet, où elle se rendait. Elle était accusée d'atta-

1. Lettres du 1er octobre 1797, avril 1798.

chement pour les proscrits. Barras la défendit avec chaleur, et elle obtint la permission de rentrer en France quelques jours après. Mais un nuage avait passé sur l'amitié de deux femmes faites pour s'estimer et se comprendre. Rappelée en Bourgogne par la mort de M. de Montesquiou, madame de Beaumont était un peu moins abattue, moins pressée de se rejeter dans le tourbillon. Elle feuilletait ses livres préférés; sa pensée aimante était plus complètement avec ses amis disparus. Elle ne savait pourquoi leur souvenir avait quelque chose de plus doux, de plus tendre, de plus aimable. Elle vivait pour ainsi dire avec eux, et tous les rêves d'Ossian lui paraissaient réels. Elle avait relu d'anciennes lettres de Joubert, qui lui recommandait l'amour du repos et de la solitude; elle commençait à sentir le mérite de cette existence nouvelle; elle végétait un peu, acceptant même les visites d'un insupportable voisin, M. Tron; enfin, elle se donnait pour règle de se promener avec l'honnête mais ennuyeux M. Perron. N'allons pas cependant la croire trop changée; la *Correspondance* de Voltaire et la *Jérusalem délivrée* étaient sur la table, et Joubert avec sa causerie toujours féconde, avec son amitié toujours vigilante, n'était pas loin. Sans doute, cette trop grande vivacité, cette mauvaise tête, n'étaient pas calmées au gré de son ami; il y avait cependant du mieux, lorsqu'en pleine jouissance du soleil et de la belle lumière de Theil, elle fut invitée, en mai 1798, au château d'Ormesson, où se trouvait madame de Staël.

La curieuse lettre de madame de Beaumont à Joubert dénote tout un changement et consacre cette fois définitivement l'ascendant qu'il avait su prendre. « Je veux vous écrire, dit-elle, tandis que je ressemble encore à la personne pour qui vous avez une bienveillance si aimable; c'est celle-là dont je désire que vous conserviez le souvenir, en vous demandant pour l'autre intérêt et indulgence [1]. » Elle explique qu'elle ne se plaît pas dans le monde et qu'elle en redoute l'influence. Elle y éprouve une sécheresse de cœur, tandis qu'elle a éprouvé jadis un état plus doux; et la charmante femme, intérieurement froissée, déclare qu'elle est prête quelquefois à douter des instants de bien-être dont elle a joui; elle les placerait peut-être au rang des chimères qui avaient abusé sa vie, si le souvenir de Joubert ne s'y mêlait. Arrive alors cet aveu qui est toute la lettre : « Je ne conviens pas

1. Lettre du 12 mai 1798.

à la société dans laquelle je vis, mon esprit s'y use sans fruit pour moi, sans jouissance pour les autres. Celle qui la dirige a pris une route qui n'est pas celle du bonheur. Son esprit a pris une impulsion qui ne lui est pas naturelle. Il n'y a plus que son cœur de noble et de généreux ; il l'est à un degré éminent. » Quelle était la cause de ce refroidissement et de ce jugement sévère ? C'était Benjamin Constant.

Dès qu'elle l'avait vu, madame de Beaumont avait ressenti pour lui une antipathie qui se changea en véritable aversion. Son entourage intime l'avait partagée. Joubert écrivait à madame de Pange : « Quiconque chante pouilles à Benjamin Constant semble prendre une peine et se donner un soin dont j'étais chargé ; je me sens soulagé d'autant. Je crois donc vous devoir de la reconnaissance, à madame de Beaumont et à vous : à elle de tout le mal qu'elle m'en dit, et à vous, madame, de celui que vous en pensez. » Suit alors une diatribe dans laquelle les injures ne sont pas ménagées. Joubert, si réservé d'habitude, ne se contraint plus. Il le qualifie de vrai Suisse à prétentions, exprimant avec importance et une sorte de perfection travaillée des pensées extrêmement communes ; il lui dénie toute bonne foi, ses erreurs sortent du cœur, et sont fabriquées de toutes pièces par son ambition. On pouvait penser que Joubert reviendrait à un jugement plus adouci. Deux mois après cette explosion de colère, il s'adresse en ces termes à madame de Beaumont : « Il n'y a que Benjamin Constant qui ne m'amuse pas. J'en ai parlé tout de travers. J'en ai dit non pas trop de mal, mais d'autre mal que celui qu'il fallait en dire. J'en suis fâché ; car, si je le battais jamais, je voudrais que le coup portât et l'ajustât comme un habit. » Madame de Beaumont n'était pas plus bienveillante sur son compte. « Je ne sais, répondait-elle à Joubert, si c'est une manière de vous calmer que de vous assurer que Benjamin Constant est autant haï que possible. Lui-même ne peut parvenir à s'aimer. » Elle raconte que, malgré la gravité des circonstances, au lendemain de fructidor, elle avait eu une scène avec lui et lui avait avoué tout franchement sa haine pour sa personne et ses opinions, et son mépris pour ses moyens. Elle ne s'arrêta pas dans ses invectives et, en décembre 1799, elle écrit encore : « Votre ami Benjamin fait ce qu'il peut pour ne pas être oublié ; malheureusement, comme les animaux venimeux, il n'appelle l'attention qu'en blessant; c'est sa seule existence. Toutes les sensations douces sont nulles pour lui; il lui faut pourtant des sensations pour l'arracher à l'ennui. » — Enfin nous attendions le mot décisif, le mot qu'elle avait depuis longtemps sur les lèvres; il lui échappe : « Je me désole de voir le sort d'une femme que j'aime lié à celui de cet homme vraiment haïssable. » Ne nous étonnons plus qu'un souffle ait terni cette amitié, qui ne fut pas complète. L'âme fougueuse de madame de Staël pardonna, mais n'oublia pas. Bien qu'elle fût supérieure à Benjamin Constant par l'énergie des sentiments et l'élévation morale, il y avait entre eux une communauté de principes et d'idées qui aide à comprendre leur longue liaison. Faut-il rappeler avec Sismondi que Benjamin Constant seul avait la puissance de mettre en jeu tout son esprit, de le faire grandir par la lutte, d'éveiller une profondeur d'âme et de pensées qui ne se sont jamais montrées dans tout leur éclat que vis-à-vis de lui, de même aussi qu'il n'a jamais été lui-même qu'à Coppet? Une femme, si éminente qu'elle soit, sait toujours plus que gré à l'homme qui peut à ce point mettre en évidence ses facultés[1].

1. *Journal de Sismondi*, p. 153.

Ni l'un ni l'autre n'avaient souffert de la Révolution ; aussi, lorsqu'ils voulurent ramener au pouvoir les constitutionnels et, malgré les jacobins, prendre la tête de ce parti libéral si difficile à constituer en France, ils s'aperçurent qu'ils n'étaient pas suivis. Le premier pamphlet de Benjamin Constant, *De la force du gouvernement actuel de la France et de la nécessité de s'y rallier*, témoignait d'une singulière ignorance de notre pays. Vouloir l'habituer au jeu des institutions représentatives quand les conventionnels avec la constitution de l'an III étaient encore au pouvoir, vouloir éviter, par la pratique de la liberté, les recours violents dont périssent tôt ou tard les gouvernements qui les emploient, c'était une grave inexpérience. Il y a des pentes que l'on ne remonte pas quand on les a une fois descendues.

Une conversation du général Mathieu Dumas avec Treilhard explique pourquoi le parti du Directoire ne put s'entendre avec les constitutionnels [1].

« Treilhard. — Vous êtes de fort honnêtes gens, fort capables, et je crois que vous voulez sincèrement soutenir le gouvernement ; mais, nous con-

---

1. *Souvenirs de Mathieu Dumas*, tome III, p. 76.

ventionnels, nous ne pouvons vous laisser faire. Il n'y a rien de commun entre nous.

» — Quelle garantie vous faut-il donc?

» — Une seule; après quoi, nous ferons tout ce que vous voudrez. Donnez-nous cette garantie et nous vous suivrons aveuglément.

» — Et laquelle ?

» — Montez à la tribune; déclarez que, si vous aviez été membre de la Convention, vous auriez, comme nous, voté la mort de Louis XVI.

» — Vous exigez l'impossible, ce que, à notre place, vous ne feriez pas. Vous sacrifiez la France à de vaines terreurs.

» — Non, la partie entre nous n'est pas égale; nos têtes sont en jeu. »

Benjamin Constant n'en continuait pas moins à défendre la République, menacée par l'arbitraire des républicains, plus encore que par les attaques des royalistes. Il se faisait nommer secrétaire du cercle constitutionnel, en opposition avec le cercle de Clichy, et publiait son second pamphlet contre les réactions politiques. Joubert, auquel madame de Beaumont prêtait les productions nouvelles, trouvait le choix des expressions et des tournures mauvais ou déplacé, et le choix des opinions

encore plus insoutenable. A ses yeux d'ailleurs, le
monde, en ce temps-là, était livré au hasard. Ceux
qui prétendaient l'arrêter en jetant à ses vagues le
gravier et le sable fin des petites combinaisons
étaient ignorants de toute chose. Il leur préférait
de bien loin celui qui, sans prétention, s'amuse
à ses heures perdues à faire des ronds dans un
puits.

Madame de Beaumont était plus libérale, elle eût
acclamé la charte. Mais la République n'étant à ses
yeux que le régime du sang, toute tentative faite
pour la consolider lui paraissait ou une folie ou une
chimère. Elle ne voyait de républicain que les
statues et les bustes de l'ancienne Rome qu'envoyait
d'Italie le général Bonaparte. Elle ne s'associait
pourtant à aucune des entreprises royalistes; elle
n'osait même pas espérer; mais elle ne pouvait
s'expliquer cette flamme qui animait l'admirable
madame de Staël contre les gouvernements militaires; et elle était loin de voir avec la même appréhension la nation, fatiguée, en arriver à ce degré
de crise où l'on croit trouver de la sécurité dans le
pouvoir d'un seul. Elle faisait remonter à Benjamin
Constant la responsabilité de l'attitude de la fille de
Necker, tandis qu'au contraire, madame de Staël

était son Égérie. Lorsqu'en floréal an VII parut la brochure de Boulay (de la Meurthe), qui reconnaissait légitime toute mesure conforme à l'intérêt et au salut du peuple, c'était encore madame de Staël qui, proclamant la souveraineté de la justice en politique, inspirait les *Suites de la contre-révolution de 1660, en Angleterre*, le meilleur des pamphlets de Benjamin Constant et celui que madame de Beaumont lisait de préférence [1].

Elle assistait à un spectacle étrange ; une sorte de consomption sénile rongeait le Directoire. La France, si redoutable par ses armées, semblait à l'intérieur affaissée sur elle-même. S'il est un document utile à consulter sur cette fin de la Révolution, c'est le *Bulletin des lois*. Jamais on n'avait tant légiféré, et jamais les lois n'avaient autant parlé dans le vide. On en était arrivé par exemple, le 17 thermidor an VI, à interdire le travail et l'ouverture des boutiques le jour des décadis ou de certaines fêtes civiques, comme celle de la Jeunesse ou des Vieillards, ou de la Souveraineté du peuple ou celle de l'anniversaire du 18 fructidor. On obéissait, mais le mépris gagnait, en même temps que les ressorts s'usaient. Pendant qu'elle se déta-

1. Lettre du 12 mai 1796.

chait de sa forme de gouvernement, la nation restait au contraire plus passionnément attachée à la Révolution elle-même, aux résultats qu'elle avait produits. La haine de l'ancien régime s'était tellement enracinée dans les cœurs, qu'elle tenait lieu de toute autre conviction. Pourvu qu'on pût garantir d'un retour en arrière la masse des acquéreurs de biens nationaux et ceux qui les avaient vendus, les nouveaux fonctionnaires et les officiers qui avaient conquis leurs grades, on se souciait peu des libertés publiques. « Il est difficile, disait madame de Beaumont, de rendre l'état où nous sommes... Le gouvernement n'a pas un agent qu'il ne soit disposé à briser au moindre soupçon, et il n'est pas un de ces agents qui ne sache combien son existence est précaire. C'est pour eux que la terreur existe; méfiants et soupçonnés, envieux et enviés, ils éprouvent tous les sentiments désagréables qu'ils inspirent, et je doute qu'ils en soient dédommagés par l'exercice d'un pouvoir aussi peu assuré [1]. »

« Ni jacobins ni émigrés ! » tel était le cri public ; on était mûr pour un chef militaire ; on l'appelait. On fut servi à souhait. Depuis la triomphante campagne d'Italie, héroïque et jeune comme un chant

1. Lettre, décembre 1799.

d'Homère, un nom passait de bouche en bouche [1]. Fiévée, retiré en province, à Buzancy, chez M. de Puységur, raconte que, pendant l'expédition d'Égypte, une seule observation le rappelait à la politique. Tout paysan qu'il rencontrait, dans les vignes, dans les champs, l'abordait pour lui demander si l'on avait des nouvelles du général Bonaparte, et pourquoi il ne revenait pas en France. Le 18 brumaire était fait. La nation, loin de s'effaroucher de l'autorité que Bonaparte s'arrogeait, semblait s'irriter de ce qu'il ne s'en arrogeât pas davantage. Tant il est vrai que, pour nous délivrer d'un joug quand il nous pèse, nous ne nous insurgeons pas toujours; nous attendons que le danger vienne soit du dedans, soit du dehors [2]; alors nous retirons au gouvernement notre assistance, et il s'écroule parce qu'il n'est pas soutenu.

Jamais ce côté du caractère national n'a été mieux pénétré que par Benjamin Constant; il devait cependant bénéficier de la constitution de l'an VIII. Il était appelé au Tribunat avec Riouffe, dont madame de Beaumont avait lu le nom avec bonheur. Elle

---

[1]. Correspondance de Fiévée, introduction. p. 66.
[2]. Benjamin Constant, *Mélanges*, p. 77, et *Mémoires sur les Cent-Jours*.

suivait en effet avec passion les événements ; mais ils avaient été traversés par des douleurs nouvelles Elle ne les comptait plus. Sa cousine, madame de Montesquiou, la veuve de François de Pange, celle qu'elle appelait sa *pauvre grande*, était morte en 1799, près d'elle, à Paris. Toutes les deux avaient pu, quelques mois auparavant, sauver madame Suard. Frappé comme Fontanes, et prévenu que la Suisse, où il était caché, n'était pas un asile, Suard cherchait un autre refuge en Allemagne. Sa femme rentra en France pour y recueillir quelque argent. Ses appartements avaient été mis sous les scellés. Ses anciens serviteurs tremblaient de la reconnaître. Elle ne savait où aller. Les deux cousines coururent au-devant d'elle, la logèrent, firent toutes les démarches, et madame Suard put entrer dans sa maison et emporter ce qu'elle était venue chercher. Sans doute madame de Montesquiou et madame de Beaumont eussent continué de vivre ensemble, lorsque la mort les sépara [1]. Les consolations philosophiques ne pouvaient plus suffire. La seule survivante du passé était partie. Il ne restait plus d'autre ami à Pauline que Joubert, rien que lui.

1. *Mémoires historiques sur Suard*, par Garat.

X

Adrien de Lézay. — Le salon de la rue Neuve-du-Luxembourg.

I

Sa vie fut entièrement modifiée; elle quitta Theil pour toujours; elle le quittait avec regret. Elle y avait vécu avec beaucoup de douceur une existence souvent fort rude; sa santé y avait été passable, son isolement absolu. Ses affaires, qui traînaient en longueur, la retenaient désormais à Paris. Les formalités nécessaires pour obtenir le divorce étaient minutieuses. « Ma destinée future, écrivait-elle, est un peu plus triste que jamais[1]. » Joubert lui demandait de venir se reposer à Villeneuve, et, bien qu'il ne fût pas riche, il avait mis à sa disposition,

1. Lettre de madame de Beaumont, du 20 avril 1799.

avec un dévouement paternel, son peu de fortune. « Si vous avez besoin d'argent, pardonnez tant de brusquerie, mon frère en a à votre service. Pour mon compte, je n'en ai pas besoin. »

Ce fut dans cette année 1800 qu'elle conquit son indépendance. Joubert ne put dissimuler son contentement. Il était allé embrasser sa vieille mère à Montignac, et la nouvelle du gain du procès intenté par madame de Beaumont vint l'y surprendre en même temps que les événements extraordinaires qui s'accomplissaient.

Il les voyait avec plaisir, et son opinion représente bien l'état d'esprit de la classe moyenne. Cette opinion avait même affermi ou déterminé celle de son amie sur beaucoup de points. Seule héritière d'un nom vénéré parmi les royalistes, depuis que la guillotine avait pris soin d'effacer les nuances, très aristocrate de toute sa personne, madame de Beaumont redoutait les gouvernements populaires. Comme Bonaparte donnait de l'espoir à tous les partis, et qu'il laissait même, au début, croire qu'il rétablirait les Bourbons, elle n'acceptait pas les réticences que la clairvoyante madame de Staël mettait à son enthousiasme. La fille de Necker était

1. Lettre du 2 février 1800.

seule à se préoccuper de cette constitution consulaire, dans laquelle Sieyès avait très artistement anéanti les élections démocratiques. Madame de Beaumont et Joubert prenaient au contraire un intérêt très vif au choix de ces personnages officiels, bien rétribués, divisés en trois corps et nommés les uns par les autres. Joubert, mécontent des associés que Bonaparte avait acceptés, avait craint *de ne sortir du règne des avocats que pour tomber sous celui de la librairie.* Il était, à l'origine du consulat, persuadé qu'avec une pareille cohue d'avis et de talents divers, on allait changer d'époque sans changer de destinée. Il allait bientôt revenir de cette première impression pour se livrer à une complète admiration; car lui aussi, comme la France, fut ensorcelé par le premier consul. « Cet homme n'est point parvenu, il est arrivé; qu'il demeure maître longtemps! Il l'est certes, et il sait l'être. Nous avions grand besoin de lui. » — Madame de Beaumont le jugeait un peu différemment. Par sa passion pour les savants, Bonaparte lui donnait l'idée d'un Louis XIV parvenu. Elle exceptait pourtant de la critique le conseil d'État, composé presque en entier d'hommes qui joignaient la théorie à la pratique.

Quant au Tribunat, où Sieyès avait fait entrer quelques héritiers de la Gironde, il était voué à une épuration certaine. La France de jour en jour reportait sur Bonaparte tout le sentiment national. Les patriotes courageux qui avaient pris au sérieux la constitution de l'an VIII et qui défendaient la liberté mourante avaient même alors contre eux le jugement des esprits éclairés, tant on était épuisé et peureux. Madame de Beaumont, dans une lettre du 2 février 1800, fait allusion à la séance du Tribunat où le signal de l'opposition fut donné par Benjamin Constant. La scène est curieuse.

Le gouvernement, le 1er nivôse an VIII, avait renvoyé au Tribunat un projet concernant la formation des lois. Trois jours seulement étaient donnés aux tribuns pour examiner toutes les dispositions, discuter et nommer les orateurs qui les soutiendraient devant le Corps législatif. Benjamin Constant, dans un discours spirituel, attaqua cette proposition, qui rendait impossible tout examen approfondi. Madame de Staël devait, ce soir-là, réunir chez elle plusieurs personnes dont la conversation lui plaisait, mais qui tenaient toutes au régime nouveau. Elle reçut dix billets d'excuse à cinq heures. Elle supporta assez bien le premier et le second, mais à mesure que ces billets se succédaient, elle commença à se troubler. Vainement elle en appelait à sa conscience, elle ne trouvait pas un appui. Fouché, le lendemain, la faisait mander et lui disait que le premier consul la soupçonnait d'avoir excité Benjamin Constant ; elle se défendit sans pouvoir convaincre le ministre de la police. Un mois après, Benjamin Constant essayait encore de sauver la plus précieuse prérogative du Tribunat, le droit de pétition. Il ne réussissait pas davantage. Ce n'était plus vers ces rêveurs obstinés, à qui nous devons pourtant le progrès de l'humanité, qu'étaient tournées les oreilles, elles s'emplissaient du retentissement du canon de Marengo, 25 prairial an VIII. Madame de Beaumont, éblouie elle-même, fulmine contre « M. Benjamin, novateur perpétuel, ennemi de tout ordre, de toute modération, que l'on devrait bannir de tout État policé. Il a pensé être envoyé en Suisse et avec lui madame de Staël. Ils ont été quittes à peu près pour la peur ; elle est cependant obligée de rester à Saint-Ouen... Voilà ce qu'ils ont retiré de l'impatience enfantine de jouer à l'opposition sans bien savoir, comme dit Riouffe, ce que veut dire opposition ». — Riouffe en parlait à son aise : il allait être nommé préfet de la Côte-d'or, puis de la Meurthe. Quant à madame de Staël, elle n'en était pas seulement quitte pour la peur : elle devait errer pendant dix années sans foyer, fuyant la proscription de royaume en royaume. Madame de Beaumont, si elle eût vécu, se fût mise du côté de la persécutée et elle eût cherché à serrer les mains de Delphine exilée, malheureuse et désespérée.

Nous avons hâte d'entrer dans le petit salon bleu de la rue Neuve-du-Luxembourg. Il est à la veille de s'ouvrir. Joubert va se fixer à Paris la majeure partie de l'année. Fontanes est revenu d'Angleterre. Il a été rayé de la liste des déportés. Il est devenu l'ami de Lucien et de madame Bacciochi. Il a été choisi par Bonaparte pour prononcer l'éloge de Washington, en attendant qu'il soit nommé président du Corps législatif. Rien ne manque à son influence ; mais, avant de voir introduire auprès de madame de Beaumont celui qui devait être tant aimé et prendre toute la place, nous ne pouvons passer sous silence un de ces incidents dont l'existence d'une femme d'une grâce attirante est semée, souvent malgré elle.

Quelle que soit la force ou l'étendue de son esprit, le visage d'une jeune femme est toujours un obstacle ou une raison dans l'histoire de sa vie. Dans le salon de madame de Staël, madame de Beaumont avait rencontré un homme dont l'ensemble des qualités et des défauts formait un composé piquant et bien près d'être attachant[1]. Il se nommait Adrien de Lezay. Son père avait été député de la Franche-Comté à l'Assemblée constituante. Ancien officier au régiment du roi, Adrien (comme l'appelait tout court madame de Staël) s'était retiré à Goettingue pendant la Terreur et était rentré immédiatement après le 9 thermidor. Il avait épousé la veuve du marquis de Briqueville, tué à Quiberon. Chose assez bizarre, c'était aussi un maladif, comme François de Pange : il avait sa vigueur d'intelligence, sans posséder au même degré la grandeur du caractère et cette élévation d'âme qui arrachait à madame de Staël cet aveu, qu'il était le modèle de tout ce qu'il fallait être dans l'amitié, l'étude et les affaires. Adrien de Lezay, au contraire, avait dans l'esprit quelque chose de tourmenté et de romanesque qui ne déplaisait pas à des raffinés. Il aimait à *pascaliser*, suivant sa propre expression[2]. Joignez à cela de la bonhomie et de la naïveté, mais plutôt dans la tête que dans le cœur, et vous expliquerez le goût qu'avaient pour

1. Rœderer, tomes IV et VIII.
2. Lettre de madame de Beaumont à Joubert (12 mai 1798).

lui Necker et sa fille, et l'intérêt que lui porta madame de Beaumont.

Malgré un ouvrage de jeunesse intitulé *les Ruines*, et un opuscule *Sur la nécessité où est le gouvernement de se rallier à l'opinion publique*, son nom n'était pas sorti d'un cercle restreint[1]. Le tact politique lui faisait défaut. Madame de Staël, le 1er août 1796, écrivait de Coppet à Rœderer : « Il faut que je vous blâme d'avoir publié le morceau d'Adrien. Il est certainement très bien fait, très spirituel et très raisonnable ; mais le commencement surtout est souverainement impolitique. Nous sommes ici trois personnes d'opinion différente : mon père, Benjamin et moi, nous avons tous les trois sauté d'effroi au début d'Adrien. » En 1797, il prit sa revanche. Au moment où Benjamin Constant publiait *les Réactions politiques*, Lezay fit imprimer dans le journal de Rœderer des réflexions sur les causes de la Révolution et sur ses résultats. Madame de Beaumont appela aussitôt sur cette publication l'attention de Joubert : « Connaissez-vous le nouvel ouvrage d'Adrien de Lezay ? Je ne l'ai point encore lu ; je crains bien que le pressentiment de ce pauvre jeune homme ne soit justifié. Il est fort malheureux

1. *Paris pendant 1796*, n° 78.

et fort malade. » Son pamphlet fit sensation. C'était le premier essai d'un système emprunté et adopté depuis par plus d'un historien. Il excusait la Terreur au nom de l'inexorable nécessité. « Ceux qui fondèrent la République en France ne savaient pas ce qu'ils fondaient. C'était, pour la plupart, des hommes perdus de crimes qui sentaient que, dans une démocratie, ce sont les plus factieux que la foule écoute le plus volontiers... La violence a fait un peuple neuf... Rome fut fondée par des brigands et Rome devint la maîtresse du monde. » Cette courte citation suffit pour faire apprécier la thèse. C'est cette idée que nous retrouverons souvent dans la bouche et sous la plume de plus d'un politicien et qui est ainsi formulée : Il fallait le despotisme de la Convention pour préparer les voies à une constitution libre.

Benjamin Constant, dans quelques pages éloquentes, réfuta victorieusement une doctrine fausse en elle-même, dangereuse dans ses conséquences. Il prouva que la Terreur n'avait pas été nécessaire au salut de la République; qu'au contraire la Terreur avait créé la plupart des obstacles dont on lui attribue le renversement; que ceux qu'elle n'a pas créés auraient été surmontés d'une manière plus facile et plus durable par un régime juste et légitime; en un mot, que la Terreur n'avait fait que du mal, et que c'était elle qui avait légué au Directoire des dangers qui le menaçaient de toutes parts[1]. Il faut séparer, dans l'histoire de l'époque révolutionnaire, ce qui appartient au gouvernement, les mesures qu'il avait le droit de prendre, d'avec les crimes qu'il a commis et qu'il n'avait pas le droit de commettre. Loin d'avoir constitué un esprit public, la Terreur a rendu le peuple indifférent à la liberté et lui a inspiré l'admiration de la force.

Telle était, dès 1798, l'opinion des libéraux. Adrien de Lezay, qui n'était pas un jacobin, avait espéré apaiser les passions soulevées. Il ne réussit pas. La valeur de l'écrivain n'en fut pas diminuée. Ses contemporains le rangeaient comme publiciste au nombre de ceux qui remuent des idées et qui laissent à penser encore plus qu'ils ne disent. La loi de fructidor an v l'obligea de sortir de France parce qu'il n'était pas rayé de la liste des émigrés. Il se rendit en Suisse; Rœderer assure qu'il s'y fit aimer du parti français. Il composa et publia un projet de constitution pour la république helvétique. Madame de Staël, infatigable de dévouement,

---

1. *De la politique constitutionnelle*, édition Laboulaye.

lui fut utile dans son exil. Quand le 18 brumaire arriva, le premier consul accorda à Adrien de Lezay ce qu'on appelait, en style de police, une surveillance. Une méprise des agents de la sûreté le fit conduire au Temple; ses papiers furent saisis; mais il fut rendu à la liberté par l'intervention directe de Joséphine, dont il était l'allié par les Beauharnais. Il reprit ses visites dans le salon de madame de Staël, dont l'hostilité contre Bonaparte commençait à poindre, et dont il avait reçu ce billet : « Je ne voudrais rien faire que votre noble caractère pût désapprouver, mon cher Adrien, et le désir de conserver votre estime me servirait de guide si mes propres lumières me manquaient. » Il reprit surtout ses assiduités chez madame de Beaumont.

Les plus longues apparences d'oubli (elle l'avouait) ne l'avaient jamais désintéressée de cet homme très remarquable. « Il parle dignement de votre héros, de Bonaparte, écrivait-elle à Joubert ; il le fait admirer. C'est une autre manière de voir que Fontanes, mais c'est le même résultat : grandeur et justesse. » Jusque-là, elle ne s'était expliqué les visites quotidiennes de Lezay que par son désœuvrement; mais il fallut bien se rendre à l'évidence. « Je vous dirai quelque jour la cause de ses assiduités : elle est vraiment plaisante. » — C'est en ces termes qu'elle confiait à son véritable ami son secret. On ne nous l'a pas répété, mais ne nous sera-t-il pas permis de le deviner? Adrien de Lezay avait trente ans, le même âge que madame de Beaumont. Il était difficile, la voyant tous les jours, de ne pas être conquis par sa conversation, par l'éclat de ses regards noyés et tendres, par la sveltesse de sa taille.

Pauline était au-dessus de la coquetterie par son dédain des passions vulgaires, par son indicible tristesse et par sa résolution énergique de ne donner qu'une fois cette activité fiévreuse qui la dévorait et qui usait sa frêle enveloppe. Le moment était bien mal choisi en vérité, pour frapper à la porte de ce cœur qui venait de se livrer sans défense. O fantaisie inexplicable du destin! Adrien de Lezay, après la démission de Chateaubriand, le remplaça comme ministre plénipotentiaire au Valais, avec mission de préparer l'annexion à la France, et, en 1814, lorsque Chateaubriand était désigné pour accompagner le duc de Berry en Alsace, quel était le préfet, animé soudainement de la ferveur royaliste, qui, après avoir administré depuis 1806 Strasbourg au nom de l'empereur, était tué par ses chevaux emportés, au bruit de la mousqueterie, au-devant d'un fils de France, comme on disait alors? Quel était-il? Le comte Adrien de Lezay.

II

Jusqu'à l'année 1800, madame de Beaumont était modestement logée à Paris dans un hôtel garni, rue Saint-Honoré, tout près de la famille Joubert. Lorsque son divorce fut prononcé, qu'elle eut réglé ses affaires et quitté définitivement la Bourgogne, un de ses amis nouveaux, M. Pasquier, lui céda l'appartement qu'il occupait rue Neuve-du-Luxembourg. Les fenêtres donnaient sur les jardins du ministère de la justice. C'est là que, pendant deux années, se réunissait presque tous les soirs la société la plus choisie, les débris de ce monde incomparable de l'aristocratie française, madame de Pastoret, madame de Lévis, madame de Vintimille, à côté des esprits les plus éminents de la génération du Consulat. M. Pasquier, après le 9 thermidor, était sorti de prison, et s'était réfugié avec sa femme dans le village de Croissy;

ses ressources étaient modiques; ses biens étaient séquestrés. Peu à peu, il sortit de sa retraite et connut quelques personnes du voisinage, attendant comme lui les événements. Parmi ses voisins se trouvait un homme qui devint bien vite le meilleur, le plus attaché de ses amis; il s'appelait Julien. Il était fils d'un banquier de la Chaussée-d'Antin, mêlé sous les règnes de Louis XV et de Louis XVI aux plus importantes affaires. Héritier d'une immense fortune, M. Julien avait pu en sauver une partie et traverser sans trop d'épreuves la Révolution; il habitait à Rueil une somptueuse demeure, dont le parc touchait à celui de la Malmaison[1]. Il tenait bon état, convive joyeux, quoique d'une famille où l'on se tuait; intelligemment secondé par sa sœur, une petite personne très spirituelle, qu'une difformité de la taille avait condamnée au célibat, il aimait à donner à dîner. Madame et M. Pasquier devinrent les habitués de la maison de Rueil, et souvent on faisait ensemble des excursions à Paris[2].

Un jour, M. Julien proposa à M. Pasquier, qui

---

1. *Mémoires d'outre-tombe*, t. III.
2. Nous devons ces précieux renseignements à M. Louis Favre.

accepta avec empressement, de le conduire chez la comtesse de Beaumont. Pendant les années 1789 et 1790, le fils du banquier avait été mis en rapport avec Montmorin, dont la situation, nous le savons, était gênée. Quand sa fille, seule à se débattre pour sauver quelques épaves de sa fortune, vint à Paris, M. Julien accourut lui offrir obligeamment ses bons offices. Elle lui en avait gardé une amicale gratitude. Présenté par le cher Julien, M. Pasquier avait été reçu de la manière la plus aimable. Il devint l'un des causeurs habituels du salon de la rue Neuve-du-Luxembourg. Joubert y avait introduit Fontanes, et, successivement, Molé, Guéneau de Mussy, en attendant Chênedollé et Bonald. Les relations affectueuses d'autrefois avec madame Hocquart, avec madame de Krüdner, s'étaient aussi renouées. Madame de Staël et sa cousine, madame Necker de Saussure, apparaissaient entre deux voyages en Suisse, à de rares intervalles. Benjamin Constant avait tout gâté.

De toutes les grandes dames que la comtesse de Beaumont retrouva, la plus intéressante, la plus dévouée, comme la plus utile à consulter pour les choses morales, était madame de Vintimille, de la maison de Lévis. Joubert devait s'attacher aussitôt à elle. Il avait même conservé dans sa mémoire deux dates, le 6 mai 1802, jour où il la vit pour la première fois, et le 22 juillet, jour où il s'était promené avec elle dans une certaine allée des Tuileries, qu'il trouvait toujours embaumée de son souvenir. C'était cette promenade qui lui rendit sacré le jour de Sainte-Madeleine. C'était aussi ce qui lui fit tant aimer les tubéreuses, dont il avait donné, ce jour-là, un bouquet à madame de Vintimille. Elle, du moins, vécut de longues années et elle pouvait en 1817 recevoir ce billet adorable, comme on n'en écrit plus :

« Vous étiez plus jeune, il y a vingt ans, lorsque je marchais à vos côtés, à pareil jour, à pareille heure, en parcourant certaine allée que je vois presque de mon lit, et où, à mon très grand regret, je ne puis aller célébrer cet anniversaire. Mais vous n'étiez pas plus aimable. Votre présence et votre souvenir font également mes délices. Continuez à vous faire adorer et aimez-moi toujours un peu. Les tubéreuses ne sont pas encore en fleur cette année. J'avais pris toutes les précautions possibles pour en avoir à mon réveil; mais on n'a pas pu en trouver. J'ai souscrit pour les premières... Souvenez-vous qu'il est de mon essence de penser à vous avec délices et de vous être éternellement attaché[1]. »

Nous nous plaisons à voir, dans ces deux dernières années de sa vie, de 1801 à 1803, au milieu de son cercle brillant, madame de Beaumont appuyée sur la parfaite raison, sur l'heureuse humeur de madame de Vintimille. L'amitié inaltérable que Joubert lui voua, après la mort de celle qui les avait rapprochés, était comme un legs commémoratif de ces soirées pleines de jeunesse et consacrées à l'admiration.

Toutes les questions étaient agitées dans ce petit cénacle, à peine éclairé d'une lampe et dont Saint-Germain et sa femme, les témoins des anciennes splendeurs de l'hôtel Montmorin, étaient les serviteurs discrets et sûrs. On n'y discourait pas seulement sur les productions littéraires; l'exposition de peinture, aussi bien que les événements du jour étaient prétexte à une causerie animée. L'art dramatique, qui a toujours passionné l'ancienne société, intéressait autant la nouvelle. Il n'y a rien d'exagéré à dire que le moindre incident se produisant au Théâtre-Français prenait l'importance d'une affaire d'État. Talma était alors arrivé à la plus

1. Correspondance de Joubert, 22 juillet 1817.

grande hauteur de l'art du tragédien. M. Julien avait une loge à la Comédie-Française, il la prêtait à madame de Beaumont. Plusieurs de ses amis étaient des habitués du foyer des acteurs. On se lança donc chez elle avec frénésie, dans l'engouement d'enthousiasme qui marqua les débuts d'une jeune actrice qui venait de débuter par ordre dans le rôle de Phèdre, mademoiselle Duchesnois. Cet engouement devint presque du délire, et, quand le journaliste Geoffroy osa formuler des critiques et prendre parti pour une autre idole, mademoiselle Georges, dans tout l'éclat alors de la jeunesse et de la beauté, ce furent des cris d'anathème partis de toutes les bouches. Nous retrouvons les échos de cette bataille, aujourd'hui oubliée, dans une lettre écrite à ce moment par madame de Beaumont à M. Pasquier [1].

« Je vous dois des excuses, monsieur, d'avoir autant tardé à vous répondre. Mes excuses ne sont malheureusement que trop bonnes. Presque tout mon temps a été consacré à des affaires ou à des adieux. Il ne reste plus que M. Julien et moi de la société dans laquelle vous vous plaisiez cet hiver.

---

[1]. Nous devons communication de cette lettre inédite à la bienveillance de M. le duc d'Audiffret-Pasquier.

Et nous répétons sans cesse à cet appartement si fier autrefois de ceux qui le visitaient :

> Déplorable Sion, qu'as-tu fait de ta gloire?

Il va être bientôt abandonné; dans peu de jours, je pars pour les eaux. J'ignore l'effet qu'elles me feront; elles auront à mes yeux une vertu très puissante si elles me tirent de l'état où je suis. C'est la foi qui sauve. Il faut donc tâcher d'en avoir. Je tâche. M. Joubert n'est parti qu'il y a trois jours; il était dans une assez bonne veine de santé.

» J'ai enfin déjeuné avec mademoiselle Duchesnois. J'en ai été enchantée à la lettre. Il m'est impossible de pardonner à ceux qui la trouvaient bête. Elle est simple, naïve et distraite; mais, si vous trouvez moyen d'attirer son attention, vous voyez tout de suite ses yeux s'animer, son visage s'embellir. Alors elle parle bien, et, en peu de mots, elle entend très bien tout ce qu'on sait lui faire comprendre. Il ne s'agit que de trouver la corde sensible.

» Elle est très digne avec les hommes, très respectueuse avec les femmes. Cette conduite n'est certainement pas celle d'une bête. Je n'espère plus la voir jouer avant mon départ et m'étais longtemps flattée d'Ariane. Jugez quelle contrariété!

» J'espère que le redoutable Geoffroy ne viendra pas me persécuter jusqu'au mont Dore; j'y trouverai assez d'ennuyeux et d'importuns sans lui. Vous ne connaissez pas, monsieur, toutes les mâchoires auvergnates. Si Samson en eût rencontré une, il eût fait une bien autre besogne. Jamais plus on n'aurait parlé des Philistins. Pourvu que je ne sois pas forcée de vivre en société, c'est tout ce que je désire. Après la société que je quitte, il n'y a de bon que la solitude, parce que c'est une manière de la retrouver.

» Adieu, monsieur; recevez l'assurance de mon tendre attachement. Je me trouverai bien heureuse si jamais nous sommes encore tous réunis.

» M.-B. (Montmorin-Beaumont). »

On voit quelle variété de goûts, quel besoin de se passionner pour toutes les manifestations du talent possédait cette âme de flamme. Comme on pressent l'attrait irrésistible qui émanait de toute sa personne et la vie que, dans sa débilité, elle savait cependant communiquer au monde distingué et peu nombreux qui l'entourait! On ne pouvait se passer d'elle.

Si la politique n'occupait pas le premier plan dans les conversations, elle n'en était pas cependant exclue. La longue guerre de la Révolution finissait dans la gloire, et la reconnaissance pour le général auquel l'opinion attribuait la paix d'Amiens touchait au fanatisme. Joubert, durant cette éclatante période du Consulat, ne modérait plus ses éloges. Ce n'était plus le même homme qui, sous la Restauration, avait horreur de la politique, à ce point qu'il disait : « La politique ôte la moitié de l'esprit, la moitié du droit sens, les trois quarts et demi de la bonté, et certainement le repos et le bonheur tout entiers. » Fontanes n'était pas le moins entraîné. Il partageait ses admirations entre Bonaparte et un jeune Breton, à peu près inconnu, dont il parlait comme d'un écrivain de génie. Sa verve ne tarissait pas sur leur amitié à Londres après fructidor, sur leurs longues promenades et leurs rêveries. Il racontait que, attardés souvent dans la campagne, ils regagnaient leur demeure guidés par les incertaines lueurs qui leur traçaient à peine la route, à travers la fumée du charbon rougissant autour de chaque réverbère. Fontanes s'attendrissait encore au souvenir de la lecture faite, devant son ami et lui, des Mémoires manuscrits de Cléry, le valet de chambre de Louis XVI, et il excitait autant de curiosité qu'il éveillait de sympathies autour de son compagnon d'exil. Il l'appelait à Paris pour achever l'impression d'un beau livre que seul il connaissait. Aussi quelle ne fut pas l'émotion de madame de Beaumont lorsque Fontanes lui annonça que cet ami était débarqué à Calais, dans les premiers jours de mai 1800, qu'il était allé le chercher au fond d'une petite chambre, louée par madame Lindsay et Auguste de Lamoignon, dans une auberge, aux Ternes; qu'il l'avait amené chez lui, et l'avait ensuite conduit chez Joubert ! Elle allait donc aussi le connaître. Peu de jours après, Fontanes présentait en effet René de Chateaubriand à Pauline de Beaumont.

C'en était fait, elle avait cessé de s'appartenir.

XI

La comtesse Pauline de Beaumont et Chateaubriand.

I

Chateaubriand avait trente-deux ans ; un portrait de lui — portrait antérieur à celui de Girodet — le représente à cet âge tel que ses premiers amis l'ont connu : la tête et le front superbes, les épaules hautes, le corps disproportionné, le regard profond et, quand il le voulait, au dire du comte Molé, le sourire irrésistible. Il était encore l'étrange enfant élevé dans les bois de Bretagne, par un père implacable, par une sœur exaltée jusqu'à la souffrance. Tout avait contribué à développer dans le jeune homme une imagination précoce et sans limite : les savanes américaines, les luttes terribles de la Révolution, le dénuement de l'exil, — tout, jusqu'à son étrange mariage, qu'il avait oublié depuis dix ans. Incapable d'équilibre, avec un don aussi démesuré, il avait obéi à la voix de Lucile, un jour qu'en automne, lui parlant avec ravissement de la solitude, au bruit des feuilles sèches qu'ils foulaient sous leurs pas, elle lui avait dit : « Tu devrais peindre tout cela. » Ce mot avait été pour lui une révélation ; il s'était senti naître à l'existence pour laquelle il était fait. La pauvreté dans les greniers de Londres, son roman avec Charlotte n'avaient été qu'un aiguillon de plus. L'*Essai sur les révolutions* était sorti de ses lectures hâtives et mal dirigées ; mais dans cette tête ardente et fumeuse encore s'étaient créés *Atala* et *René*.

Il serait téméraire et puéril, après Sainte-Beuve, d'essayer d'entreprendre sur Chateaubriand une étude nouvelle. Non seulement la moisson est faite, mais les gerbes sont liées. Si cependant le grand critique n'a rien laissé à glaner dans le champ de ses observations, malgré une pointe de mauvaise humeur et presque de jalousie vis-à-vis de l'illustre écrivain, l'objet de tant d'adorations ; s'il a curieusement fouillé et comme disséqué sa nature morale, prenant parfois un malin plaisir à étaler ses contradictions et ses misères ; s'il ne s'est pas toujours souvenu du mot de Bacon, qu'il faut se garder d'enlever les défauts des pierres précieuses dans la crainte de nuire à la valeur de l'ensemble; il ne connaissait pas les lettres de madame de Beaumont.

Plusieurs hommes, d'ailleurs, ont existé dans Chateaubriand. Les premières années du retour de l'émigration ont été celles où il s'est le plus franchement montré ce qu'il était; c'est la période où il s'est révélé aimable et bon garçon, n'étant pas toujours pris au sérieux par ses amis dans les incidents de sa vie tourmentée, mais d'une rare sûreté de commerce et d'une modestie qui alors s'ignorait. « Je serais fort aise, écrivait Joubert au comte de Molé, que vous voyiez Chateaubriand ici à Villeneuve, pour juger de quelle incomparable bonté, de quelle parfaite innocence, de quelle simplicité de vie et de mœurs et, au milieu de tout cela, de quelle inépuisable gaieté, de quelle paix, de quel bonheur il est capable quand il n'est soumis qu'aux influences des saisons et remué que par lui-même. Sa vie est pour moi un spectacle, un sujet de contemplation; elle m'offre vraiment un modèle, et je vous assure qu'il ne s'en doute pas; s'il voulait bien faire, il ne ferait pas si bien [1]. » C'est le moment où, stimulé

1. Lettres de Joubert, 18 novembre 1804 et 12 juillet 1806.

et conseillé par des amis dont le jugement était aussi éclairé que leur cœur était ambitieux de sa gloire, il atteignait la perfection du talent et donnait à son style cette ampleur et cette harmonie qui produisaient à l'oreille des effets semblables à ceux de la musique et des beaux vers. M. Molé et lui se voyaient beaucoup en ce temps-là, courant les champs ensemble, et, quand ils dînaient chez Joubert, y soutenant toujours le même avis contre tous les convives et demandant du même plat, à ce point que leur hôte ne se souvenait point d'avoir observé en sa vie une plus parfaite uniformité de cœurs, d'esprits et d'appétits.

C'était un autre Chateaubriand que voyait madame de Beaumont. Il lui rendait visite tous les jours et habituellement deux fois par jour. Seul avec elle, le besoin de plaire lui donnait une tout autre physionomie. Le soir, quand la petite société choisie était réunie et qu'il lisait à haute voix les pages inédites, brûlantes d'*Atala* ou de *René*, quand la conversation avec Joubert et Fontanes prenait des ailes, la séduction se complétait; mais, dans la journée, la causerie intime était de la confidence. Tout entre eux semblait un contraste, jusqu'à leur enfance et leur éducation, l'un ayant vécu dans la solitude et avec la nature, et, au lieu d'y calmer les passions, n'ayant fait que les attiser; l'autre étant allé de bonne heure chercher dans le beau monde raffiné et lettré l'oubli des peines domestiques. Ils possédaient cependant en commun une incurable mélancolie; mais, chez René, qui usait jusqu'à la satiété les désirs dans son cerveau avant de les réaliser, la mélancolie provenait du désaccord entre une intelligence puissante et hautaine, un cœur toujours avide et jeune et une imagination grandiose et désabusée; chez l'autre, la mélancolie avait pris naissance dans des infortunes sans nom, dans la conscience de l'injustice du sort, et dans les pressentiments d'une fin prochaine. Ce n'est pas à Joubert, c'est à madame de Beaumont que Chateaubriand racontait son adolescence, tour à tour bruyante et joyeuse, silencieuse et triste, ses timidités et ses contraintes devant son père, les consolations que lui apportait la plus jeune de ses sœurs, celle qu'on lui avait livrée comme un jouet, qu'il nommait « ma Lucile », et dont il a gravé l'image avec son air malheureux, ses robes trop courtes, un collier de fer garni de velours brun au cou et une toque d'étoffe noire, rattachant ses cheveux retroussés sur le haut de la tête. Quelque éminents que fussent les causeurs de ses soirées, madame de Beaumont était mieux préparée qu'eux à comprendre René entrant « avec ravissement dans le mois des tempêtes et prêtant l'oreille au sourd mugissement de l'automne ».

Ce langage nouveau des passions, langage si différent de celui des romans du xviiie siècle, quelle secousse il donna à une jeune femme neuve encore à de pareilles émotions! Son esprit, développé par une éducation recherchée et par les études les plus variées, était ouvert à toute tentative de rénovation littéraire. Elle devina quelle sève Chateaubriand apportait dans les lettres, desséchées par trop d'analyse et d'esprit. C'était l'école romantique qui commençait. Madame de Beaumont fut la première à la saluer. En louant avec enthousiasme des pages pleines encore des senteurs des bruyères sauvages, elle n'abdiquait pourtant ni sa liberté d'appréciation, ni son sens critique; si elle était fascinée, elle n'était pas sans préoccupation du public, peu préparé à ces hardiesses. Il est bien difficile, quand on admire ainsi, qu'on n'aime pas un peu. Elle admira beaucoup et elle aima davantage; son dévouement fut à la hauteur de son cœur. Elle est désormais tout entière à la gloire, au bonheur de celui qui vient d'entrer si brusquement dans sa vie et qui, du premier jour, l'a accaparée. Ce n'est pas elle qui aurait mis la main devant la flamme pour empêcher le souffle de la passion de l'éteindre vite; elle eût voulu maintenant être mieux portante; elle le disait, elle l'espérait, tant elle voulait être heureuse des succès d'un autre. Dans un billet insignifiant à Fontanes (août 1800), nous trouvons ce mot : « Il me semble que ma santé est maintenant moins mauvaise. »

De mai 1800 à mai 1801, elle ne quitte presque plus Paris; elle ne fait même pas au Mont-Dore une saison qu'elle y avait projetée. Chateaubriand lui avait présenté sa sœur; Lucile se prit d'un vif attachement pour madame de Beaumont. Autant elle était violente, impérieuse, déraisonnable vis-à-vis de madame de Chateaubriand, autant elle avait accepté la pitié tendre de Pauline[1]. Belle et étrange, veuve du vieux comte de Caud, elle se croyait en butte à des ennemis cachés; elle donnait à madame de Beaumont de fausses adresses pour leur correspondance; elle examinait les cachets, cherchait à

---

1. *Mémoires d'outre-tombe*, et lettre de Joubert à Chênedollé (10 juin 1803).

découvrir s'ils n'avaient pas été rompus; elle errait de domicile en domicile. Ce n'était pas impunément que son âme, surexcitée à seize ans par la solitude, avait tant aimé les rêves; elle ne s'en était jamais guérie. Tandis que son frère y avait trouvé le génie et était parti à temps pour le pays de Céluta et de Chactas, tandis qu'il s'était retrempé dans les souffrances de l'émigration et qu'il avait enfanté la plus originale de ses œuvres, elle Lucile, s'était consumée : elle avait pris l'expression fixe de ses maux quand il la retrouva après huit ans d'absence. En contemplant cette sœur, dévorée par la sensibilité, en apercevant sa jeunesse derrière les yeux un peu égarés de Lucile, que pensa-t-il? Que pensa-t-elle en se voyant idéalisée sous les traits d'Amélie? Si la meilleure partie du talent se compose de souvenirs, quelle trace laissèrent dans son esprit malade certaines pages de *René?* Madame de Beaumont le sut peut-être, en versant des consolations dans cette pauvre âme. C'était entre elles deux à qui souffrirait le plus. « Quand je songe, dit le poète dans ses *Mémoires*, que j'ai vécu dans la société de ces anges infortunés, je m'étonne de valoir si peu. »

Joubert, de retour à Villeneuve, avait repris son

existence de paix et d'études. Necker publiait son livre : *Dernières Vues de politique et de finances;* il affirmait que le crédit de la France ne pourrait exister sans une constitution libre. Il posait en maxime qu'il n'y a point de système représentatif sans élection directe du peuple et que rien n'autorisait à dévier de ce principe. En restant dans le domaine des théories, l'ouvrage n'eût peut-être pas donné prise à l'irritation de Bonaparte : mais Necker, après avoir prouvé qu'il n'y avait pas de république sous le gouvernement consulaire, en concluait aisément que l'intention du premier consul était d'arriver à la royauté. Il insistait avec une force extrême sur la difficulté d'établir une monarchie tempérée sans avoir recours pour une chambre haute aux survivants des anciennes familles aristocratiques. Lebrun lui écrivit une lettre arrogante où il déclarait que madame de Staël serait responsable des idées de son père. Joubert avait apporté le livre de Paris; mais, avant de l'ouvrir, il avait passé dix jours à lire Condillac, le cher abbé de madame de Beaumont, et son esprit en était tout raidi et desséché; un Massillon sur lequel il avait mis la main l'avait heureusement détendu. Avec Necker, il se sentait tout *rempâté*. Mais comme il en parle bientôt avec finesse[1]! « Tant pis pour ceux qui ne sauront pas trouver dans ce gros livre de l'utilité et se borneront à en rire! Il y a de grands profits à y faire pour sa vie et son esprit. » La lettre de Joubert à madame de Beaumont se terminait en la priant de le rappeler au souvenir de ses jeunes et aimables compagnons de solitude.

C'est qu'en effet la société de la rue Neuve-du-Luxembourg était vite devenue, sous les regards vifs et doux de Pauline, une réunion où la liberté de l'esprit était exempte de prétentions et d'envie. Tout y excitait l'intérêt, y éveillait la curiosité; le passé et l'avenir s'y donnaient la main sans que les amours-propres opposés vinssent à se heurter. La femme qui animait la conversation lui donnait un liant qui ne portait atteinte ni à l'originalité des idées ni à la soudaineté des impressions. Sismondi[2], quand il vint à Paris, dix ans après, et qu'il se trouva en présence des anciennes habituées de ce salon, madame de Vintimille, madame de Pastoret, madame de Lévis, recueillit leurs souvenirs; elles en parlaient comme d'un festin continuel de l'intelli-

1. Lettre du 1er décembre 1800.
2. Lettre de Sismondi à madame d'Albany (mars-juillet 1803).

gence, et l'écho de ces fêtes enivrait l'ami de madame d'Albany et lui tournait la tête. Chateaubriand s'y compléta; son style, qui cherchait avant tout la noblesse de la ligne et qui rencontrait souvent l'effort, fondit ses riches couleurs; il devint, pour emprunter l'image de Joubert, semblable à ce fameux métal qui, dans l'incendie de Corinthe, s'était formé du mélange de tous les autres métaux.

Madame de Beaumont apportait dans son adoration les soucis de la femme aimante et le désintéressement de la faiblesse. Quand elle passait, enveloppée d'un châle blanc, toute mignonne, avec l'élégance de son allure, et toute éclairée dans sa pâleur par l'éclat de ses yeux, on eût déjà suivi avec sympathie cette ombre qui glissait; mais, lorsqu'elle dirigeait la causerie, qu'elle faisait un véritable usage de ses qualités, de la richesse de ses pensées, de l'excellence de son jugement, on s'expliquait le fécond encouragement que Chateaubriand reçut de ses louanges. Elle fut plus sensible que personne à ces effets merveilleux que l'enchanteur tirait de l'alliance des mots. Ses nerfs mêmes étaient atteints, lorsqu'avec le sens parfait qu'elle avait du beau langage, elle entendait René lire :

« Le désert déroulait maintenant ses solitudes démesurées; » ou bien certaines phrases d'*Atala* comme celles-ci : « Sans lui répondre, je pris sa main dans ma main, et je forçai cette biche altérée d'errer avec moi dans la forêt. La nuit était délicieuse, et l'on respirait la faible odeur d'ambre qu'exhalaient les crocodiles couchés sous les tamarins des fleuves. La lune brillait au milieu d'un azur sans tache, et sa lumière gris de perle descendait sur la cime indéterminée des bois. » — Ou bien encore : « Les femmes témoignaient pour ma jeunesse une pitié tendre et une curiosité aimable; elles me questionnaient sur ma mère et sur les premiers jours de ma vie; elles voulaient savoir si l'on suspendait mon berceau de mousse aux branches fleuries des érables, si les brises m'y balançaient auprès du nid des petits oiseaux. C'étaient ensuite mille autres questions sur l'état de mon cœur; elles me demandaient si j'avais vu une biche blanche dans mes songes et si les arbres de la vallée secrète m'avaient conseillé d'aimer. » C'était en écoutant ces phrases pleines de nombre et ces sons harmonieux que madame de Beaumont disait tout bas à madame de Vintimille un mot tendre et que nous avons déjà cité. Mais nous-mêmes ne nous attardons pas à ces douceurs du chant; on se laisserait bercer par lui.

Ce talent si neuf allait se produire en dehors du cercle choisi où il se fortifiait. L'*Essai sur les révolutions* était ignoré ou oublié, mais on commençait dans le monde des lettres à parler d'un ouvrage sur les beautés de la religion chrétienne. Fontanes, qui rédigeait *le Mercure*, l'avait annoncé avec éloge. Une lettre sur la seconde édition du livre de madame de Staël : *De la littérature dans ses rapports avec les institutions sociales*, mit brusquement Chateaubriand en évidence. Fontanes avait critiqué avec politesse, mais sans ménagement, l'œuvre quand elle avait paru. Dans la préface de la seconde édition, madame de Staël lui avait répondu. Chateaubriand crut devoir venir au secours de son ami, et dans *le Mercure* du 1er nivôse an IX, il publia ses observations. Nous n'en parlerions pas si la fille de Necker n'était venue porter à madame de Beaumont ses plaintes et ses amertumes.

Fontanes avait ainsi terminé son second article (*Mercure*, messidor an VIII) : « Ce qui explique les irrégularités qu'on a relevées dans les ouvrages de madame de Staël, c'est que en écrivant, elle croyait converser encore. Ceux qui l'écoutent ne cessent de l'applaudir. Je ne l'entendais pas quand je l'ai critiquée. Si j'avais eu cet avantage, mon jugement eût été moins sévère, et j'aurais été plus heureux. » Fontanes n'avait pas voulu continuer lui-même la polémique; il avait excité des colères et s'était attiré de vives représailles. Chateaubriand entra donc dans la mêlée. Nous citerons le début et la fin de sa lettre, peu connue aujourd'hui et qui eut tant d'éclat. On se rappellera que la théorie de la perfectibilité servait de trame aux développements du livre de madame de Staël. « J'attendais avec impatience, mon cher ami, la seconde édition du livre de madame de Staël. Comme elle avait promis de répondre à votre critique, j'étais curieux de savoir ce qu'une femme aussi spirituelle dirait pour la défense de la perfectibilité. Aussitôt que l'ouvrage m'est parvenu, je me suis hâté de lire la défense et les notes; mais j'ai vu qu'on n'avait résolu aucune de vos objections... Si j'avais l'honneur de connaître madame de Staël, voici ce que j'oserais lui dire :

» — Vous êtes sans doute une femme supérieure; votre tête est forte et votre imagination pleine de charmes, témoin ce que vous dites d'Herminie déguisée en guerrière. Votre expression a souvent de l'éclat et de l'élévation. Mais, malgré tous ces avantages, votre ouvrage est bien loin d'être ce qu'il aurait pu devenir. Le style en est monotone, sans mouvement, et trop mêlé d'expressions métaphoriques. Le sophisme des idées repousse, l'érudition ne satisfait pas, et le cœur surtout est trop sacrifié à la pensée. D'où proviennent les défauts? De votre philosophie. C'est la partie éloquente qui manque essentiellement à votre ouvrage. Or il n'y a pas d'éloquence sans religion...

» Voilà comment je parlerais à madame de Staël sous le rapport de la gloire. Quand je viendrais à l'article du bonheur, pour rendre mes sermons moins ennuyeux, je varierais ma manière. J'emprunterais cette langue des forêts qui m'est permise en ma qualité de sauvage; je dirais à ma néophyte:

» — Vous paraissez n'être pas heureuse : vous vous plaignez souvent de manquer de cœurs qui vous entendent. Sachez qu'il y a de certaines âmes qui cherchent en vain dans la nature les âmes auxquelles elles sont faites pour s'unir et qui sont condamnées par le grand Esprit à une sorte de veuvage éternel. Si c'est là votre mal, la religion peut seule vous guérir. Le mot *philosophie*, dans le langage de l'Europe, me semble correspondre au mot *solitude* dans l'idiome des sauvages. Comment la philosophie remplira-t-elle le vide de vos jours? Comble-t-on le désert avec le désert? »

Le *Journal des Débats*, par la plume de Geoffroy, signala les vues neuves que révélait cette lettre, l'instruction profonde qu'elle supposait, et surtout une imagination qui savait agrandir les objets et les peindre avec force. Il regrettait cependant que les idées ne fussent pas toujours nettes, et que le style fût quelquefois voisin de l'exagération.

De quelque politesse que fussent enveloppées les critiques de Chateaubriand, elles n'en avaient pas moins percé le cœur de madame de Staël. Elle était à la veille d'être persécutée. Était-il chevaleresque d'écrire qu'elle *avait l'air de ne point aimer le gouvernement actuel?* N'était-ce pas appeler encore sur elle l'attention d'une police soupçonneuse? Mais le cœur impétueux de madame de Staël était sans rancune. Sait-on comment elle se vengea? Elle employa ses amis à obtenir la radiation de Chateaubriand de la liste des émigrés. Il alla la remercier, et, peu de jours après, lorsque parut *Atala*, il exprima dans la préface ses excuses en des termes un peu précieux, où il opposait son obscurité, le peu de gravité des blessures, à l'existence brillante de madame de Staël. Il fut plus heureux lorsqu'il rendit hommage à ses qualités morales et à sa bonté, dans un compte rendu publié par *le Mercure*, le 18 nivôse an IX, à propos de *la Législation primitive* de M. de Bonald. Madame de Beaumont avait cicatrisé les plaies et avait été assez habile pour effacer les froissements de l'orgueil.

II

Son affection avait, bientôt après, un sérieux sujet d'alarmes. Chateaubriand venait de prendre le parti de détacher *Atala* du *Génie du Christianisme* et de livrer à la publicité cette singulière pièce justificative des beautés de la religion chrétienne. Madame de Beaumont était toute craintive. Cette forme de poème donnée volontairement au récit, ce procédé littéraire si contraire à l'esprit du XVIII° siècle, la préoccupaient. Partagerait-on l'enchantement qui s'était emparé d'elle, dès le prologue, lorsque les immenses paysages se déroulent avec le cours du Meschacebé? Ces cris d'un cœur malade, les comprendrait-on comme elle les sentait? Le tableau pathétique des derniers instants d'Atala, la sincérité de la passion, feraient-ils accepter la faiblesse de l'invention romanesque? Admirerait-on comme elles le méritaient ces funérailles d'une perfection accomplie, cette veillée funèbre où la lune, « après avoir répandu dans les bois son grand secret de mélancolie, vient comme une blanche vestale pleurer sur le cercueil d'une compagne » ? La description du convoi où Chactas, après avoir chargé le corps sur ses épaules, descend avec l'ermite de rochers en rochers, « la vieillesse et la mort ralentissant également leurs pas, tandis que les éperviers crient sur la montagne et que les martres rentrent dans le creux des ormes », ces traits qui mettent à l'idéal le sceau même de la réalité[1], arracheraient-ils des larmes comme dans le petit salon où le charmeur avait lu son manuscrit pour la première fois?

Madame de Beaumont portait au succès du livre toute l'anxiété d'une âme éprise et toute l'ardeur d'une nature souffrante. Elle communiquait ses craintes à Joubert, qui l'aimait à ce point qu'il aima même Chateaubriand; elle eût voulu que la critique désarmât ses colères ou ses railleries, et

---

1. Vinet, *Etudes sur la littérature française au XIXe siècle.*

Joubert la rassurait : « Je ne partage point vos craintes, car ce qui est beau ne peut manquer de plaire; et il y a dans cet ouvrage une Vénus *céleste* pour les uns, *terrestre* pour les autres, mais se faisant sentir à tous. Ce livre n'est pas un livre comme un autre... Il y a un charme, un talisman qui tient aux doigts de l'ouvrier. Il l'aura mis partout parce qu'il a tout manié, et partout où sera ce charme, cette empreinte, ce caractère, là aussi sera un plaisir dont l'esprit sera satisfait. Je voudrais avoir le temps de vous expliquer tout cela, et de vous le faire sentir, pour chasser vos *poltronneries;* mais je n'ai qu'un moment à vous donner aujourd'hui et je ne veux pas différer de vous dire combien vous êtes peu raisonnable dans vos défiances. Le livre est fait et, par conséquent, le moment critique est passé. Il résistera parce qu'il est de *l'enchanteur.* » C'est par ce jugement ferme, au-dessus de son temps, que Joubert nous appartient, à nous plus ou moins enfants de cette école qu'on a appelée (on ne sait pourquoi) romantique et qui n'est que le renouvellement de la beauté. L'homme d'esprit, plus connaisseur du cœur féminin qu'il ne le semblerait, montre un coin de douce malice dans cette lettre adressée à la hâte à un cœur tout palpitant, et dont l'angoisse va grandir à mesure que le jour de la publication approche : « S'il y a laissé des gaucheries, ajoute-t-il, c'est à vous que je m'en prendrai ; mais vous m'avez paru si rassurée sur ce point, que je n'ai aucune inquiétude... Encore une quinzaine et je pourrai vous *gronder* et vous *regarder* tout à mon aise. Portez-vous mieux, je vous en prie. » Quelques « gaucheries », qui disparurent dans la seconde édition, avaient pourtant échappé. Nous rappellerons, comme exemple, le nez aquilin du père Aubry et sa longue barbe, « qui avaient quelque chose de sublime dans leur quiétude et d'aspirant à la tombe par leur direction naturelle vers la terre ». Quant à la situation délicate d'Atala et de Chactas dans les savanes, objet des mordantes plaisanteries de l'abbé Morellet et de Marie-Joseph Chénier, elle n'était pas une gaucherie, c'était la donnée même du drame ; elle ne pouvait être modifiée sans que l'œuvre perdît son caractère. Vraie ou fausse, la situation était sauvée par les larmes. Joubert l'avait bien compris.

Atala parut en avril 1801. Les prédictions de l'amitié se réalisèrent. Le succès dépassa toutes les espérances; l'étrangeté de l'ouvrage ne fit qu'ajouter à la surprise de la foule. L'auteur devint à la mode; son nom passa la frontière, et quatorze traductions — trois en anglais, sept en italien, deux en allemand, deux en espagnol, — rendirent populaire une œuvre qui rompait de toute façon avec une littérature fade et vieillie, si nous en exceptons Bernardin de Saint-Pierre et madame de Staël.

Tandis que les intelligences sans préjugés se désaltéraient avec avidité à cette source fraîche qui venait de jaillir d'une terre épuisée, madame de Beaumont n'écoutait pas sans tristesse les protestations ironiques et violentes du parti philosophique contre les applaudissements qui accueillaient *Atala*. Fontanes, dans *le Mercure* du 16 germinal an XI, avait annoncé le livre d'une façon touchante : « L'auteur est le même dont on a déjà parlé plus d'une fois, en annonçant son grand travail sur les beautés morales et poétiques du christianisme. Celui qui écrit l'aime depuis douze ans, et il l'a retrouvé d'une manière inattendue, après une longue séparation, dans des jours d'exil et de malheur; mais il ne croit pas que les illusions de l'amitié se mêlent à ses jugements. » Dussault, dans le *Journal des Débats* (27 germinal an IX), faisant un parallèle entre *Paul et Virginie* et *Atala*, attribuait à l'un plus de douceur, de sagesse, de retenue ; à l'autre, plus de force, d'impétuosité et de hardiesse. Enfin, Geoffroy lui-même, que madame de Beaumont redoutait, Geoffroy dont elle disait : « Êtes-vous bien sûr qu'en ruant il montre quatre fers de bon aloi, et n'y aurait-il pas quelque bout d'une corne tout usée ? » Geoffroy parlait d'*Atala* comme d'une fiction vraiment originale, dont les détails, aussi neufs qu'imprévus, avaient agrandi le domaine de la haute poésie et enrichi notre langue poétique. Il appelait Chateaubriand l'Homère des forêts et des déserts, pour s'être servi le plus heureusement des formes antiques.

Qui eût pensé que la voix discordante de l'abbé Morellet, bien avant celle de Marie Chénier, se fût élevée, après trente ans de silence, au milieu de ce concert d'éloges ? L'abbé était bien connu de madame de Beaumont ; il avait été le secrétaire du père des Trudaine et avait fréquenté l'hôtel Montmorin. Cette ancienne école spirituelle, sans imagination, et ne sentant pas la supériorité, essayait de barrer la route ; les barrières furent renversées. La Harpe, depuis quelques années brouillé avec les philosophes, préparait une réponse. Le *Journal des*

Débats l'annonça : elle ne vint pas ; mais un plaisant, imitateur de *Candide*, s'avisa de ressusciter *Atala* en deux volumes et de la faire voyager. Fontanes avait souri de cette facétie ; pourquoi n'en donnerions-nous pas une analyse ?

Madame Ferval disait donc un jour : « Que je serais heureuse d'avoir Atala pour amie ! Quel plaisir de cultiver cette nature sauvage et de la rendre digne de la société ! » Et voilà tout aussitôt que l'on annonce dans son salon mademoiselle Atala. L'ange qui l'avait ressuscitée, avec Chactas et le père Aubry, leur avait ordonné d'aller dans la *ville du vice*. S'étant embarqués pour satisfaire à l'ordre céleste, ils avaient été séparés par une tempête, et la malheureuse Atala jetée dans une île déserte. Elle se rend à Bordeaux, puis à Paris. Nous ne la suivrons pas dans ses courses diverses ; elle visite Chateaubriand et assiste au bal des étrangers. Enfin elle rencontre un beau matin le père Aubry, qui disait la messe dans l'église des Carmes. Chactas y était aussi ; après la messe, ils s'embrassent dans la sacristie.

Si Chateaubriand et la société qui l'entourait n'attachaient aucune importance à ces travestissements burlesques de choses quelquefois sublimes, les sœurs et les femmes qui aiment ne pardonnaient pas : Lucile et Pauline n'avaient pas ri. « La plaisanterie est plus étrange qu'offensante : mais on cherche à imiter le style de notre ami, et cela me blesse. Le bon esprit de M. Joubert s'accommode mieux de toutes ces petites attaques que moi, qui justifie si bien la première partie de ma devise : « Un » souffle m'agite. » C'est en ces termes que madame de Beaumont donnait son avis à Chênedollé. La postérité a pensé comme Joubert et a ratifié les paroles de Fontanes. Lorsque Boileau avait publié une pièce de vers, il demandait à ses amis : « En a-t-on parlé? » Il croyait que ce n'est pas la critique, mais le silence, qui tue les livres. Si Boileau avait raison, le succès d'*Atala* fut complet : les suffrages des lettrés, les grossières plaisanteries de quelques-uns, lui avaient assuré une place définitive.

Après avoir publié des observations sur la littérature anglaise [1], particulièrement sur Young et Shakspeare, observations que lui avait suggérées madame de Beaumont, Chateaubriand jugea que les circonstances étaient favorables au *Génie du christianisme*. Il pensait qu'une apologétique telle qu'il la concevait était celle que demandait l'époque et

---

1. *Mercure*, germinal an IX.

la seule qu'elle pût accepter ; qu'on pouvait parler de la beauté de la religion chrétienne à ceux qui ne voulaient pas encore entendre parler de ses dogmes.

Il a raconté bien avant l'apparition de ses *Mémoires*, dans une curieuse préface [1], que ses sentiments religieux n'avaient pas toujours été ce qu'ils étaient : « Je pourrais en rejeter la faute sur ma jeunesse, sur le délire des temps, sur les sociétés que je fréquentais ; mais j'aime mieux me condamner. Je dirai seulement les moyens dont la Providence s'est servie pour me rappeler à mes devoirs. » Sa mère, jetée à soixante-douze ans dans les cachots, avait vu périr une moitié de ses enfants. Elle expirait sur un grabat où ses malheurs l'avaient reléguée. Elle avait, en mourant, chargé une de ses filles, madame de Farcy, de rappeler son frère à la religion dans laquelle il avait été élevé. Sa sœur lui manda le dernier vœu de leur mère. Quand cette lettre lui parvint à Londres, madame de Farcy elle-même n'existait plus ; elle était morte des suites de son emprisonnement. « Ces deux voix sorties du tombeau m'ont frappé. Je suis devenu chrétien. Je

---

[1]. Première édition du *Génie du christianisme* ; Migneret, 1802.

n'ai point cédé, j'en conviens, à de grandes lumières surnaturelles : ma conversion est sortie du cœur ; j'ai pleuré et j'ai cru. » Tel était l'état d'esprit dans lequel il se trouvait en Angleterre lorsqu'il composa *le Génie du christianisme;* il avait livré à l'impression le premier volume. Mais Fontanes et Joubert le déterminèrent, rentré de l'émigration, à refondre le sujet en entier ; c'était aussi l'opinion de madame de Beaumont. Si elle était trop française pour être mystique, elle était trop intelligente pour ne pas comprendre l'importance sociale d'un pareil ouvrage. Son changement de position, plus de bonheur, et le spectacle de la société française renaissante, avaient d'ailleurs fait naître chez Chateaubriand des idées nouvelles. Enfin (et le mot est de lui) on ne peut écrire avec mesure que dans sa patrie.

Il était en veine de travail ; les événements conspiraient pour donner de l'actualité à son œuvre. Les astres étaient favorables. Mais il fallait près de Paris un abri paisible, loin des importuns ; il fallait le silence et la fidélité de l'ombre. Alors l'inspiration, après la lecture des livres essentiels à consulter, reviendrait vite. Cette solitude, madame de Beaumont la trouva, et elle la partagea avec René.

III

Elle loua à Savigny, pour sept mois, une maison appartenant à M. Pigeau. Cette maison a passé ensuite entre les mains de M. Roret, l'éditeur des *Manuels*. Située à l'entrée du village du côté de Paris, près d'un vieux chemin, elle était adossée à un coteau de vignes. En face s'ouvrait le parc de Savigny, terminé par un rideau de bois et traversé par la petite rivière de l'Orge. Sur la gauche s'étendait la plaine de Viry jusqu'aux fontaines de Juvisy. La joie que madame de Beaumont éprouva d'aller s'enfermer dans cette retraite n'avait d'égale que la crainte qu'elle avait eue de ne pas réaliser ce rêve. « J'entendrai le son de sa voix, chaque matin, disait-elle à madame de Vintimille, et je le verrai travailler. » Son enthousiasme n'avait pas plus de bornes que sa tendresse [1].

Quel départ jeune et plein d'entrain! Jamais Chateaubriand n'avait été plus gai, plus enfant. C'étaient deux écoliers qui s'évadaient. Ils redoutaient, à leur arrivée, la figure du propriétaire sur le seuil de la porte. Heureusement il était absent. Tous ces

[1]. Lettre de madame de Beaumont à Joubert (23 mai 1801).

petits détails, Pauline les a racontés à Joubert. M. Pigeau accourt enfin. Il vient faire signer l'état de lieux ! deux poules et deux coqs sont à ajouter ; sept lignes composées de soixante-douze mots sont à retrancher et à parafer ! Alors un fou rire commence, et il durait encore quand la lettre partait pour Villeneuve. Le soir même, après le départ du propriétaire, non moins stupéfait d'avoir de si étranges locataires, ils font une promenade aux fontaines de Juvisy par un chemin court et charmant. Comme elle raconte gentiment cette équipée à son indulgent et véritable ami : « A dix heures, toute la maison était couchée et profondément endormie. »

Le lendemain matin, le *Sauvage* (c'est ainsi qu'elle désigne Chateaubriand) lui lit la première partie du premier volume en lui indiquant les changements qu'il devait faire : « En vérité, je lui souhaite des critiques plus froids et plus éclairés que moi; car je ne suis pas sortie du ravissement et suis beaucoup moins sévère que lui. Cela est détestable. » — Non, ce n'était pas détestable; c'était ce ravissement qui plaisait au *Sauvage;* c'était ce ravissement qui lui faisait écrire ses plus éloquentes pages; c'était la voix divine dont tout poète a besoin. Les sept mois passés à Savigny (de mai à décembre 1801) furent pour madame de Beaumont la félicité de sa vie. Elle s'occupait avec plaisir des soins du ménage et priait l'excellente madame Joubert d'acheter pour elle de menus ustensiles, même des cuillers à thé. Le matin, elle déjeunait avec René, il se retirait ensuite à son travail; elle lui copiait les citations qu'il lui indiquait; elle écrivait à côté de lui, sur la même table. Le soir, ils allaient à la découverte de quelque promenade nouvelle. Tout autour de Savigny, ils trouvaient des vallées ombreuses et des sentiers verts. Au retour de la promenade, ils s'asseyaient auprès d'un bassin d'eau vive, placé au milieu d'un gazon dans le potager. C'était dans ces soirées qu'elle lui disait sa vie, son malheureux mariage, le ministère de son père, ses angoisses de tous les jours et cette arrivée des bourreaux à Passy-sur-Yonne; mais comme elle préférait se taire et écouter René, parlant de son enfance, expliquant son inexplicable cœur, racontant son émigration, ses voyages[1] : « Je n'ai jamais si bien peint qu'alors les déserts du nouveau-monde. » La nuit, quand les fenêtres du salon champêtre étaient ouvertes,

1. *Mémoires d'outre-tombe.*

madame de Beaumont remarquait au ciel diverses constellations en lui disant qu'il se rappellerait un jour qu'elle lui avait appris à les connaître. « Depuis que je l'ai perdue, non loin de son tombeau, à Rome, j'ai plusieurs fois, au milieu de la campagne, cherché au firmament les étoiles qu'elle m'avait nommées. Je les ai aperçues brillant au-dessus des montagnes de la Sabine. Le rayon prolongé de ces astres venait frapper la surface du Tibre. » Plus tard, trop tôt encore, après avoir été séparé de cette noble femme, il est allé lire *le Dernier des Abencerages* au château de Fervaques, l'épisode de Velléda sous les ombrages de Méreville ou dans les jardins d'Ussé : retrouvait-il alors le signe que Pauline lui avait laissé dans le bleu du ciel pour se souvenir d'elle?

Jamais il n'eut une telle fièvre de composition que dans la maison de Savigny; il en perdait le sommeil, le boire et le manger. De temps à autre, de rares amis venaient troubler la paix de la solitude. Joubert, sa femme et leur jeune enfant, visitèrent les deux ermites. C'étaient les visages les plus bienveillants, ceux que madame de Beaumont voyait avec le plus de plaisir. On menait les visiteurs aux promenades préférées dans les environs, ou bien dans la soirée on écoutait causer Chateaubriand : « Le fils de Joubert se roulait sur la pelouse ; deux chiens de garde et une chatte jouaient ; Joubert rêvait en se promenant à l'écart dans une allée. » Certes, si Pauline avait pu dire au temps : *Tout beau!* elle l'eût arrêté dans son cours à ces heures fortunées. Lucile vint ensuite, « comme une âme en peine, s'asseoir une semaine au foyer de Savigny. » Ses vapeurs noires, qu'à dix-huit ans elle pouvait déjà difficilement dissiper, ne la quittaient plus. Il y avait presque de l'humanité à être aimable avec elle. Ayant toujours peur d'être à charge, un mot, une nuance, tout lui semblait sérieux, et elle retournait aussitôt à son existence délaissée. Depuis qu'elle avait perdu sans retour l'espoir de vivre aux côtés de ce frère dont la présence lui était si douce, elle lui demandait du moins, dans le peu de moments passés ensemble, de remplir sa mémoire de souvenirs agréables qui prolongeassent loin de lui son existence. Madame de Beaumont eût voulu enlever l'effroi de l'avenir à cette infortunée qui mêlait sa peine inconnue aux souffrances ordinaires de l'espèce humaine. C'est madame de Beaumont qui avait invité à Savigny cette pauvre effarouchée de la vie, mourant de ce mal dont René guérissait en écrivant. Toutes les deux s'occupaient uniquement et sans jalousie de ce grand ennuyé, qui avait la prétention de donner dans un jour plus que d'autres dans de longues années.

Joubert l'avait tout à fait conquis par le sentiment large et franc de son talent. En envoyant, le 1ᵉʳ août, à Savigny une traduction italienne d'*Atala*, il recommandait à madame de Beaumont de veiller à ce que Chateaubriand fût, comme écrivain, plus original que jamais et de faire en sorte qu'il se montrât constamment tel que Dieu l'avait fait : « L'accent personnel plaît toujours ; il n'y a que l'accent d'imitation qui déplaise. » Il joignait à l'appui de ses recommandations un feuilleton de Geoffroy dans le *Journal des Débats* sur l'annonce du *Génie du christianisme*, feuilleton qui contenait des réserves. Les rudesses de la critique plongeaient par-ci, par-là, Chateaubriand dans un véritable état d'abattement. Pour faire accepter Geoffroy et ses ruades, Joubert envoyait quelques lignes remarquables du traité sur *le Divorce*, où Bonald, en passant, rendait justice à leur ami. Il fallait toutes ces précautions pour le relever et ne pas affaiblir sa verve. Bonald gagna dès ce jour ses droits d'entrée dans le salon de la rue Neuve-du-Luxembourg.

Chateaubriand avait en ce moment dans l'imagination de Joubert un redoutable rival. Ce n'était rien de moins que Kant. Deux des lettres adressées à Savigny ne parlent que de l'auteur de *la Raison pure*. Joubert était alors à Paris, la tête pleine d'un article que Fontanes préparait, et le préparant lui-même pour mieux exercer ses critiques. L'un des premiers, il juge avec justesse « ce terrible Kant qui doit changer le monde, ce Kant qui tourne tant de têtes, qui occupait tant la mienne et qui a fait rêver la vôtre », celle de madame de Beaumont. Oui, madame de Beaumont n'était pas indifférente, même à Kant ; elle ne l'était pas, parce que Joubert s'était attaché avec la passion qu'il mettait en toute chose à comprendre celui qu'il surnommait un Mont-Athos taillé en philosophe. Comme dans sa réponse, elle apprécie finement Fontanes : « Trop tourbillon pour lire Kant, et, au contraire, de plus en plus disposé à prendre les hautes fonctions pour lesquelles il est fait ! » Il n'y eut jamais, du reste, de sérieuses sympathies entre lui et madame de Beaumont. Elle disait à Joubert : « Votre ami Fontanes, votre poète, » elle ne disait pas : « Notre ami. » Quand il vint à Savigny et que le *Sauvage* lui eut arraché des vers et ses vers les plus beaux, elle eut avec lui une aimable querelle. Il prétendait qu'aucune femme n'aimait la poésie ; elle fut un moment effrayée de cette condamnation ; « mais je me suis rassurée en me rappelant l'impression que ses vers m'avaient faite et me font encore. Est-ce une preuve de ne pas aimer, que de n'aimer que ce qui est excellent ? » Elle songeait aussitôt à André Chénier, dont elle avait conservé les plus admirables fragments. Son oreille avait été façonnée par leur mélodie, sa mémoire était encore toute ensoleillée par leur lumière. Elle fit partager à Chateaubriand son antipathie pour les poèmes didactiques et froids des Berchoux et des Esménard, et son enthousiasme pour les amoureuses idylles antiques dont quelques extraits prirent place dans les notes du *Génie du christianisme.*

Il ne faudrait pas croire que ce ne fussent qu'allées et venues à Savigny ; les visiteurs n'étaient pas assez nombreux pour en troubler le calme. Une ou deux absences dans les manoirs du voisinage qui commençaient à se rouvrir, au Marais, appartenant à madame de la Briche, belle-mère du comte Molé, n'empêchaient pas Chateaubriand d'être tout à son œuvre. Il avait la merveilleuse faculté de pouvoir travailler dix ou douze heures de suite ; madame de Beaumont veillait pour lui épargner tout ennui. C'est à peine si elle allait à Paris vers la fin d'août savoir des nouvelles du fils de Joubert, qui avait eu un peu de fièvre, visiter l'exposition de peinture, chercher quelques livres, particulièrement les *Salons* de Diderot, pour lequel elle reprit ses anciennes admirations; acheter les nouveautés et surtout recevoir de Joubert, à la veille de son départ pour Villeneuve, ses bons et gros baisers qui en valaient bien la peine par l'invariable affection dont ils étaient le naïf et respectueux témoignage.

Elle revenait vite se mettre sous le joug désiré, après avoir définitivement réussi à calmer madame de Staël et à justifier Chateaubriand dans cette interminable querelle des lettres du *Mercure*. « Laissons maintenant, écrivait-elle, les tracasseries de ce monde qu'il ne faudrait voir qu'en perspective, seulement du rivage et comme les tempêtes, pour s'applaudir d'être à l'abri. » Ils restèrent à Savigny jusqu'en décembre. La lassitude ne venait pas. « Nous menions une vie si douce, que nous formions le projet enchanteur de la continuer. » Le *Génie du christianisme* s'achevait; mais il fallait consulter les documents. La nomenclature des ouvrages que Chateaubriand voulait dévorer était longue.

C'étaient l'*Histoire ecclésiastique* de Fleury, l'*Histoire du Paraguay*, par le père Charlevoix; l'*Histoire de la Nouvelle-France*, les *Lettres édifiantes*, les *Missions du Levant*, l'*Histoire des moines*, Montfaucon, d'Héricourt, etc. C'est à Joubert que madame de Beaumont s'adresse; il fournit tous les renseignements, indique le nom des libraires, le prix des volumes; il envoie même son frère Armand aux deux solitaires pour leur donner des éclaircissements plus positifs; mais ces in-folio le faisaient trembler; il aurait voulu qu'ils restassent dans la chambre, et que Chateaubriand n'en transportât rien dans ses conceptions. Joubert ne se le figurait pas écrivant une œuvre d'érudition et de théologie. « Dites-lui, — c'est à Pauline qu'il adresse ses conseils pleins de bon sens, — dites-lui qu'il en fait trop, que le public se souciera fort peu de ses citations et beaucoup de ses pensées; que c'est plus de son génie que de son savoir qu'on est curieux; que c'est de la beauté et non de la vérité qu'on cherchera dans son ouvrage; que son esprit seul et non pas sa doctrine en pourra faire la fortune; qu'enfin il compte sur Chateaubriand pour faire aimer le christianisme, et non pas sur le christianisme pour faire aimer Chateaubriand. Il ne ressemble pas aux autres prosateurs ; qu'il fasse son métier, qu'il nous enchante! Il rompt trop souvent les cercles tracés par sa magie; il y laisse entrer des voix qui n'ont rien de surhumain et qui ne sont bonnes qu'à mettre en fuite les prestiges. » Le triomphe du sentiment religieux, nous n'en pouvons douter, était le vrai but des efforts de Chateaubriand ; mais Joubert croyait qu'il devait se borner à réaccoutumer la nation à regarder le christianisme avec quelque faveur, à respirer avec quelque plaisir l'encens qu'il offre, à entendre ses cantiques avec quelque approbation. C'était là sa tâche ; le reste appartenait à la religion. Si la poésie et la philosophie pouvaient à la fois lui ramener l'homme, elle s'en réemparerait bientôt à l'aide de ses séducteurs et de ses puissances. Le difficile était de réveiller le désir de rentrer dans ses temples : c'était ce que Chateaubriand pouvait faire.

Madame de Beaumont, à qui Joubert donnait la mission d'éclairer son compagnon de solitude, lui avait lu cette lettre en entier. Il en avait été satisfait, mais il n'entendait pas en profiter. Il s'était écrié vingt fois pendant la lecture : « C'est le meilleur, le plus aimable, le plus étonnant des hommes! Oui, je le reconnais bien. Il craint toujours que je ne cite trop. » Puis il s'était mis à rire. Les livres étaient arrivés, et il avait fait des *Lettres édifiantes* et des écrits des missionnaires un usage merveilleux. Il avait même su tirer parti du fatras sec et aride de l'*Histoire des moines*. Madame de Beaumont s'y était mortellement ennuyée. Elle trouvait une sorte de miracle dans la manière de travailler de Chateaubriand, dans ce don de rassembler des traits épars. Après avoir écrit certaines pages, il les lisait à son amie; il la faisait parfois fondre en larmes et il pleurait lui-même sans se douter que son talent fût pour quelque chose dans l'effet qu'il produisait. « Au milieu de mon ravissement, répondait-elle à Joubert, il faut que je vous avoue la crainte dont je suis tourmentée et qui ne me laisse pas un moment de repos. Il veut que son ouvrage paraisse au mois de février au plus tard, et, d'après ce qu'il a encore à faire et surtout à refaire, s'il paraît aussitôt, je suis entièrement convaincue que ce ne peut être qu'avec de grandes imperfections et très faciles à effacer, en se donnant plus de temps. Mais la moindre note sur ce ton le jette dans un abattement qui approche du désespoir, de sorte que j'ose à peine m'avouer à moi-même toute ma crainte. »

Heureux l'écrivain, heureux l'artiste qui peut ainsi inspirer à une femme éminente et intimidée de pareilles sollicitudes ! Mais il faut achever de citer cette lettre si instructive sur l'élaboration du *Génie du christianisme*. Madame de Beaumont n'a qu'à y gagner.

« Mon seul espoir [1] est qu'en lui montrant ces imperfections, il se sentira, de sa propre impulsion, forcé de les faire disparaître ; mais l'impatience de finir ne lui fera-t-elle pas illusion ? Je n'ai jamais mieux senti que dans cette occasion le malheur de n'avoir pas un goût plus ferme, plus sûr, plus exercé, et de manquer de cette conviction et de cette force qui entraînent. » Puis elle revient sur cette recommandation de Joubert : « Il faut cacher son savoir ; » et, avec la perspicacité de son esprit délicat, elle met le doigt sur un des principaux défauts du livre : « Il a réellement retranché beaucoup de citations ; mais il en a beaucoup ajouté. Ce qui m'effraye surtout, c'est la légèreté avec laquelle il énonce certains jugements qui demanderaient, pour ne pas effaroucher, à être présentés avec une adresse et un art infinis. A cela il

---

1. Lettre de madame de Beaumont (septembre 1801).

n'y a plus de remède. Ce qui me rend timide dans mes observations, c'est qu'il est réellement important pour lui que son ouvrage paraisse promptement ; sans cela, j'aurais bien plus de courage, et je ne serais effrayée que de son extrême docilité. »

Cette docilité, Chateaubriand l'eut toujours ; même dans tout l'éclat de sa gloire, quand il écrivait aux *Débats*, Bertin l'aîné, sans le consulter et sans avoir jamais à redouter des reproches, raturait, corrigeait ses articles. Mais pourquoi donc cette hâte? pourquoi donc ce désespoir à l'idée d'un retard dans la publication de son livre?

Le Concordat était promulgué, et les cultes chrétiens rétablis dans toute l'étendue de la république française. Un *Te Deum* solennel avait été chanté à Notre-Dame. Bonaparte, en grand appareil, revêtu de l'habit rouge des consuls, entouré de ses généraux et commandant du regard la soumission, — suivant la parole de M. Thiers, — assistait à la cérémonie. Il avait trouvé un rapporteur comme Portalis pour rendre sa pensée politique avec la formule gouvernementale la plus achevée. Dans le parti libéral, l'opinion se bornait à désirer qu'on cessât toute persécution à l'égard des prêtres et qu'on abolît le serment civique; l'école de madame de Staël se fût contentée de la tolérance loyale et absolue¹ ; mais le premier consul n'avait pas souci seulement des sentiments religieux, la police des cultes le préoccupait à un plus haut degré. Il avait fort approuvé ces paroles de son éminent conseiller d'État : « La multitude est plus frappée de ce qu'on lui ordonne que de ce qu'on lui prouve ; » et il faisait contracter un mariage de raison entre la Révolution et l'ancienne France, représentée par le catholicisme. Chateaubriand avait le tact de l'à-propos. Il sentait qu'après l'orage qui avait emporté non seulement le culte, mais encore le sens des choses chrétiennes, la foule promettait un succès à celui qui se présenterait pour satisfaire le besoin de croire. A côté des rapports de Portalis, il fallait, pour les imaginations désaccoutumées des impressions religieuses, un peintre, un poète épris des beautés extérieures et morales du christianisme, plus qu'un théologien. Et voilà pourquoi « il travaillait comme un nègre² ».

Joubert le poussait aussi. « Achevez, vous corrigerez à la fin. » C'est la conclusion de sa très

1. *Considérations sur la révolution française*, par madame de Staël.
2. Lettre de madame de Beaumont du 18 septembre 1801.

belle lettre du 1ᵉʳ septembre ; et, comme, dans un précédent billet, Pauline tout heureuse, ce qui n'était pas son habitude, lui parlait gaiement du degré de renommée où était arrivé un gras animal dont les *grillades opimes* lui étaient promises, Joubert, charmé par son enjouement, lui répond sur le même ton. « Dans peu de jours, il ne sera bon qu'à être tué. Mais il est amoureux de vos dents blanches et ne veut être mangé que par vous. Venez, que nous puissions vous offrir le mets d'Eumée, les festins du divin porcher... Je souhaite qu'il vous soit resté quelque pointe de cet effroyable appétit. » Ces gaietés bourguignonnes lui servaient de transition pour gronder sa jeune amie, qui lisait, malgré ses défenses, les journaux hostiles à Chateaubriand et qui s'en émouvait : « Vous voulez dévorer et l'on vous a mordue ; vous savez bien ? Le *Journal de Paris*, je suis fâché que vous l'ayez su, et que vous l'ayez senti. Cela n'en valait pas la peine. Vous devriez ne lire aucun journal, tant que vous serez en travail. Pour Dieu, fermez à tous ces vents folliculaires les fenêtres de votre tête, ou ils souffleront votre chandelle. Elle se rallumera d'elle-même avec le temps, il est vrai ; mais ce sera du temps perdu et du bon ouvrage de moins. »

Ils travaillèrent si bien qu'à la fin de novembre le *Génie du christianisme* était achevé. L'épisode de *René* fut retouché. S'il n'avait pas de date, nous y trouverions dans deux phrases les traces du séjour à Savigny. On se rappelle que madame de Beaumont avait un frère, jeune officier de marine, qui s'était noyé à l'île de France. Dans la lettre d'Amélie qui commence par ces mots : « Le ciel m'est témoin, mon frère, que je donnerais mille fois ma vie... » Chateaubriand a glissé le souvenir du jeune Montmorin : « Quel besoin de vous entretenir de l'incertitude et du peu de valeur de la vie? Vous vous rappelez le jeune M..., qui fit naufrage à l'île de France? Quand vous reçûtes sa dernière lettre, quelques mois après sa mort, sa dépouille terrestre n'existait même plus. » Il est un autre point que nous n'avons pas voulu toucher encore, et que nous ne pouvons cependant, en historien fidèle, plus longtemps négliger. Chateaubriand était marié depuis dix ans, et depuis dix ans il n'avait pas revu celle qui portait son nom. Les douleurs et les misères avaient passé sur la tête de l'émigré sans qu'il y eût eu de rapprochement. En novembre 1801, il écrivait à madame de Chateaubriand ; de la réponse dépendait un voyage qu'il devait faire avec madame de

Beaumont à Villeneuve. Deux chapitres réservés dans le *Génie du christianisme* sur deux sujets qu'elle connaissait peut-être mieux que lui, devaient être écrits sous les yeux de Joubert ; l'un sur La Bruyère, l'autre sur les solitaires du Port-Royal. La délicate tendresse de madame de Beaumont pouvait s'alarmer de la probabilité d'un voyage en Bretagne. Chateaubriand sollicitait déjà un poste diplomatique, et une réconciliation paraissait nécessaire. Madame de Beaumont était en outre en proie à une autre inquiétude. Une de ses nièces, la fille aînée de madame de la Luzerne, était gravement malade à Versailles. Son rêve de passer quelques semaines avec Chateaubriand en Bourgogne, de lui montrer les lieux qu'elle avait habités, Theil, Passy-sur-Yonne, la chaumière de Dominique Paquereau, ce rêve, « dont elle se berçait depuis trois mois, elle n'y renonçait qu'avec désespoir ». « La contrariété et l'inquiétude l'étranglaient. » Elle n'hésita pas cependant. Chateaubriand l'ayant interrogée, elle lui conseilla de suivre les voies communes. Madame de Chateaubriand vint en janvier 1802 à Paris ; elle n'y resta que quelques jours et ne vécut auprès de son mari qu'à partir de 1804, après son retour d'Italie et sa démission d'envoyé plénipotentiaire au Valais. Nous lisons dans *René*, qui fut définitivement achevé en octobre 1801 : « Pressé par les deux vieillards, il retourna chez son épouse, mais sans y trouver le bonheur. »

IV

C'est ainsi que se termina le séjour à Savigny. Madame de Beaumont revint rue Neuve-du-Luxembourg plus souffrante, mais non pas guérie de son affection. La petite société se retrouva groupée autour d'elle pendant l'hiver. Les lettres de Joubert font défaut pendant toute l'année 1802 ; mais de nouveaux amis nous renseignent, et d'abord Chênedollé. Rentré de Suisse en 1799, après avoir rompu avec Rivarol, il avait visité Coppet et pu comparer entre elles les deux plus brillantes conversations du siècle ; il s'était lié un instant avec Adrien de Lézay pendant qu'il composait sa constitution helvétique ; enfin, fixé à Paris, grâce encore à l'appui de madame de Staël, qui le fit rayer de la liste des émigrés par l'intermédiaire de Talleyrand, il avait été présenté à son compatriote Chateaubriand et avait subi, comme tant d'autres, sa fascination.

Pendant deux ans, il le vit tous les jours, et voulut s'unir à lui par des liens plus étroits en épousant Lucile. Un autre aimable et honnête esprit, plus apprêté peut-être, mais droit et sûr, avait mérité d'être introduit dans le cénacle : c'était Guéneau de Mussy. Tout ce monde distingué, ayant le même goût pour les lettres, dédaigneux des vulgarités, aimant les hauteurs, simple et ne ressemblant à personne, s'était attribué des surnoms dans l'intimité. Chateaubriand était l'illustre Corbeau, Chênedollé le Corbeau de Vire, Guéneau le petit Corbeau, Fontanes le Sanglier d'Érymanthe, madame de Staël le Léviathan, madame Vintimille Mauvais-Cœur, et enfin, la charmeresse entre toutes, madame de Beaumont, était surnommée l'Hirondelle.

Ce fut le *Génie du christianisme* qui occupa les premiers mois de 1802. Chateaubriand avait communiqué les premières feuilles à Lucien Bonaparte, et, dans sa préface, il faisait directement appel au premier consul : « Tout homme, dût-il perdre sa réputation d'écrivain, est obligé en conscience de joindre sa force, toute petite qu'elle est, à celle de cet homme puissant qui nous a retirés de l'abîme. » Et, après avoir cité les paroles de l'Écriture à Cyrus :

« Allez, montez sur la montagne sainte de Jérusalem, rebâtissez le temple de Jéhovah ! », Chateaubriand ajoute ces paroles : « A cet ordre du libérateur, tous les Juifs, et jusqu'au moindre d'entre eux, doivent rassembler les matériaux pour hâter la reconstruction de l'édifice. Obscur Israélite, j'apporte aujourd'hui mon grain de sable. »

Le livre parut au moment désiré. Fontanes, depuis longtemps, l'avait sonné dans *le Mercure*. Il avait particulièrement insisté sur la nouveauté de l'épisode de *René* et sur l'élévation plus continue du style. Quand le *Génie du christianisme* fut enfin publié, il le salua par deux articles larges, vigoureux, dignes du sujet. Le premier débute ainsi : « Cet ouvrage, longtemps attendu et commencé dans des jours d'oppression et de douleur, paraît quand tous les maux se réparent et quand les persécutions finissent. » Voici la conclusion du second : « Il ne m'appartient pas de marquer le rang de cet ouvrage ; mais des hommes dont je respecte l'autorité pensent que le *Génie du christianisme* est une production d'un caractère original que des beautés feront vivre, un monument à jamais honorable pour la main qui l'éleva et pour le commencement du XIXe siècle, qui l'a vu naître. »

Au surplus, les qualités du livre furent justement marquées dès son apparition. Nous n'exceptons de cette équité que le jugement des sectaires, et il y en a toujours. S'il est vrai qu'on en nota le défaut principal, à savoir : l'embarras du peintre aux prises avec le théologien, de telle sorte qu'on ne savait pas s'il s'agissait de la vérité du christianisme ou seulement de sa beauté, on rendit unanimement hommage, et tout d'abord, à la magie du style et à la richesse de l'imagination. Il fallut plus de temps pour s'apercevoir qu'une esthétique nouvelle était sortie de cette œuvre, que la poésie et la critique avaient été renouvelées, comme il fallut aussi les désastres de l'Empire et l'ébranlement subi par les cerveaux pour donner à l'épisode de *René* son véritable caractère et mettre à la mode ce tempérament de jeune blasé qui n'avait joui de rien, de jeune désespéré qui pleurait des illusions qu'il n'avait pas eues.

Nous ne parlerions pas des combats qui se livrèrent autour du nom de Chateaubriand et qui le portèrent du premier bond sur le bouclier, si nous n'avions pas retrouvé, chez la pauvre Hirondelle de la rue Neuve-du-Luxembourg, les contrecoups de l'émotion produite par les articles de Ginguené dans la *Décade philosophique*[1]. Ce n'était pas cette fois l'auteur qui était mis en cause, c'était l'homme. Ginguené était Breton; il avait connu madame de Farcy, une des sœurs de Chateaubriand; il l'avait connu lui-même, alors qu'il s'essayait dans l'*Almanach des Muses*. On ne put dissimuler ces attaques personnelles à madame de Beaumont; elle en fut sérieusement malade. Nous croyons intéressant de reproduire une partie de cette longue critique :

« Je pouvais être suspect dans l'examen qu'on attendait de moi : l'auteur est mon compatriote. J'ai eu des liaisons d'amitié avec une partie de sa famille et avec lui-même; je l'ai vu naître en quelque sorte à la société et aux lettres; même depuis son retour et malgré le bruit qui annonçait déjà son livre, je l'ai revu avec l'intérêt dû à ses malheurs, à ses qualités estimables et à nos anciennes relations. On savait tout cela, mais on connaissait mon impartialité et mon indépendance. Je me suis prêté le mieux que j'ai pu à la séduction, et certes, ce n'est pas ma faute si je n'ai pas été séduit. » Ginguené se demande alors si l'ouvrage est un livre dogmatique, ou une poétique, ou un traité de phi-

---

1. *Décade philosophique* (30 prairial, 10 et 20 messidor an X).

losophie morale, et, arrivant à discuter les origines du *Génie du christianisme*, il commente la préface où se trouve ce mot : *J'ai pleuré et j'ai cru!* et il dit : « L'auteur s'est-il bien rendu compte de ce que c'est que croire? Quel rapport y a-t-il entre les croyances d'un dogme et des larmes? Quelle solidité peut-il y avoir dans une conversion ainsi opérée et que, par conséquent, d'autres larmes pouvaient détruire? Bien plus, quels étaient donc ces égarements dont le souvenir troubla les derniers jours de sa malheureuse mère? Étaient-ce ces déclarations et ces sophismes dont il s'accuse et qu'elle avait peu entendus? A quels dogmes étaient inhérents les principes de morale qu'il avait paru oublier? En lisant la lettre de son aimable sœur, dont il apprit bientôt la mort et qu'il n'a pas été seul à pleurer, quels dogmes sentit-il reprendre pour lui toute leur évidence et quelle liaison nécessaire avaient-ils avec les sentiments moraux qui reprirent en même temps sur lui tout leur empire? Je serais fâché qu'il lui fût désagréable d'être ainsi pressé de questions; mais enfin, quand on se donne pour le régénérateur de la religion et des mœurs, quand on porte aussi loin qu'il le fait une intolérance dont peut-être il ne s'est pas rendu compte, mais qui n'en existe pas moins dans son livre et dans sa doctrine, il faut commencer par scruter à fond, pour me servir de son langage, et ses reins et son cœur. » Étonnons-nous maintenant que Chateaubriand, dans ses *Mémoires,* ait parlé en termes sanglants de Ginguené !

Sauf un mot spirituel à Adrien de Montmorency sur le chapitre de la Virginité, madame de Staël fut bienveillante; mais Benjamin Constant, dans une lettre à Fauriel, fut très dur. Il allait jusqu'à prétendre que le style était du galimatias double et que, dans les plus beaux passages, il y avait un mélange de mauvais goût annonçant l'absence de la sensibilité comme de la bonne foi. Décidément, l'instinct de madame de Beaumont ne l'avait pas trompée; il y avait antipathie de race entre elle et l'ami de madame de Staël. En revanche, un journaliste qui devait être pour Chateaubriand, dans ses mêlées politiques de la Restauration, ce qu'avaient été Fontanes et Joubert dans ses débuts littéraires sous le Consulat, écrivit dans le *Journal des Débats,* à propos du *Génie du christianisme,* un de ses premiers et rares articles. Cet inconnu était M. Louis Bertin : « Cet ouvrage contient une pensée vraie et grande qui en fait la force et qui est cachée sous la pompe des images comme une forte poutre destinée à soutenir l'édifice, que l'artiste a taillée en colonne pour l'orner. Cette pensée est que le christianisme a mis le beau idéal dans les arts, parce qu'il a mis le beau moral dans la société[1]. » Telle était la donnée du jeune rédacteur en chef. Il sortait à peine de la prison du Temple, où il avait été jeté pour un complot imaginaire, et il devait jouir bien peu de temps de sa liberté. Chateaubriand le rencontra en Italie en 1803, le remercia, et leurs cœurs se lièrent pour toute la vie.

En quelques jours, la première édition était épuisée ; la seconde était très corrigée et précédée d'une courte dédicace à Bonaparte. La marche du monde s'accomplissait ; l'homme du destin, qui prenait le haut bout dans la race humaine, avait pensé à Chateaubriand. La phrase de sa dédicace : « Les peuples vous regardent, » avait fait plus d'impression qu'une entrevue, avait été plus puissante que la protection de madame Bacchiochi et de Lucien. Il s'agissait de la place de premier secrétaire de l'ambassade de Rome. L'ambassadeur était l'oncle du premier consul, le cardinal Fesch.

---

1. *Journal des Débats*, (6 prairial an X).

Chateaubriand hésitait. L'abbé Émery, supérieur du séminaire de Saint-Sulpice, vint, au nom du clergé, le conjurer d'accepter. Il prétend, dans ses *Mémoires*, qu'il aurait peut-être reculé si la pensée que le climat serait favorable à madame de Beaumont n'était venue mettre un terme à ses scrupules.

Elle suivait ces négociations avec anxiété; ses lettres à Chênedollé en portent témoignage; elle ne pensait pas à elle. De plus en plus détachée et fidèle, à mesure qu'elle descendait les marches du tombeau, elle écrivait le 7 fructidor 1802 : « Notre ami veut attendre la décision d'une nouvelle espérance pour vous répondre. Si elle se réalisait, il n'y aurait pas la moindre apparence de fiction dans la lettre déterminante qu'il doit vous écrire; mais ne nous flattons point. S'il était vrai qu'espérer, c'est jouir, nous serions bien heureux, car nous espérons beaucoup. A la vérité, nous changeons souvent de vues, de projets et d'espérances; ils ont le bon esprit de se trouver bien de cette vie, cependant bien fatigante; je les en félicite; mais l'Hirondelle est toujours le plus noir des corbeaux, sans en excepter celui de Vire. Cet aimable Corbeau, quoique absent, est toujours parmi nous, nous en parlons sans cesse, nous cherchons toutes les manières de le rappeler de son exil, de ne plus le laisser s'envoler. Il entre dans tous nos projets de voyage, de retraite ou de repos. »

Elle avait bien vite, on le voit, accepté pour siens les amis de Chateaubriand ; elle avait requis leur plume dans la bataille et tous l'avaient donnée, Guéneau de Mussy, au *Mercure*; Chênedollé, aussi au *Mercure* et au *Journal des Débats;* Bonald, au *Publiciste*[1]. Mais Chênedollé avait un degré de plus dans l'amitié de Pauline, parce qu'il avait une place à part dans le cœur de René. Il espéra un moment le faire entrer avec lui dans la carrière diplomatique ; le mariage avec Lucile dépendait de ce projet. Elle était à Paris, chez madame de Beaumont, attendant un résultat. Chateaubriand avait écrit au père de Chênedollé pour le déterminer à consentir à quelques sacrifices d'argent et n'avait pas réussi. Lui-même était en ce temps-là peu décidé à partir; il recherchait quelques distractions et acceptait des invitations dans les châteaux qu'on rouvrait. Pendant une visite à la campagne, chez madame de Vintimille, vendémiaire 1802, ma-

---

[1]. *Journal des Débats* (5 messidor an X); *Publiciste* (14 floréal an X); *Mercure*, 4 thermidor et 3 ventôse an XI).

dame de Beaumont continuait d'instruire Chênedollé de tous les incidents de la petite société : « Notre ami n'est sûr de rien. Sa destinée est plus incertaine que jamais, tout est dans le vague et tristement dans le vague; cependant, à son retour de la campagne, il vous écrira la lettre déterminante, si nécessaire pour vous tirer de cet abîme d'ennui et pour vous ramener au milieu de nous. S'il eût été sûr que vous voulussiez la lettre, quel que fût l'état des choses, il l'aurait écrite; vous l'aurez incessamment. La correction de l'ouvrage (seconde édition du *Génie du christianisme*) est entièrement finie ; l'article de Fontanes a paru et surpasse nos espérances... Le petit Corbeau (Guéneau de Mussy) est parti pour la Bourgogne; l'autre Corbeau (Chateaubriand) est à la campagne avec Mauvais-Cœur (madame de Vintimille). »

Dans cet intervalle, *Delphine* était publiée. En présence d'attaques injustes et parfois grossières, madame de Beaumont prit énergiquement la défense de madame de Staël. On ne saurait croire, sans les avoir lues, de quelles injures Michaud, et plus particulièrement Fontanes, avaient salué l'apparition de ce beau livre. Aucune mesure n'avait été gardée. Traiter ainsi une femme de génie! on ne se l'expliquerait point, si l'on n'apercevait pas derrière le futur grand maître de l'Université le courtisan, celui qui ne pardonnait pas à la fille de Necker de rester l'apôtre convaincu des libertés constitutionnelles et le défenseur éloquent des idées anglaises en face du despotisme grandissant. Aucune excuse ne peut faire oublier des violences de langage et des outrages comme ceux-ci : « Delphine est si bavarde, qu'elle parle toujours la première et la dernière. Parler est pour elle le bonheur suprême. Autrefois on appelait des commères ces femmes insupportables qui veulent toujours dominer la conversation; mais, depuis que nos mœurs se sont perfectionnées, on trouve bien qu'une femme se fasse orateur dans un salon, et plus elle manque aux bienséances, aux devoirs de son sexe, plus on lui applaudit. Telle est Delphine. Ce caractère existe, et madame de Staël a pu le peindre; mais elle a eu tort de croire qu'un caractère pareil inspirerait de l'intérêt. Elle parle de l'amour comme une bacchante, de Dieu comme un quaker, de la mort comme un grenadier, et de la morale comme un sophiste. Pas de fraîcheur dans ses pensées, pas de jeunesse dans ses sentiments, point de naturel dans ses paroles; tout est exaltation ou dissertation. Lorsque Léonce est condamné à mort et qu'un quart d'heure avant d'être fusillé, il dort la tête appuyée sur les genoux de Delphine, elle parle de la beauté et du visage enchanteur de son amant. Si la décence n'arrêtait notre plume, nous couvririons d'un mépris ineffaçable ces êtres dégradés dont les passions ne peuvent être amorties par l'image de la mort. Quelle dégradation! Et des femmes croient faire honneur à leur sensibilité en vantant un pareil ouvrage! Qu'elles y prennent garde : trop souvent, en jugeant une fiction, on révèle son propre secret. L'ouvrage, par le style, ressemble assez à une traduction d'allemand en français. Madame de Staël a livré le secret des trois caractères nés de la philosophie du xviiie siècle: le premier qui se compose d'égoïsme et d'exaltation, le second de commérages et de prétentions morales et politiques, le troisième de niaiserie et d'instruction. »

On est heureux du moins d'entendre la protestation de madame de Beaumont dans une lettre à Chênedollé : elle était impatiente de lire *Delphine;* est-ce qu'elle n'y retrouvait pas une partie de sa jeunesse? est-ce qu'elle n'y entendait pas l'écho de ses premières conversations? Elle emporta le roman

à Luciennes; pendant l'absence de Chateaubriand, elle était allée voir madame Hocquart, qui lui rappelait les plus tendres souvenirs, celui de son frère Calixte. Mais Luciennes n'eut pas de charme pour elle; la vue que l'on découvrait du château et qui la ravissait autrefois ne l'intéresse plus. « La campagne est desséchée, et la société m'ennuie. » — « Il n'y a plus qu'une société pour moi! La pauvre Hirondelle est dans une sorte d'engourdissement fort triste[1]. » Chateaubriand était encore absent; il était allé à Lyon poursuivre une contrefaçon du *Génie du christianisme*. Il voulait ensuite se rendre en Bretagne pour expliquer à madame de Chateaubriand son entrée dans la diplomatie. On n'en avait rien dit d'avance à madame de Beaumont; il prévint Chênedollé : « Ne manquez pas d'écrire rue Neuve-du-Luxembourg pendant mon absence, mais ne parlez pas de mon retour par la Bretagne. Ne dites pas que vous m'attendez et que je vais vous chercher. Tout cela ne doit être su qu'au moment où l'on nous verra tous les deux. Jusque-là, je suis à Avignon, et je reviens en droite ligne à Paris. »
Il fallait, en effet, ménager une santé de plus en

---

1. Lettre de madame de Beaumont (7 fructidor, 7 vendémiaire 1802).

plus frêle. Quelque grand que fût le courage de madame de Beaumont, les émotions la brisaient, son parler devenait plus lent; son caractère avait pris une sorte d'impatience qui tenait à la force de ses sentiments et au mal intérieur qui la rongeait.

Chateaubriand partit pour Rome au mois de mai 1803. La société de la rue Neuve-du-Luxembourg ne battit plus que d'une aile : le dieu n'y étant plus, le temple fut déserté. Ce n'était pas cependant le plus brillant causeur, à moins qu'il ne voulût séduire. La conversation la plus abondante, la plus littéraire, la plus pittoresque, la plus fertile en citations heureuses, était celle de Fontanes. Le comte Molé causait peu et n'avait que des jugements; Joubert, quand il n'était pas seul avec un interlocuteur, était distrait; Pasquier était fin et contait à ravir; Chênedollé avait spécialement gardé souvenance d'une discussion éloquente sur Montesquieu, un soir que madame de Beaumont avait lu tout haut le dialogue de *Sylla et Eucrate*. Celle qui savait animer ce salon de sa haute intelligence et de sa suprême distinction était maintenant abattue et à peine résignée. Guéneau de Mussy lui ayant apporté, peu après le départ de Chateaubriand, un article du *Mercure* qu'elle réclamait, la dépeint dans toute sa débilité[1] : « Figurez-vous un corbeau ou plutôt un butor qui aborde une hirondelle gracieuse et aérienne; mais j'étais fort de ma conscience, j'avais l'article en poche, je me souciais fort peu d'être ridicule... J'ai donc fait de fort bonnes affaires chez madame de Beaumont, et cependant, tout en changeant les illusions de terreur que j'apportais en sa présence en un véritable sentiment de reconnaissance pour ses bontés et ses manières engageantes, hélas! je n'en ai joui qu'avec de tristes pressentiments. A mon avis, sa santé s'altère de plus en plus; je crois les sources de la vie desséchées; sa force n'est plus qu'irritation et son esprit plein de grâce ressemble à cette flamme légère, à cette vapeur brillante qui s'exhale d'un bûcher prêt à s'éteindre. Ce n'est pas sans une sorte d'effroi que j'envisage les fatigues du voyage qu'elle projette d'entreprendre au Mont-Dore, d'où, je le conjecture, elle se rendra dans le département du Tibre. »

On lui avait fait prendre, en effet, la résolution de se soigner et de partir pour les eaux. Une sottise de Chateaubriand (le mot est d'elle) la retint encore

1. Lettre à Chênedollé (2 août 1803).

quelques jours à Paris. Il s'était avisé, dès son arrivée à Rome, de faire visite à un prince sans États, au roi de Sardaigne, celui-là même qu'a représenté Joseph de Maistre à Saint-Pétersbourg. Heureusement que le cardinal Fesch était de moitié dans cette erreur diplomatique. Chateaubriand prie madame de Beaumont d'intercéder auprès de Fontanes pour qu'il le défende en haut lieu contre les attaques de ses ennemis. Elle s'adresse en toute hâte, en effet, au président du Corps législatif. Elle lui parle à la troisième personne[1].

« M. de Chateaubriand, qui ne veut point accabler M. de Fontanes de ses lettres, me charge de causer avec lui d'une sottise qu'ils viennent de faire, et de le prier de les aider à la réparer. Cette sottise consiste à avoir été faire une visite au pauvre roi de Sardaigne. Il ajoute : « Je suis tombé » avec le cardinal, de sorte que le mal, qui après tout » n'est pas un mal, est bien peu de chose. » Je ne sais pas si on en jugera ainsi ; je suis bien fâchée de partir sans avoir pu causer avec M. de Fontanes. J'espère que cette légèreté ne sera pas prise trop sérieusement, cependant je ne suis pas tranquille.

1. C'est à l'obligeance de M. Marc-Monnier que nous devons communication de cette lettre inédite.

M. de Chateaubriand a écrit à MM. de Talleyrand et d'Hauterive sur cette affaire. Comment l'auront-ils prise? Je demande pardon à M. de Fontanes. Je suis tellement excédée de fatigue que je ne puis relire ce griffonnage et qu'à peine j'ai la force de lui renouveler l'assurance de mes sentiments et de lui dire combien le souvenir des moments que j'ai passés avec lui me sera toujours cher. — Montmorin-Beaumont. »

L'affaire fut arrangée. Ce ne sera pas la seule faute que commettra Chateaubriand à Rome, mais c'est le seul appel qu'il fit à l'intervention de son amie. Les premières lettres qu'il lui écrivait étaient une sorte de délire des monuments et des déserts, « où la trace de la dernière charrue romaine n'a pas été effacée, des villes tout entières, vides d'habitants, des aigles planant sur toutes ces ruines! Le pape a une figure admirable, pâle, triste, religieuse. Toutes les tribulations de l'église sont sur son front ». Pie VII l'avait reçu avec une bonté particulière, lui avait pris la main affectueusement, l'avait appelé son cher Chateaubriand, l'avait fait asseoir près de lui et lui avait montré le *Génie du christianisme* ouvert sur sa table. Le grand artiste était tout entier à ses impressions, et il était prêt déjà pour sa célèbre lettre à Fontanes sur la campagne romaine.

C'était avec les plus pénibles efforts que madame de Beaumont avait pu résumer cette correspondance à Joubert ; elle n'avait presque plus assez de force pour dire à ce cœur droit et pur tout ce qu'elle sentait pour lui [1]. Elle ne partait pas, et Joubert la pressait ; elle était excédée au point d'attendre du repos de la diligence elle-même, et déjà elle en sentait le dégoût. Joubert n'entendait aucune explication ; il exigeait qu'elle partît au plus vite, et ne lui pardonnait même pas une dernière bonne fortune toute littéraire.

Elle avait conservé des relations amicales avec madame de Krudner. Le salon de la rue Neuve-du-Luxembourg la voyait quelquefois ; c'était même dans une soirée où se trouvait Chênedollé que madame de Krudner critiquait *Werther ;* elle soutenait qu'il n'y avait pas de pensées, qu'il n'y avait que le mérite de la passion exprimée : « Comment ! lui avait-il répondu, il n'y a point de pensées ? mais c'est une pensée continue. » Après cette soirée, madame de Beaumont était allée faire une visite

---

[1]. Lettre de madame de Beaumont (juin 1803).

d'adieux à l'ancienne amie de Suard. On était au printemps; madame de Beaumont la trouva établie dans son jardin. Près d'elle était une femme au teint bruni par le soleil, aux lèvres épaisses, à l'air commun; un peu plus loin, un vieillard qui n'avait rien de bien distingué, si ce n'est une chevelure flottante. « La petite Krudner, une véritable rose, placée entre le vieillard et sa mère, lisait avec un son de voix enchanteur le fameux roman. » C'était Bernardin de Saint-Pierre et sa femme! Le livre était *Paul et Virginie*. Madame de Beaumont adressa au rival de Chateaubriand des louanges vraies et faites de bon cœur. Il les reçut fort simplement. « Je lui en sais gré, écrivait-elle; mais je ne sais pas jusqu'à quel point sa bonhomie est bonne; je suis bien aise de l'avoir vu, mais je ne désire pas le revoir [1]. » Il n'était pas, en effet, si bonhomme; il se voyait en présence de l'amie de l'auteur d'*Atala* et il venait de lui décocher ce trait plus malicieux qu'il n'en avait l'air : « La nature ne m'a donné qu'un tout petit pinceau, tandis que M. de Chateaubriand a une brosse. »

Tel fut le dernier incident de la vie mondaine de

---

[1]. Lettre de madame de Beaumont (juin 1803).

madame de Beaumont. Elle n'a plus que quatre mois à vivre; nous n'avons plus qu'une lente agonie à raconter, avec quelques rayons d'un soleil d'automne. Le bonheur avait été court. Quand on a trouvé ce qu'on cherchait, on n'a pas même le temps de le dire. Elle quittait Paris le 28 juin, pour le Mont-Dore. L'obligeant M. Julien avait veillé sur son départ.

V

Les fragments du journal à qui elle confiait ses peines secrètes nous montrent à nu l'âme de Pauline, restée seule et obligée de se soigner, pages toutes frémissantes et qu'on ne touche qu'avec respect.

« Depuis plusieurs années, ma santé dépérit d'une manière sensible : des symptômes que je croyais le signal du départ sont survenus, sans que je sois encore prête à partir. Les illusions redoublent avec les progrès de la maladie... Comme les autres, je me livrerais à l'espérance... A l'espérance! puis-je donc désirer de vivre? Ma vie passée a été une suite de malheurs; ma vie actuelle est pleine d'agitation et de troubles : le repos de l'âme m'a fuie pour jamais.

» Ce 21 floréal, 10 mai, anniversaire de la mort de mon frère et de ma mère !

<small>péris la dernière et la plus misérable !</small>

Oh ! pourquoi n'ai-je pas le courage de mourir ? Cette maladie que j'avais presque la faiblesse de craindre s'est arrêtée, et peut-être suis-je condamnée à vivre longtemps. Il me semble cependant que je mourrais avec joie.

<small>Mes jours ne valent pas qu'il m'en coûte un soupir !</small>

Personne n'a plus que moi à se plaindre de la nature. En me refusant tout, elle m'a donné le sentiment de tout ce qui me manque... Je ressemble à un *être déchu qui ne peut oublier ce qu'il a perdu et qui n'a pas la force de le regagner.* Ce défaut absolu d'illusion et, par conséquent, d'entraînement, fait mon malheur de mille manières. Je me juge comme un **indifférent** pourrait me juger et je vois mes amis tels qu'ils sont. Je n'ai de prix que par une extrême bonté qui n'a assez d'activité ni pour être appréciée, ni pour être véritablement utile, et dont l'impatience de mon caractère m'ôte tous les charmes. Elle me fait plus souffrir des maux d'autrui qu'elle ne me donne les moyens de les réparer. Cependant je lui dois le peu de jouissance véritable que j'ai eue dans ma vie. Je lui dois surtout de ne pas connaître l'envie, apanage si ordinaire de la médiocrité sentie. »

Quelle agitation! quels cris désespérés! Et, dans ce désabusement, quel regret profond de l'insuffisance de la vie! Sa correspondance nous met au courant des moindres péripéties de ce long et pénible voyage. Bien qu'elle fût à demi morte, n'ayant plus ni force ni volonté, son esprit d'observation ne l'abandonne pas tout le long de cette interminable route. Dès Fontainebleau, elle était tellement harassée qu'elle ne croyait pas pouvoir continuer. Les quintes de toux l'avaient reprise avec violence, et chaque passant, regardant ce pâle et doux visage, ces longs yeux creusés, s'écriait : « Madame est bien malade! » — Elle en était impatientée. A peine au Mont-Dore, elle est prise de désespoir; les montagnes l'écrasent; le sentiment de son isolement l'obsède. Elle n'a pas trouvé de lettre de Joubert. « Je suis comme le temps sombre et maussade; pas froide cependant. Ma tristesse même prouve pour moi. » Enfin, les lettres attendues se retrouvent, et elle reprend un peu d'entrain; elle donne à son plus fidèle ami les détails de son voyage, du traitement qu'elle suit, accusant son médecin et maudissant ses lenteurs. Lorsqu'elle se sentait de l'irritation, elle s'étendait sur son lit et comptait les solives du plancher. « Cette aptitude à l'imbécillité, écrit-elle à Joubert, serait assez triste; elle n'a pas été assez forte pour me faire supporter votre silence sans murmure; vous avez vu mon chagrin, et, si vous saviez ce que c'est que de se trouver seule, malade, au milieu d'indifférents et dans un pays perdu, vous me pardonneriez[1] ! » Il n'y a pas jusqu'à madame Joubert à qui elle n'adresse ses plaintes sur un silence dont les courriers de la poste étaient seuls coupables; et, sans vouloir y toucher, sa fine plume dessine en courant, malgré la souffrance, tantôt un portrait, celui de madame Saint-Germain, sa dévouée femme de chambre, et tantôt un coin de paysage : « J'ai ces maudites montagnes sur le nez ou plutôt sur la poitrine; elles m'oppressent véritablement et je n'ai d'autre plaisir dans mes promenades solitaires qu'à les déranger, à les empiler,— enfin à me faire jour quelque part. La Dordogne va

---

1. Lettres de madame de Beaumont des 20, 23 et 26 août 1803.

son train, s'échappant de partout; elle court très vite pour fuir ce vilain pays. Elle est limpide et vive, mais elle est toute nue, sans rivage et sans arbres. »

Ces lettres rassuraient-elles Joubert? Il lui était encore impossible de croire que la vivacité qui animait son amie avec une force si constante ne tînt pas à un principe de vie parfaitement conservé. Il fallait surtout faire reposer l'âme. Elle avait tellement lassé et surmené l'enveloppe qui la couvrait! Pour faire reprendre courage à Pauline[1], Joubert lui citait des moribonds qui étaient devenus septuagénaires; il lui parlait d'un M. Chazal, ancien conseiller au parlement, vieillard spirituel et gai, qui prétendait que, pour vivre longtemps et se donner le temps de guérir, il fallait constamment se tenir en appétit; il lui parlait d'une vieille religieuse qui supportait ses quatre-vingts ans avec un verre d'eau rougie et un peu de café au lait pris le matin; il lui parlait surtout de l'incurable fidélité avec laquelle elle était chérie dans un petit coin de terre, à Villeneuve; et c'était le meilleur argument pour l'engager à vivre couchée et à compter les solives souvent.

1. Lettres de Joubert des 26 juillet et 23 août 1803.

Le chagrin inondait son cœur. Elle ne disait pas à Joubert la douleur qui la dévorait ; elle la confiait à son journal, quand elle était rentrée dans sa chambre d'auberge : « Mont-d'Or. J'avais le projet d'entrer sur moi dans quelques détails, mais l'ennui me fait tomber la plume des mains. Tout ce que ma position a d'amer et de pénible se changerait en bonheur si j'étais sûre de cesser de vivre dans quelques mois. Quand j'aurais la force de mettre moi-même à mes chagrins le seul terme qu'ils puissent avoir, je ne l'emploierais pas. Ce serait aller contre mon but, donner la mesure de mes souffrances et laisser une blessure trop douloureuse dans l'âme que j'ai jugée digne de m'appuyer dans mes maux. Je me supplie en pleurant de prendre un parti aussi rigoureux qu'indispensable. Charlotte Corday prétend qu'il n'y a pas de dévouement dont on ne retire plus de jouissance qu'il n'en a coûté de peine à s'y décider ; mais elle allait mourir et je puis vivre encore longtemps. Que deviendrai-je ? Où me cacher ? Quel tombeau choisir ? Comment empêcher l'espérance d'y pénétrer ? Quelle puissance en murera la porte ? M'éloigner en silence, me laisser oublier, m'ensevelir pour jamais, tel est le devoir qui m'est imposé et que j'espère avoir le courage d'accomplir. » La conscience de ses sacrifices, de ses luttes intérieures, lui revenait dans son abandon. Elle ne se sentait pas aimée par Chateaubriand, qu'elle avait jugé pourtant digne d'elle.

Il était cependant exact dans sa correspondance. Tantôt tristes, mécontentes, tantôt gaies et d'une inconcevable folie, tantôt pleines d'une admiration communicative pour les monuments de Rome, ses lettres étaient toujours originales. Joubert la réconfortait, et René la troublait. Inquiet, susceptible, prêt à la moindre contrariété à abandonner la carrière diplomatique, il donnait à madame de Beaumont des angoisses que souvent il ne partageait pas. Dès son arrivée au Mont-d'Or, le 9 août, transmettant à Chênedollé une lettre de Chateaubriand, elle ne cachait pas son affliction de ses projets absolument déraisonnables, et elle laissait aller ces mots touchants par leur poétique faiblesse : « Je tousse moins, mais il me semble que c'est pour mourir sans bruit, tant je souffre d'ailleurs, tant je suis anéantie ! » Le secrétaire d'ambassade était en ce moment au plus mal avec son ambassadeur. Le cardinal Fesch haussait les épaules quand il apercevait sa signature. L'aventure de la visite au roi abdicataire de Sardaigne avait été exploitée; on dénonçait de Rome à Paris les inconséquences de René. Il suppliait, dans ses lettres, Fontanes et madame Biacciochi de l'arracher aux honneurs. Son imagination l'entraînant, il parlait de passer en Grèce, de s'enfermer trois mois avec les moines du mont Athos pour apprendre le grec; puis, rentré à Paris, il s'ensevelirait dans quelque hutte, sur les côteaux de Marly. « J'aurais vu, continue-t-il, tout ce qu'un honnête homme peut à peu près désirer de voir, les déserts américains, les ruines de Rome et de la Grèce, le commencement des mœurs orientales ou asiatiques; j'aurais joui à peu près de tous les succès littéraires qu'un homme peut attendre pendant sa vie, et j'en connaîtrais la valeur. J'aurais connu un peu les divers états de la vie, les camps et la politique, la cour et la ville, le malheur et ce qu'on appelle la prospérité. Il ne me manquera rien pour être un sage [1]. » Et madame de Beaumont, où est-elle dans tout ce développement oratoire? Son nom arrive pour achever la tirade : « Si je la perds, comme je le crains, je recevrai le dernier coup. »

---

1. Lettre de Chateaubriand à Guéneau de Mussy (31 août 1803).

Elle savait tout cela et restait néanmoins attachée. Si nous ne possédons pas les lettres que lui écrivait Chateaubriand, il a pris soin d'en reproduire des fragments en changeant l'adresse. Il écrivait si peu à Villeneuve, du moins dans ce temps-là, que Joubert priait madame de Beaumont de lui citer quelques mots de chacune des lettres qu'elle recevrait de Rome : « Je suis assuré que vous les choisirez toujours si bien, que, sans vous fatiguer, ils pourront me suffire à me donner une idée du reste. » Et, en effet, avant de partir pour le Mont-Dore, elle lui envoie un extrait; or, dans l'édition des œuvres complètes de Chateaubriand, cet extrait figure comme lettre adressée par lui à Joubert. C'est une erreur volontaire[1]. En arrivant le 23 juin à Rome, ce n'est pas à Villeneuve, c'est à la femme délaissée et presque mourante qu'il se hâte de donner de ses nouvelles. « M'y voilà enfin, écrit-il, toute ma froideur s'est évanouie. Je suis accablé, persécuté par ce que j'ai vu, je crois, ce que personne n'a vu, ce qu'aucun voyageur n'a peint : les sots! les âmes glacées! les barbares! Quand ils viennent ici, n'ont-ils pas traversé la Toscane,

---

[1]. Édition de 1832 chez Furne.

jardin anglais au milieu duquel il y a un temple, c'est-à-dire Florence? N'ont-ils pas passé en caravane, avec les aigles et les sangliers, les solitudes de cette seconde Italie appelée l'État romain? Pourquoi ces créatures voyagent-elles ! Arrivé comme le soleil se couchait, j'ai trouvé toute la population allant se promener dans l'Arabie déserte, à la porte de Rome : quelle ville ! quels souvenirs ! » Toutes ses notes sur l'Italie sont prises dans sa correspondance avec madame de Beaumont. Lorsqu'elle vint s'éteindre dans la maison de la place d'Espagne, Chateaubriand reçut d'elle tous les papiers qui pouvaient tomber entre des mains étrangères ; il restitua à Joubert ses propres lettres, qu'on a pu ainsi publier. Quant à la promenade dans Rome au clair de lune, elle avait été écrite pour madame de Beaumont; elle y avait fait allusion : « Du haut de la Trinité-du-Mont, les clochers et les édifices lointains paraissent comme les ébauches effacées d'un peintre, ou comme des côtes inégales vues de la mer, du bord d'un vaisseau à l'ancre. Que se passait-il il y a dix-huit siècles, à pareille heure et au même lieu ? »

Certes, cette poésie du passé, les descriptions de la villa Adriana, et les longues arcades festonnées de lierre, la peinture de ces silencieuses galeries ornées de chefs-d'œuvre et la solitude de ces loges étudiées par tant d'artistes illustres, étaient faites pour ébranler l'imagination d'une femme instruite et bien douée; elle espérait peut-être, malgré ses défaillances, que les souffles venus des montagnes de la Sabine et passant sur la Farnésine et le Colisée seraient tièdes à sa poitrine; la séduction lente et intime que Rome apporte aux âmes fortes et rêveuses, le sentiment de grandeur qu'elle laisse et qui fait que, lorsqu'on rentre dans la vie moderne, les regards ont quelque peine à s'habituer aux vulgarités, tout cela, qui l'eût plus senti, plus compris que madame de Beaumont? Mais le suprême attrait était de rejoindre celui qu'elle entourait d'une sollicitude insatiable et d'une admiration continue. Le souvenir des intimités de Savigny était toujours présent.

Ce fut pourtant toute une lutte, dans sa société choisie, pour s'opposer à ce périlleux départ. Seule, Lucile le comprenait : « Mon frère m'a mandé (30 juillet) qu'il espérait vous voir en Italie... Je ne lui céderai pas le bonheur de vous aimer; je le partagerai avec lui toute ma vie. Mon Dieu! madame, que j'ai le cœur serré et abattu! Vous ne savez pas combien vos lettres me sont salutaires,

comme elles m'inspirent de dédain pour mes maux !
Souffrez que je vous recommande encore votre
santé... Comment ne vous aimez-vous pas? Vous
êtes si aimable et si chère à tous! » Fontanes, surtout, fut extrêmement contrarié de ce voyage. Il se
préoccupait peu de la santé de madame de Beaumont ; il ne voyait que l'avenir de Chateaubriand et
le parti que les envieux ou les jaloux pourraient
tirer encore de la publicité donnée à une affection
dont le monde ne connaissait pas le désintéressement et la hauteur. Déjà le *sanglier d'Érymanthe*
avait grondé lors de la retraite de Savigny. Madame
de Beaumont l'avait su, et, dédaignant toute explication personnelle, elle avait confié sa peine à Joubert. Ce fut bien pis lorsque Fontanes apprit sa
résolution définitive : « Pour comble de ridicule,
écrit-il à Guéneau de Mussy (5 octobre), madame de
Beaumont est en Italie et se rend à Rome. Je suis
désolé. Je défends le mieux possible mon ami, mais
que puis-je contre l'orage? » Pauline n'avait pas été
ébranlée par les critiques ; Joubert, plus indulgent,
plus tendre et aussi plus distingué de cœur, n'avait
d'autres soucis que la fatigue et la longueur du
chemin pour un être épuisé. Mais il sentait que le
« vent du désert et le froid de l'isolement étaient

encore plus funestes que tous les autres ». Il fallut se rendre enfin : « Conservez-moi votre amitié, lui répondit madame de Beaumont, et soyez sûr qu'elle est peut-être le plus fort lien qui m'attache à la vie : Villeneuve et Rome renferment ce qui m'est le plus cher au monde[1]. »

Elle quitta le Mont-Dore le 5 septembre et s'arrêta à Clermont-Ferrand. Elle s'y plut; elle en aimait les toits plats, les points de vue, ce qui en faisait une ville singulière; elle se sentait dans la province d'où les Montmorin étaient sortis. Elle avait retrouvé une excellente cousine, madame de Vichy, qui s'était mise à l'adorer; et puis elle entendait enfin parler en Auvergne, mieux qu'ailleurs, de ses vieux parents, de sa mère, de son père, et la façon dont on lui en parlait lui donnait de vraies jouissances. Les premiers jours, elle put croire que les eaux étaient allées chercher la vie et la lui avaient apportée. Adoucissement trompeur et passager! un refroidissement amenait bientôt une quinte de toux, et néanmoins elle partait pour Lyon[2]. Joubert lui écrivait le 14 septembre; c'était son avant-dernière lettre; il la suppliait de ménager sa vivacité,

1. Lettre de madame de Beaumont du 4 septembre 1803.
2. Lettres de madame de Beaumont des 7 et 9 septembre 1803.

il tournait de tous les côtés son imagination pour chercher quelques soulagements à la malade. Il répétait pour la centième fois, à celle dont l'ardeur allait gaspiller ses derniers jours, que la vie est un devoir, et qu'il faut attiser ce feu sacré, en s'y chauffant de son mieux, jusqu'à ce qu'on vienne nous dire : « C'est assez ! » Il était tenté de se fâcher, voyant à quel point Pauline était aimée de ses amis, et combien elle le croyait peu. Il attendait avec impatience et inquiétude sa dernière décision, le repos à Villeneuve ou le voyage à Rome. Ce ne fut pas la raison qui l'emporta. Ballanche, qui la reçut à Lyon, prévint Chateaubriand. Il lui mandait qu'un malheur immédiat n'était pas à craindre et que l'état de la malade paraissait s'améliorer.

Elle partait pour l'Italie, et, le 1ᵉʳ octobre, elle était à Milan. Elle s'efforça de rassurer Joubert, lui affirmant qu'elle était arrivée en meilleur état qu'elle ne l'espérait, quoique extrêmement fatiguée. Son cœur était si triste[1] ! Chateaubriand n'avait pu venir jusqu'en Lombardie à sa rencontre ; mais il lui avait envoyé un compagnon sûr, respectueux et discret, M. Bertin l'aîné. Chassé de Paris en vertu d'un ordre arbitraire, relégué pen-

---

1. Lettre de madame de Beaumont du 1ᵉʳ octobre 1803.

dant quelque temps à l'île d'Elbe, M. Bertin s'était évadé, emmenant avec lui son geolier. Il séjournait à Florence lorsqu'il rencontra pour la première fois Chateaubriand aux funérailles d'Alfieri. De retour à Rome, ils se lièrent si promptement et si étroitement que, retenu par un devoir officiel auprès du cardinal Fesch, René confia à son nouvel ami la mission d'aller chercher à Milan la fille du comte de Montmorin.

C'est à Florence qu'il la rejoignit lui-même. Il fut terrifié à sa vue; elle n'avait plus que la force de lui sourire. La voiture cheminait au pas. L'automne, en Italie, est la plus délicieuse des saisons. La nature se repose dans l'harmonie des couleurs et dans la douceur du ciel. Tout y apaise le regard. Pauline attachait moins ses yeux sur le beau pays qu'elle traversait que sur l'homme qu'elle aimait et admirait tant! Ils avaient pris la route de Pérouse. « Que m'importait l'Italie? J'en trouvais encore le climat trop rude, et, si le vent soufflait un peu, les brises me semblaient des tempêtes. » Ainsi parlait en 1837, après plus de trente ans, René vieilli, écrivant ses *Mémoires*. Le cœur lui battait en remuant les cendres des tendresses de sa jeunesse. A Terni, madame de Beaumont parla d'aller visiter la cascade. « Ayant fait un effort pour s'appuyer sur mon bras, elle se rassit et me dit : « Il faut lais-» ser tomber les flots ! » C'étaient des paroles comme seule, dans sa mélancolie, elle savait les prononcer. Ils descendirent par la voie Appienne, entre cette allée de tombeaux en ruine, longeant cette campagne dont « le silence était aussi vaste que le tumulte des hommes qui l'avaient foulée », et contemplant cet horizon qui n'est comparable à aucun autre pour la beauté des lignes. Pauline ne pouvait que serrer la main à Chateaubriand lorsqu'elle l'entendait lui décrire les grandeurs des paysages où elle venait demander le repos. C'est ainsi que, bouleversés par les plus fortes émotions, ils entrèrent dans la ville éternelle. Ceux qui ont vu Rome connaissent la place d'Espagne. Il y a quatre-vingts ans, dans la portion la plus rapprochée de la Trinité-du-Mont, et qui touche à la rue Saint-Sébastien, existait une petite maison, avec un jardin d'orangers, s'étendant jusqu'au-dessous du Pincio, et une cour plantée d'un figuier. Ce fut dans cette retraite abritée que Chateaubriand installa son amie malade. C'est là qu'elle s'éteignait vingt jours à peine après avoir retrouvé celui qu'elle avait à tout prix voulu rejoindre.

XII

Mort de la comtesse de Beaumont.

CONCLUSION

Les derniers moments de madame de Beaumont n'eurent que deux témoins, Bertin l'aîné et Chateaubriand. Ils se succédèrent au chevet de son lit. L'un n'a laissé aucune lettre qui pût nous renseigner ! L'eût-il fait, qu'aurait-il pu nous dire qui valût les éloquentes pages consacrées à l'agonie de Pauline dans les *Mémoires d'outre-tombe ?* Qui ne les a lues ? Essayer, après un pareil maître, de décrire ce douloureux spectacle serait plus qu'une faute, nous pouvons du moins enchâsser ses larmes et mettre en relief les traits ineffaçables du tableau créé par son génie. L'art a peut-être trop pris la place de la sensibilité, quand, plus de trente ans après avoir perdu l'affection la plus élevée qu'il cût jamais rencontrée, il est revenu sur ses tristesses anciennes et a raconté cette mort ! Et néanmoins le souffle y est et vous emporte.

Pour mieux fixer alors ses souvenirs, il avait sous les yeux un récit, composé par lui, le lendemain même et destiné à M. de la Luzerne. Mais, préoccupation singulière ! Chateaubriand en fit plusieurs copies que les amis se passèrent de main en main religieusement. Nous avions eu une obligeante communication de ce précieux document, conservé dans la famille Joubert. Il a été publié depuis. On peut donc comparer les deux textes; ils se rapprochent beaucoup, des phrases entières ont passé sans changement dans le livre. Des longueurs, nécessaires, quand les amis avaient soif des moindres incidents, ont disparu; si l'homme de lettres a quelquefois mis de l'apprêt quand la simplicité de l'ancien texte eût été plus touchante, ces taches sont rachetées par de telles beautés, que les yeux suivent, sans pouvoir s'en détacher, les scènes de l'émouvante séparation et que les cœurs restent attendris.

Lorsque madame de Beaumont entra à Rome, elle ne pouvait ni monter un escalier, ni marcher.

Les médecins déclarèrent que le poumon commençait à être attaqué, et qu'il ne fallait plus espérer la vie de la malade que d'un miracle. Le sentiment de l'honneur n'abandonna pas un seul instant Chateaubriand, et la vue de tant de souffrances subies avec un si viril courage, donna à son dévouement une énergie qui ne se démentit pas, durant cette difficile épreuve. Il s'efforça de mettre en évidence devant le monde, devant la diplomatie, non plus Pauline, mais la fille du comte de Montmorin, du ministre de Louis XVI. Le pape envoya savoir des nouvelles du dernier rejeton d'une famille illustre et malheureuse. Le cardinal Consalvi, et les membres du Sacré Collège imitèrent Pie VII. Le cardinal Fesch lui-même obéit aux convenances.

Madame de Beaumont parut d'abord un peu soulagée par le climat. Quand le temps le permettait, elle se promenait de midi à une heure, en voiture. Dans ses lueurs d'espérance, Chateaubriand pensait que son amie ne le quitterait plus; il comptait la conduire à Naples au printemps et, de là, envoyer sa démission aux Affaires étrangères. Il était ému enfin du déchirement de cette âme, qui avait reçu plus que les autres la faculté de souffrir.

Des lettres cruelles à lire lui arrivaient. Toutes,

malgré des inquiétudes, exprimaient encore de l'espoir; toutes aussi, comme celle de madame de Krüdner, après avoir rappelé l'intérêt qu'excitait madame de Beaumont disaient : « Elle retrouvera un peu de santé avec le soleil d'Italie et le bonheur de votre présence. » — Mais aucune voix ne fut plus lamentable que celle de Lucile : « Mon ami, je vois toujours madame de Beaumont pleine de vie et de jeunesse et presque immatérielle; rien de funeste ne peut, à son sujet, me tomber dans le cœur. Le ciel qui connaît nos sentiments pour elle, nous la conservera sans doute; mon ami, nous ne la perdrons point; il me semble que j'en ai au dedans de moi la certitude; je me plais à penser que, lorsque tu recevras cette lettre, tes soucis seront dissipés. Dis-lui, de ma part, tout le véritable et tendre intérêt que je prends à elle; dis-lui que son souvenir est pour moi une des plus belles choses de ce monde. » — Et puis le désespoir, la cruelle certitude de son isolement dans le monde lui dictent ces lignes qui sont autant de sanglots : « Adieu, te reverrai-je?... Si tu me revois, je crains que tu ne me retrouves entièrement insensée. Adieu, toi à qui je dois tant! Adieu, félicité sans mélange! O souvenir de mes beaux jours, ne pouvez-vous donc éclairer un peu maintenant mes tristes heures !... Dès notre enfance, tu as été mon défenseur et mon ami, jamais tu ne m'as coûté une larme et jamais tu n'as fait un ami sans qu'il ne soit devenu le mien... Donne-moi vite des nouvelles de madame de Beaumont[1]. »

Lucile se reposait du bonheur qui lui manquait sur son frère et sur Pauline, et elle se sauvait de son ennui et de son chagrin dans leur pensée. Les êtres qui inspirent de pareilles affections à des natures aussi distinguées ont des qualités que le vulgaire a ignorées. La vie de Lucile jetait ses dernières clartés; elle se consumait, comme une lampe, dans les ténèbres d'une longue nuit. C'était Saint-Germain, le valet de chambre de madame de Beaumont, qui, quelques mois après avoir pleuré l'une, devait suivre seul, absolument seul, le cercueil délaissé de l'autre ; et Lucile, qui tenait si peu à la terre, ne devait même pas y laisser de trace ; elle disparaissait dans la fosse commune.

Cependant le mieux que le climat de Rome fit éprouver à madame de Beaumont ne dura pas.

Le 28 octobre, elle pouvait encore écrire sur son

---

1. *Mémoires d'outre-tombe.*

journal ces quelques lignes : « Depuis dix mois, je n'ai pas cessé de souffrir; depuis six, j'ai tous les symptômes du mal de poitrine et quelques-uns au dernier degré. Il ne me manque plus que les illusions et peut-être en ai-je. » — Elle n'écrivit plus. Les promenades en voiture cessèrent. Vainement Chateaubriand s'efforçait de la distraire, en lui montrant la campagne et le beau ciel; elle ne prenait plus goût à rien. Sa dernière sortie fut pour le Colysée, pour ces portiques qui avaient vu tant mourir! Avec quelle poésie cette visite a été retracée!

Elle eut froid et Chateaubriand la ramena place d'Espagne. Elle se coucha et ne se releva plus. Le 2 novembre, le médecin ne dissimula pas que le terme approchait. Madame de Beaumont le savait, et son courage ne faiblit pas. Apercevant des larmes qui se dérobaient dans les yeux de son ami, elle lui dit en souriant et en lui tendant la main : « Vous êtes un enfant; est-ce que vous ne vous y attendiez pas? »

Les deux récits, celui des Mémoires, et celui qui fut adressé à M. de la Luzerne se ressemblent ici et donnent sur la journée et la nuit du 3 novembre les mêmes détails. Les nuits d'agonie ne s'oublient jamais. Chateaubriand tenait à ce que la fille du comte de Montmorin reçût un prêtre; lorsque, fondant en larmes, il lui en parla, elle fut quelque temps sans répondre, le regarda fixement; puis, d'une voix ferme : « Je ne croyais pas que cela fût tout à fait si prompt : Allons! Il faut bien vous dire adieu. Faites appeler l'abbé de Bonnevie. » C'était un grand vicaire de Lyon, homme d'esprit et attaché à l'ambassade.

On se rappelle que les malheurs inouïs dont elle avait été frappée pendant la Révolution avaient fait douter madame de Beaumont de la justice de la Providence. Elle déclara à l'abbé de Bonnevie « qu'elle était prête à reconnaître ses erreurs et à se recommander à la miséricorde éternelle; qu'elle espérait toutefois que les maux qu'elle avait soufferts dans ce monde abrègeraient son expiation dans l'autre ».

L'abbé de Bonnevie n'avait jamais entendu un plus beau langage, ni vu un pareil héroïsme. Chateaubriand étant retourné auprès de son amie, elle lui dit à demi-voix : *Eh bien, êtes-vous content de moi?* Que de choses, dans ce mot fin et tendre! Il fallait bien maintenant que le cœur se dégonflât. Elle s'attendrit sur les bontés que René lui témoignait. A ce moment, la lettre de Chateaubriand à M. de la Luzerne se tait; mais les *Mémoires* parlent. Pauline avoua qu'elle avait cru lui être à charge, et qu'elle avait désiré mourir pour le débarrasser d'elle. Elle lui dit tout ce qu'une femme tendre et fière, et n'ayant plus que quelques heures à elle, peut dire quand elle ne s'est pas crue aimée et quand elle n'a aimé qu'une fois. Que répondit-il? Il fut séduisant, il pleura; sut-il convaincre? une admirable phrase, plus éloquente dans sa sobriété que de longues périodes, nous rassure. Elle l'écoutait; « elle ne cessait de marquer sa surprise, et elle semblait mourir *désespérée et ravie* ».

Comme Joubert jugeait bien cette âme de flamme, lorsque, apprenant les suprêmes consolations que lui versa Chateaubriand, il écrivait à Chênedollé : « Quant à elle, on sent, pour peu qu'on l'ait connue, qu'elle eût donné dix ans de vie pour mourir si paisiblement et pour être ainsi regrettée. Je serais désolé aujourd'hui qu'elle n'eût pas fait ce voyage qui m'a causé tant de tourments[1]! »

La fin était proche. On porta à madame de Beaumont les derniers sacrements avec la solennité, la

---

1. Lettre de Joubert à Chênedollé, 2 janvier 1804.

pompe et le concours habituels à Rome. Elle vit sans la moindre frayeur, le *formidable appareil* [1]. Elle n'avait pas tout dit. Quand la foule fut retirée, elle fit asseoir Chateaubriand au bord de son lit; elle eût voulu lui laisser sa fortune, si elle avait eu le temps de refaire son testament, et si son ami avait voulu accepter; mais il n'y avait que Fontanes pour lui donner un pareil conseil [2]. La délicatesse de Chateaubriand s'en était justement révoltée; Pauline exigea qu'il vécût désormais auprès de madame de Chateaubriand [3]. Elle y ajoutait Joubert; elle savait bien que Joubert lui parlerait d'elle.

Vint alors le souvenir des rêves faits en commun; elle rappela Savigny et les projets de retraite à la campagne dont ils s'étaient quelquefois entretenus et elle se mit à pleurer. Puis elle pria René d'ouvrir la fenêtre, pour qu'un rayon de soleil la réjouît. C'était le vendredi 4 novembre. Il était environ midi. On vint chercher Chateaubriand pour donner des ordres. M. Bertin le remplaça au chevet du lit. Lorsque René revint entre deux et

---

1. V. Lettre à M. de la Luzerne.
2. Lettre de Fontanes à Chateaubriand.
3. La lettre à M. de la Luzerne ne contient que ces mots : *Ses conseils ne sortiront jamais de ma mémoire.*

trois heures, madame de Beaumont lui dit qu'elle sentait l'approche des convulsions. Elle rejeta tout à coup sa couverture, lui tendit une main ; ses yeux s'égarèrent : « Je lui demandai si elle me reconnaissait ; l'ébauche d'un sourire parut au milieu de son égarement ; elle me fit une légère affirmation de tête. » La lettre à M. de la Luzerne s'exprime ensuite en ces termes : « Les convulsions ne durèrent guère plus de dix à douze minutes ; après quoi, elle ferma les yeux et s'affaissa sur son oreiller. Je portai la main à son cœur, il ne battait plus. » Les *Mémoires* ont un langage moins vrai et moins simple.

« Nous la soutenions dans nos bras, moi, le médecin et la garde. Une de mes mains se trouvait appuyée sur son cœur qui touchait à ses légers ossements ; il palpitait avec rapidité, comme une montre qui dévide sa chaîne brisée. O moment d'horreur et d'effroi ! Je le sentis s'arrêter. Nous inclinâmes sur son oreiller la femme inclinée au repos ; elle pencha la tête. Quelques boucles de ses cheveux déroulés tombaient sur son front, ses yeux étaient fermés, la nuit éternelle était descendue. Le médecin présenta un miroir et une lumière à la bouche de l'étrangère ; le miroir ne fut pas terni du souffle de la vie et la lumière resta immobile. Tout était fini ». Combien malgré la magnificence de ce langage, nous préférons en ce moment-là la courte phrase du premier récit!

Ce ne furent pas les obsèques de Pauline; ce furent les obsèques de la fille du comte de Montmorin que Chateaubriand célébra; il représenta et le cardinal ministre et la famille: mais que d'amertumes au milieu de cette pompe officielle! « Si vous saviez ce qu'on entend et dans quels détails il faut entrer! » Il fallut qu'il s'occupât de la longueur de la fosse, qu'il délivrât le linceul et donnât les dimensions du cercueil au menuisier. Il fallut faire plus! Madame de Beaumont avait désiré d'être ensevelie dans une pièce d'étoffe que son frère Auguste lui avait envoyée de l'île de France. Cette étoffe n'était pas à Rome; on n'en trouva qu'un morceau qu'elle portait partout avec elle. Chateaubriand écarta les mains mercenaires. Il aida la pauvre Saint-Germain à attacher ce morceau autour du corps avec une cornaline qui renfermait des cheveux de M. de Montmorin. « Le samedi 5 novembre à sept heures du soir, à la lueur des

---

1. Lettre à M. de la Luzerne.

torches et au milieu d'une grande foule, passa madame de Beaumont par le chemin où nous passerons tous. »

Les cérémonies religieuses eurent lieu le lendemain dimanche, à l'église Saint-Louis, en présence de tous les Français qui se trouvaient à Rome. Chateaubriand présidait, et, en rendant compte de cette cérémonie à M. de la Luzerne, il ajoutait ces paroles touchantes : « Je vous prie d'observer que M. de Montmorin, madame de Montmorin, leurs deux fils et madame votre épouse, ayant pour ainsi dire été privés de sépulture, j'ai désiré que le dernier rejeton d'une famille illustre et malheureuse trouvât du moins quelque appui dans l'attachement d'un homme obscur, et que l'amitié ne lui manquât pas comme la fortune. »

Il ne sollicita que deux faveurs et toutes les deux doivent être comptées à son cœur. Il demandait à prendre pour serviteurs madame Saint-Germain et son mari, parce qu'ils avaient aimé leur attachante maîtresse, et à élever à ses frais un monument à Pauline de Montmorin. Ces désirs furent exaucés. Un marbre devait être placé sur la tombe, avec l'inscription du verset de Job que madame de Beaumont répétait souvent : *Quare misero data est lux et vita his qui in amaritudine animæ sunt?* (Pourquoi la lumière a-t-elle été donnée au misérable et la vie à ceux qui sont dans l'amertume du cœur.) L'autre marbre devait être debout à la tête du cercueil et appliqué contre le mur de la chapelle. Ce fut M. Bertin, avec son goût éclairé, qui fournit le sujet du bas-relief. La jeune femme est couchée sur son lit et elle montre d'une main les portraits de sa famille; elle va elle-même exhaler son dernier soupir. Sous les médaillons est gravé le mot de Rachel: *Quia non sunt.*

Chateaubriand connaissait un jeune sculpteur français, M. Marin, célèbre par la belle esquisse qui remporta le grand prix en l'an ix, Gracchus partant pour le conseil des conjurés[1]. Il lui confia l'exécution du monument et donna à l'artiste une idée générale de la figure de Pauline.

« On n'a pas senti la désolation du cœur, quand on n'est point demeuré seul à errer dans les lieux naguère habités d'une personne qui avait agréé votre vie. » Ainsi s'exprime René parlant des semaines qui suivirent la cruelle séparation. Les aspects lui semblaient changés; il se croyait abandonné sur

---

[1]. *Journal de Paris,* 7 pluviose, an xii. Extrait d'une lettre de Rome.

les ruines de Rome. Essayait-il de se livrer au travail? une figure venait se placer devant lui et il ne pouvait plus la chasser. Les consolations lui arrivèrent d'abord de la petite société dissoute. C'était à qui relirait la copie de la relation faite pour M. de la Luzerne[1], et en saurait des phrases par cœur. Chateaubriand a cru devoir reproduire dans ses Mémoires quelques lettres de condoléance, comme autant de couronnes destinées à être déposées sur un tombeau.

De tous ces témoignages de regret, nous ne citerons pas ceux de Chênedollé et de Fontanes. On n'y sent pas suffisamment le cri de l'âme en deuil. Une seule lettre est émouvante ; elle est de madame de Staël. Exilée de Paris, et loin aussi de Coppet, elle n'avait lu que tardivement la narration qui lui avait été envoyée. Son admiration pour le caractère de madame de Beaumont s'était réveillée. « Depuis que je suis entrée dans le monde, je n'avais jamais cessé d'avoir des rapports avec elle, et je sentais toujours qu'au milieu même de quelques diversités, je tenais à elle par toutes les racines. » La femme de génie demandait à Chateau-

---

1. Lettre de madame de Vintimille à Chênedollé.

briand une place dans sa vie; elle lui parlait même de l'enthousiasme de M. de Humboldt pour ses livres, et elle ajoutait : « Que vais-je vous parler de vos succès, dans un tel moment? Cependant *elle les aimait, ces succès; elle y attachait sa gloire...* Continuez de rendre illustre *celui qu'elle a tant aimé...* Que, dans votre récit, il y a de mots déchirants ! Et cette résolution de garder la pauvre Saint-Germain ! Vous l'amènerez une fois dans ma maison. Adieu tendrement, douloureusement adieu. »

Il fallait tout ce réconfort pour que, dans son isolement, Chateaubriand se relevât. Son âme, qui était faible, ne résistait pas aux calomnies, pas même aux médisances. Une lettre bien curieuse, écrite par lui, le 20 novembre, à Guéneau de Mussy, déchire les voiles. On ne peut négliger de pareilles confidences !

« Votre lettre, mon jeune ami, m'a fait pleurer. J'ai été très sensible aux marques de votre bon cœur dans cette circonstance, d'autant plus que ma peine est extrême, et que ni vous ni vos amis de Paris ne peuvent savoir, et peut-être ne croiront jamais ce que j'ai souffert ici... Si je ne trouvais pas un dédommagement dans l'opinion publique qui semble m'élever dans toute l'Europe, à mesure qu'on cherche à me ravaler, je ne sais si j'aurais pu rester ici huit jours. Les infâmes! n'ont-ils pas mêlé une femme adorable, ma bienfaitrice, et j'ose dire, à présent, une sainte, à leurs propos? L'auteur du *Génie du Christianisme* ne devait-il pas demander le divorce? Eh bien, la mort est venue. Que diront-ils? Le monde entier a été appelé à ce spectacle; le dernier rejeton d'une famille massacrée par eux est descendu chrétien au tombeau; certes le démenti est formel; mais qu'il me coûte cher! Je ne forme plus qu'un vœu, celui d'une petite retraite où je puisse me cacher pour écrire les mémoires de ma vie avant de mourir... Le monument de madame de Beaumont me coûtera environ neuf mille francs. J'ai vendu tout ce que j'avais pour en payer une partie; il me reste encore une très belle voiture; mais, comme notre amie est montée dedans deux ou trois fois et que sa maladie est regardée ici comme contagieuse, j'ai peur de ne pouvoir me défaire de cette voiture. Mille amitiés. »

Les injures avaient été aussi impuissantes que le découragement avait été passager. L'homme d'honneur, par son attitude, désarma toutes les méchancetés et les envies. Chateaubriand, avant même de quitter Rome, avait conquis l'estime du corps diplomatique en entier, et même l'amitié du cardinal Fesch[1]. En même temps que, par la tournure des esprits et des événements, complète justice lui était rendue, une auréole s'attachait au front de l'aimable femme ensevelie à Saint-Louis. Le bas-relief fut promptement achevé. La petite statue, aussi élégante que l'une des Grâces de Germain Pilon, fut placée contre la muraille de la chapelle, et cette inscription fut gravée au-dessous sur le marbre blanc :

D. O. M.
Après avoir vu périr toute sa famille,
son père, sa mère, ses deux frères et sa sœur,
PAULINE DE MONTMORIN,
consumée d'une maladie de langueur,
est venue mourir sur cette terre étrangère.

F.-A. de Chateaubriand a élevé ce monument
à sa mémoire !

Il lui en a élevé un autre. Il a immortalisé son nom. Lorsque l'âge eut amorti les passions, lorsqu'il put se rendre compte de la part qu'avait eue la vanité dans les affections qu'il avait inspirées, lorsqu'il eut dressé cet inventaire douloureux des

---

[1]. Lettre de Joubert à Chênedollé, 2 janvier 1804.

sentiments que tout homme réfléchi et perspicace sait démêler, il s'aperçut que deux femmes seules l'avaient aimé au-dessus de tout et plus qu'elles-mêmes, sa sœur et son amie de Savigny, Lucile et Pauline. Mais c'est dans sa vieillesse que ces deux ombres vinrent le consoler et qu'il causait intérieurement avec elles. Il avait été séduit et comme enlevé par ses années de gloire. Alors qu'il se croyait condamné à une tristesse sans appel et à des regrets sans espoir, les portes de son cœur se rouvraient; et six mois à peine s'étaient écoulés depuis qu'il avait pleuré. Mais que pourrions-nous dire qui valût ses aveux, et quelle accusation ne serait pas désarmée par sa confession? « Mon chagrin ne se flattait-il point, en ces jours lointains, que le lien qui venait de se rompre était mon dernier lien? et pourtant que j'ai vite, non pas oublié, mais remplacé ce qui me fut cher! L'indigence de notre nature est si profonde, que, dans nos infirmités volages, pour exprimer nos affections récentes, nous ne pouvons employer que des mots déjà usés par nous dans nos anciens attachements. Il est cependant des paroles qui ne devraient servir qu'une fois : on les profane en les répétant. »

Le souvenir de Pauline de Montmorin se trouva

toutefois mêlé à deux actes importants de sa vie.

Il était reparti pour Paris le 21 janvier 1804, après avoir prié à Saint-Louis sur des cendres qui n'étaient pas froides encore. Le premier consul l'avait nommé ministre plénipotentiaire à Sion. L'ancienne société de la rue Neuve-du-Luxembourg s'était dispersée; madame de Chateaubriand était venue le rejoindre pour l'accompagner dans le Valais. Il allait prendre possession de son poste le 20 mars, lorsqu'il voulut dire adieu au cyprès que Pauline, presque enfant, avait planté dans le jardin de l'hôtel de la rue Plumet. René seul distinguait cet arbre grêle entre trois ou quatre autres de son espèce[1]. Il inclinait vers lui sa tête jaunie et murmurait à la fenêtre de la chambre abandonnée des choses mystérieuses. Une fois son pieux tribut payé, il descendait vers l'hôtel de France, rue de Beaune, où il logeait, lorsqu'il entendit un crieur public annoncer le jugement qui condamnait à la peine de mort Antoine-Henri de Bourbon, duc d'Enghien. Il entra chez lui et écrivit sur-le-champ sa démission.

A vingt-quatre ans de là, il était envoyé comme

---

1. *Mémoires d'outre-tombe.*

ambassadeur dans cette Rome, qu'il n'avait pas revue. C'était madame Récamier qui réglait alors sa vie. Il reprit la route de Pérouse, le chemin de sa jeunesse, dans le temps où il trouvait le climat encore trop rude pour la malade et où les brises lui semblaient des tempêtes [1]. Le remords de tous les oublis vint l'assaillir. A Terni, où il s'arrêta, il n'entendit plus la voix mélancolique qui disait : *Il faut laisser tomber les flots!* Et, quand il rentra dans Rome, les monuments lui parurent moins parfaits. Le tombeau qu'il avait élevé n'avait pas été entretenu. M. Pasquier, dans un voyage en Italie, l'avait heureusement fait réparer; madame de Duras, en 1822, était allée visiter la chapelle. Que d'années de solitude et de silence avaient passé, lorsque Chateaubriand retrouva, en 1828, le monument élevé à celle qui avait été pour lui si douce, et qui avait été l'âme d'un monde évanoui [2]! Que lui dit-il en appuyant son front presque sexagénaire sur le bas-relief bruni par l'abandon?

Et Joubert? nous n'avons plus parlé de lui depuis ce fatal voyage de Rome, qu'il n'avait pu empêcher, et qui l'avait mortellement affligé. La

---

1. Lettre à madame Récamier, 11 octobre 1828.
2. Lettre de madame de Duras, 11 décembre 1822.

dernière lettre de Pauline, datée de Milan, lui était arrivée le 8 octobre; les caractères de l'écriture portaient une telle empreinte de fatigue et d'accablement, que les larmes étaient montées à ses paupières. Il avait alors envoyé à l'infortunée ces lignes, qui sont un chef-d'œuvre de tendresse délicate et de commisération passionnée :

« Je ne vous ai pas écrit, c'est de chagrin. Votre départ, dans les fatigues dont vous sortiez et votre immense éloignement m'ont accablé.

» Je ne crois pas avoir éprouvé un sentiment plus triste que celui dont je m'abreuvais tous les matins, comme d'un déjeuner amer, en me disant à mon réveil, depuis votre dernière lettre : « Elle est maintenant hors de France » ou : « Elle en est loin »!...

J'ai rompu, dans ma tristesse et ma mauvaise humeur, toute correspondance avec le monde entier. Je laisse s'amonceler les lettres qu'on m'écrit : je ne les lis même pas tout entières, je n'écris plus. Enveloppé de mon chagrin, comme d'un manteau brun, je m'y cache, je m'y enfonce, j'y vis sourd et taciturne... Je reste ici l'hiver, ma vie intérieure va tout entière se passer entre le ciel et moi. Mon âme conservera ses habitudes; mais elle en a perdu les délices...

» Vous me recommandez de vous aimer toujours. Hélas! puis-je faire autrement, quelle que vous soyez et quoi que ce soit que vous vouliez?... Personne ne m'a jamais rempli d'un plus solide et plus fidèle attachement que vous...

» Je vais écrire un mot à notre jeune ami. Il a des peines, je le sais. Au nom de toutes choses, adoucissez-les par votre présence, mais n'allez pas les partager! Vous ne feriez que les doubler et rendre ses chagrins irrémédiables par le mal que vous vous feriez...

» Adieu, cause de tant de peines, qui avez été pour moi si souvent la source de tant de biens. Adieu! conservez-vous, ménagez-vous et revenez quelques jours parmi nous, ne fût-ce que pour me donner un seul moment l'inexprimable plaisir de vous revoir. »

Chateaubriand aurait-il écrit cette lettre-là, si pleine d'émotion contenue, si réchauffée d'une de ces flammes qui ne s'éteignent jamais?

Nous avons cité les paroles de Joubert au comte Molé, celles qui rendent le mieux justice aux qualités intellectuelles de madame de Beaumont, à la faculté qu'elle avait d'entrer dans toutes les idées qu'on pouvait lui présenter, à son goût pour ce qui était exquis, à sa légèreté de touche, à son esprit supérieur et sans faste, qui plaçait son âme au niveau des talents les plus éclatants. Mais c'est dans une lettre à Chênedollé du 2 janvier 1804, que Joubert s'ouvre tout entier. Après lui avoir expliqué que le voyage de Rome, et le désir d'y mettre obstacle absorbaient toutes ses pensées et occupaient toutes ses forces, après s'être excusé de son silence, en alléguant des craintes qui ne l'avaient pas moins accablé que le malheur, il ajoute :

« Je ne vous dirai rien de ma douleur. Elle n'est pas extravagante, mais elle sera éternelle. Quelle place cette femme aimable occupait pour moi dans le monde! Chateaubriand la regrette sûrement autant que moi ; mais elle lui manquera moins ou moins longtemps. Je n'avais pas eu, depuis neuf ans, une pensée où elle ne se trouvât d'une manière ou d'autre en perspective. Ce pli ne s'effacera point, et je n'aurai pas une idée à laquelle son souvenir et l'affliction de son absence ne soient mêlés. »

Joubert ne se vantait pas ; sa douleur fut éternelle. Les années ne lui enlevèrent rien de sa profondeur; il ne voyait plus avec qui et à qui il pourrait parler. Il avait été mis en possession du beau portrait de madame de Beaumont par madame Vigée-Lebrun.

Madame de Vintimille s'était aussi dépouillée pour lui d'une miniature qui avait été faite peu de mois avant la mort de leur jeune amie. Il vivait avec son ombre, il paraissait fort, il paraissait gai; le changement était tout dans le dedans. Là étaient le vide, le néant; il avait le cœur et l'esprit perclus [1]. Comme si ce n'était pas assez de penser à elle tous les jours, il consacrait à son souvenir un mois spécial, ce mois d'octobre, où elle l'avait fait tant souffrir de ses souffrances. Tout ce qui la lui rappelait lui était cher; et, s'il avait un jour trouvé charmante l'enfant de madame de Guitaut, c'est que son prénom appartenait à la femme si regrettée, dont l'affection avait réjoui sa vie! Comme mademoiselle de Montmorin, mademoiselle de Guitaut s'appelait Pauline, et il lui souhaitait plus de bonheur.

Si Chateaubriand avait élevé un mausolée de marbre à la comtesse de Beaumont, Joubert lui avait dressé dans son cœur un autel qu'il entretint jusqu'à sa mort. Il s'attacha en vieillissant aux survivants de la petite société qui comprenaient et partageaient son culte. S'il avait conservé pour

---

1. Lettres de Joubert, 18 novembre 1804, octobre 1807, 22 juillet 1822.

M. Jullien de l'amitié, c'est que celui-là, plus de vingt ans après, restait fidèle au souvenir. S'il se lia si intimement avec madame de Vintimille, c'est qu'elle écrivait : « L'éternel souvenir de la malheureuse amie que je pleure ne me permettra jamais de voir avec indifférence ceux qui partageaient mes sentiments pour elle. Quelle perte nous avons tous faite ! Je ne puis dire le chagrin que j'en ressens. C'est une plaie qui ne se fermera jamais. L'idée de ne plus la revoir me poursuit sans cesse[1]. »

Que pensa-t-il de Chateaubriand, tout en continuant de l'aimer? Il l'avait bien jugé durant le premier séjour à Rome. Et, malgré sa tolérance pour le *pauvre garçon*, il l'avait complètement pénétré dans ses côtés d'ostentation et d'homme de cour. Le manque de convenances de certains passages de l'épisode de René l'avait blessé. Mais il avait à la longue pardonné, comprenant le fonds d'ennui et le tempérament de ce naïf et de cet égoïste qui n'écrivait que pour les autres et ne vivait que pour lui[2]. Lorsque le comte Molé, en juin 1805, dans une lettre inédite, disait : «Je trouve toujours Chateaubriand fort loin d'être aussi raisonnable

---
1. Lettre de madame de Vintimille à Chênedollé.
2. Lettre de Joubert à Molé, 21 octobre 1803.

qu'il est aimable et bon enfant. Il y a dans cet homme une vanité frivole que je croyais inconciliable avec un mérite comme le sien. » Lorsque le comte Molé parlait ainsi à Joubert, ce dernier avait discerné depuis longtemps, dans le préféré de Pauline, un fonds d'enfant qui le rendait aussi incapable de torts sérieux que de bienfaits suivis.

Pour avoir à ce point séduit et presque rendu jaloux le plus subtil, le plus fin, le plus délicat, le plus original des penseurs, qu'avait donc la comtesse de Beaumont? Elle avait elle-même tous ces dons, avec le charme féminin. Le mot de mademoiselle de Chatenay lui était plus applicable qu'à Joubert. Elle était vraiment une âme qui, ayant rencontré par hasard un corps, s'en tirait comme elle pouvait.

Il n'y a eu qu'un temps, il n'y a eu qu'un pays, où, sans aucune force de beauté, d'opulence, de renommée, une jeune femme ait exercé un tel empire sur des esprits éminents. C'est la France à la fin du xviii° siècle.

Produit de la race la plus aristocratique et de la civilisation la plus raffinée, réunissant dans un corps souple et frêle l'élégance d'une Florentine de la Renaissance et les grâces de la patricienne, à une époque où les patriciennes furent le type accompli de la grande dame, ayant un cœur énergique et droit, Pauline de Montmorin possédait, en outre, le double attrait de la souffrance et du malheur supportés héroïquement. Elle mérite donc de vivre dans la mémoire de cette élite de lettrés dont les rangs s'éclaircissent de plus en plus.

Il y a peu de jours nous étions à Rome; nous avions voulu porter notre respectueux hommage à cette tombe sur laquelle Chateaubriand s'était agenouillé. Il nous semblait qu'après nous être incliné sur ses cendres, nous serions plus dignes de parler de Pauline de Montmorin, et qu'en respirant l'air qui avait recueilli son dernier souffle, nous y puiserions plus de sympathies pour elle.

C'est à gauche, dans la première chapelle, en face du tombeau du cardinal de Bernis, qu'elle repose. Les années ont enlevé quatre doigts à la petite main de marbre et estompé la douce image. L'église Saint-Louis était déserte à l'heure où nous y entrâmes; nos pas troublaient seuls le silence. Il nous semblait entendre René faisant ses adieux à cette amie charmante, et la suppliant, comme dans l'épitaphe grecque, de ne pas boire, chez les morts, à la coupe qui fait oublier. Nous pensions aussi que Joubert avait regretté toute sa vie de ne pas venir prier et pleurer sur cette pierre qui recouvrait les qualités les plus françaises, toutes aujourd'hui disparues. Puisse ce modeste livre ne pas être trop au-dessous de ce temps et de cette société dont nous sommes, jusqu'au fond des entrailles, les enfants prodigues!

APPENDICE

PIÈCES INÉDITES

I

Documents établissant les relations du comte et de la comtesse de Montmorin avec les Trudaine et les intendants d'Auvergne.

ARCHIVES DE LA PROVINCE D'AUVERGNE.

A M. DE TRUDAINE, INTENDANT D'AUVERGNE.

Sy j'etoit plus alante j aurois étée avec grand plaisir monsieur solliciter la cause des plus pauvres abitant de Manson en faveur desquels m^r de Tane a eu l'honneur de vous parler, et je me serois flatté que vous auriez bien voulut répondre favorablement à ma requette avec d'autant plus de raison que ma cause est juste et que j'aurois espérer que m^e rossignol auroit bien voulut se joindre a moy, trouvez bon monsieur que je luy fasse icy de très humble compliment et que je vous suplic d'etre bien persuadé de la sincéritée avec laquelle j'ay l'honneur d'être monsieur, votre tres humble et très obéissante servante.

MONTMORIN DE TANE.

J'ay l'honneur de vous répetter que je plaide pour les pauvres qui sont desjà assez oprimés, sans que les gros bonet, du même village cherchent à les accabler et à les mettre ors d'etat de nourir auqun bestiau.

A Chadieu ce 20ᵉ aoust.

ARCHIVES DE LA PROVINCE D'AUVERGNE.

A M. DE TRUDAINE, INTENDANT D'AUVERGNE.

M. de Tane en allant à Riom comptoit passer à Clermont et avoir l'honneur de vous parler, monsieur, d'un affaire qui est arrivée entre un de vos domestique et son fermier. Il lui est revenut que vous aviez envoyer chercher le procureur d'office des Martres, pour vous informer de cette dispute, je vients prevenir monsieur les questions que je m'attand bien que vous me feriez a ce subjet sachant toute cette affaire dans le vray je ne peut qu'avoir l'honneur de vous dire que votre domestique a torts, parce qu'il ne s'est fait conoitre à mon fermier, qu'a coup d'épée dans le grand chemin (qu il est tres heureux d'avoir évittée), et n'a dit quil vous appartenoit qu'au martre, il est tout naturel de panser que sy cet homme n'avoit crut d'etre attaquer par un voleur, il ne l'auroit pas conduict devans les juges de M. de Tane, il est tres aisé de voir par cette manœuvre lequels des deux a tort, j espere que vous voudrez bien randre justice a qui elle appartient.

J ay l'honneur d'etre parfaitement, monsieur, votre très humble et très obéissante servante.

MONTMORIN DE TANE.

Permettez moy, monsieur, de faire de tres humble compliment a mᵉ rossignol.

Ce 30ᵉ aoust.

ARCHIVES DE LA PROVINCE D'AUVERGNE.

R . LE 28.

Le sieur Fournier ayant une sauve garde de votre part, monsieur, en abuse depuis trop longtemps et je viens vous en porter ma plainte, au subjet de trois cent livres quil nous doit, et dont mon mari a étée caution, aincy que d'une autre somme de cent seise ou cent vingt livres quil doit aussi pour cens, rante ou assences a nos fermier de la terre de Talande, il est impossible de pouvoir en estre payés, cependant nous devrions estre des premiers, puis quil doit à la trop grande bonté de mon mari, son établissement dans une terre, sans la moindre charge ny condition de sa part; je reclame avec d'autant plus de confiance votre justice, monsieur, pour vous prier de mettre ordre à ce que ces gens là saquitte en tout ou en partie, que le nommé Tixier notre fermier a obtenut un arret par lequel cette affaire est renvoyée devant vous monsieur pour y faire droit : permettez moy de vous représenter qu'il n'est pas juste que des étrangers proffitte du prodhuit de la manufacture, et que ce meme prodhuit là ne serve pas à en aquitter les depte, je me flatte, monsieur que vous vous randrez à la bonté de mes raison et que vous serez convaincue combien j'ay l'honneur d'être votre très humble très obeissante servante.

MONTMORIN DE TANE.

Chadieu ce 4ᵉ février 1765.

Au dos.

Monsieur de Balinvillier intendant de la province d'Auvergne.

Un cachet aux armoiries des de Tane et des Montmorin.

ARCHIVES DE LA PROVINCE D'AUVERGNE.

Vous avez eu la bonté monsieur de m'inscrire pour la graine de vers à soye dont je vous avais demandé douse onces; vous prittes même cette peine devant moy sur votre bureau; comme je ne me trouve point comprise sur la liste et que la distribution n'est point encore faitte j'ay l'honneur de vous prier monsieur de vouloir bien écrire à M. de Lambert pour que je ne sois point oubliée dans le temps de la distribution qui vraysemblablement doit se faire bien tost; je me flatte donc, monsieur, que n'ayant jamais oui de requeste pour nous ou qui nous interesse personnellement vous aurez la bonté d'apointer celle-cy; je ne vous demande point de nouvelles de la santé de M. de Trudaine, monsieur, je sçay par madame qu'heurcusement sa santé est très bonne, je l'ai exortée à ne revenir à Paris que le plus tard qu'il pourra le changement d'air est nécessaire pour la raffermir; j'espère que la vôtre monsieur est bonne et que je seray a portée de vous renouveler qu'on ne peut avoir l'honneur d'être plus que moy, monsieur, votre tres humble et très obéissante servante.

MONTMORIN DE TANE.

Ce 9 avril.

Je compte si surement sur l'ancienne parole que vous m'avez donnée, que comptant venir icy à la fin de la semaine prochaine, j'espère sçavoir par M. Lambert que ma requette a étée apointée, votre honneur et votre ecriture y sont interessée.

Au dos.

Monsieur de Montyon intendant d'Auvergne rue du Temple
près la rue Patourel.

A PARIS.

Cachet mi parti aux armes des deux familles.

II

Documents inédits sur le comte de Beaumont.

ARCHIVES NATIONALES, SECTION
ADMINISTRATIVE (cote T, 691).

ACTE DE BAPTÊME DU COMTE DE BEAUMONT.

*Extrait des registres de baptême de l'église paroissiale
de Saint-Sulpice.*

Le 31 du mois de décembre de l'année 1770 a été baptisé Christophe-Armand-Paul Alexandre, né hier, fils de très-haut et très-puissant seigneur, messire Christophe, marquis de Beaumont, premier baron du Périgord, brigadier des armées du roi, colonel du régiment d'infanterie de la Sere, menin de Mgr le Dauphin, et de très-haute et puissante dame Marie-Claude de Baynac, marquise de Beaumont, son épouse, demeurant rue du Cherche-Midi.

Le parrain messire Armand-Louis-Simon de Lostanges, sénéchal du Quercy, représenté par Messire Alexandre Rose, comte de Lostanges, son fils, maréchal des camps et armées du roi.

La marraine dame Marie-Pauline-Élisabeth Charlotte Gallucci de l'Hôpital, Dame de Mme Adélaïde de France, veuve de messire Armand-Louis-Marie Stanislas, m^is de Lostanges, maréchal des camps et armées du roi, premier Écuyer de Mme Adélaïde de France.

Le père absent, et ont signé.

ARCHIVES NATIONALES, MUNICIPALITÉ
DE PARIS.

CERTIFICAT DE RÉSIDENCE.

Nous soussignés, président et commissaires de la section Ste Geneviève,

Déclarons que M. Christophe Armand Paul Alexandre Beaumont, *clerc tonsuré*, demeure actuellement à Paris, rue de la Montagne Ste Geneviève, au collège de Navarre, depuis 6 mois sans interruption.

Paris, ce 28 décembre 1791.
Suivent les signatures.

PASSEPORT.

Hôtel-de-Ville de Paris, 16 octobre 1789.

MM. les présidents et commandants des districts de cette ville sont priés de laisser passer librement et sans trouble,

M. de Beaumont, lequel nous a déclaré qu'il voulait aller à Sarlat, province de Périgord.

ARCHIVES NATIONALES (cote II, III, 62),
DORDOGNE.

AUX CITOYENS COMPOSANT LE COMITÉ DE LÉGISLATION.

Christophe Beaumont, ancien maréchal de camp, et Marie Claude Baynac, son épouse, vous exposent qu'ils ont toujours donné des preuves de leur soumission aux lois par leur exactitude à s'y conformer; mais qu'ils voient avec chagrin que l'exécution de celle du 9 floréal leur sera impossible dans un délai aussi court que celui qui est fixé aux pères et mères d'émigrés pour remplir les obligations qu'elle leur impose, et qu'elle sera même plus difficile pour eux que pour beaucoup d'autres à cause de leur position.

Ils vous observent, citoyens, que, logés dans une maison appartenant à leur fils, parce que Beaumont était tombé malade lorsque son fils partit pour Paris, lieu de son domicile, au mois de novembre 1790, cette maladie ne lui a pas permis de se retirer chez lui, ayant été si grave et si longue, qu'il en est encore à peine convalescent;

Que les meubles de leur fils ayant été vendus, ceux de l'appartement qu'ils occupent leur appartiennent, les ayant fait venir de Paris; qu'ils sont par conséquent obligés d'en faire leur déclaration au district d'Excideuil dans l'étendue duquel ils habitent;

Que l'isolement où ils sont pour les faire estimer à leur valeur vénale actuelle leur fait craindre de s'exposer à des reproches non mérités; vivant dans une solitude si profonde, qu'ils ne connaissent que celles des comestibles qu'ils ont bien de la peine à se procurer par l'insuffisance de leurs moyens;

Qu'ils sont de plus forcés, pour faire cette déclaration, d'attendre les titres qui établissent les preuves de leurs dettes passives, pour lesquelles ils ont écrit dans différentes provinces, ainsi qu'ils ne peuvent se flatter que les notaires auxquels ils se sont adressés mettent la même activité à les leur faire parvenir;

Que ce devoir rempli à Excideuil, il faudra qu'ils se rendent à Sarlat, lieu de la situation de leurs biens distant de Jean sur Colle de 12 lieues qui en valent plus de 24 de Paris.

Ils espèrent donc que votre comité voudra bien prendre en considération les raisons qui lui rendent trop court le délai prescrit par la loi.

BEAUMONT BAYNAC-BEAUMONT.

Jean-sur-Colle (Dordogne), le 19 prairial l'an 3 de la République.

ARCHIVES NATIONALES (cote F 7, 5095), SECTION ADMINISTRATIVE.

ARRÊTÉ DU DIRECTOIRE 11 PRAIRIAL AN 4 ORDONNANT LA RADIATION DÉFINITIVE SUR LA LISTE DES ÉMIGRÉS DU NOM DE CHRISTOPHE BEAUMONT.

AUTRE ARRÊTÉ DU COMITÉ DE LÉGISLATION ORDONNANT LA RADIATION, 27 FRIMAIRE AN 3.

1er nivôse an 3.

COTE F 7_3 4578.

Vu les certificats de la commune de St Jean sur Colle en faveur de Marie Claude Baynac, femme Beaumont, âgée de 67 ans, et Marie Élisabeth Beaumont, sa fille, détenues au ci-devant château d'Hautefort, district d'Excideuil, département de la Dordogne.

APPENDICE. 403

Le comité arrête que les dites citoyennes seront sur le champ mises en liberté et les scellés levés au vu du présent arrêt.

LETTRE DE M. DE BEAUMONT POUR DEMANDER
SA RADIATION.

Aux citoyens membres du comité de législation.

Citoyens,

Le citoyen Christophe François Beaumont, *étudiant pour le Génie*, est en réclamation sur la liste des émigrés depuis le mois de floréal dernier, auprès du district de Bergerac, département de la Dordogne; aussitôt la notification faite au dit Beaumont par le district de Bergerac qu'il était compris sur la liste des émigrés, le dit Beaumont envoya une pétition et ses certificats de résidence en bonne forme. Le district par son arrêt du 12 prairial de l'an 2 reconnut que le dit Beaumont n'avait pas quitté le territoire français depuis le mois de mai 1789 et avait satisfait aux lois sur les émigrés, le département de la Dordogne auquel il en fut référé confirma l'arrêt du 12 prairial pris par le district et ordonna la radiation du dit Beaumont.

Depuis cette époque le dit Beaumont a constamment envoyé des certificats de résidence auprès du district de Bergerac, mais voyant que les pièces de son affaire ont été renvoyées à Paris et qu'en vertu de la loi du 25 brumaire dernier il doit déposer avec un mémoire son certificat de résidence dans le délai de 4 décadi, le citoyen Beaumont demande que le comité de législation ordonne sa radiation de dessus toutes listes des émigrés.

BEAUMONT.

Créteil, le 14 frimaire an 3 de la République une et indivisible.

ARCHIVES NATIONALES (cote F 7 6147).

LETTRE DU GÉNÉRAL DAMAS AU
GÉNÉRAL LEFEBVRE.

Giessen, 16 frimaire an 6.

Je vous dois, citoyen général, les détails qui me sont relatifs sur le compte du nommé Beaumont, que je viens de faire arrêter conformément à votre ordre et qui me servait de secrétaire depuis mon dernier départ de Paris, c'est-à-dire il y a un peu moins de deux mois.

Si ces faits ne peuvent m'empêcher d'être compromis dans cette affaire, qu'ils servent du moins à convaincre ceux qui auraient à me juger, et mes camarades surtout, dont l'estime est ce que j'ambitionne le plus, que je suis incapable d'avoir secondé les projets d'un homme accusé de trahison envers la patrie.

Étant à Paris dans l'année 1789 ou 1790 (V. S.), je connus par hasard le citoyen Beaumont chez un ami à moi qui était chargé de mes affaires particulières et qui faisait aussi comme homme public celles du citoyen Beaumont. Les événements de la Révolution et la guerre me l'ayant fait perdre de vue depuis cette époque, je ne le revis qu'à mon dernier voyage à Paris, où, ayant encore eu des affaires avec ce même ami, chez qui je l'avais vu la première fois, il montra de l'empressement à renouveler ma connaissance et vint plusieurs fois chez moi.

Il arriva tout simplement qu'en parlant de la guerre et des armées, le citoyen Beaumont, sachant que j'étais sur le point de partir dans celle de Sambre-et-Meuse, me dit qu'il avait la plus grande envie de voyager, et surtout aux armées; que si je voulais le prendre pour mon secrétaire, il en remplirait exactement les devoirs, et qu'il serait flatté de pouvoir mettre à profit pour son instruction particulière le temps qu'il passerait près de moi.

Je lui demandai s'il n'avait pas d'autres raisons de quitter Paris, en lui disant que je le croyais assez honnête homme pour ne pas me compromettre, s'il avait quelque reproche à se faire ; ce sont mes propres paroles devant témoins. Il me dit que je ne devais avoir rien à craindre, qu'il ne pouvait pas même être soupçonné d'émigration parce qu'il n'avait pas quitté Paris, où il avait fait preuve continuellement de patriotisme. Il me montra à l'appui de ce qu'il avançait des certificats de résidence, de civisme et un passeport qui lui servait pour aller et venir à une maison de campagne qu'il avait près de Paris.

Après peu de moments de réflexion, jugeant de sa bonne foi d'après la mienne, je lui proposai de l'emmener avec moi, comme mon secrétaire, et, depuis près de deux mois qu'il m'en sert, je dois dire avec vérité, que chaque fois qu'il est question de la Révolution je l'en ai entendu parler comme un de ses chauds partisans.

Mon crime est d'avoir été sa dupe.

Je vous donne ma parole d'honneur, mon cher général, et je ne la sais pas donner en vain, que je ne vous avance rien dans ceci qui ne soit très sérieusement conforme à la vérité.

DAMAS.

ARCHIVES NATIONALES

MÉMOIRE DU CITOYEN BEAUMONT AUX CITOYENS ADMINIS-
TRATEURS DU DIRECTOIRE DU DISTRICT DE BERGERAC.

Citoyens,

Christophe François Beaumont, *étudiant pour le Génie*, demeurant à Paris, rue Meslée n° 27,

Expose

qu'il a constamment envoyé ses certificats de résidence nécessaires suivant la loi, jusqu'au moment de la vente qu'il a consentie de ses propriétés dans le district de Bergerac, en faveur du citoyen Dupeyrat, le 13 frimaire dernier, devant Jalabet et Nounet, notaires à Paris.

Il a été surpris d'apprendre que l'administration avait fait saisir sur sa terre, tous les fruits, revenus et mobiliers des biens par lui vendus sous le prétexte qu'il était émigré.

L'exposant rapporte pour sa justification :

1° Un certificat du secrétaire général du département de Paris, du 3 floréal dernier, qui atteste qu'il n'est point porté sur la liste des émigrés ;

2° Un autre, du comité de la section des Gravilliers, à Paris, du 5 floréal, visé par le Directoire du département de Paris, le 11 du dit mois ;

3° Un autre qui constate sa résidence, en exécution de la loi du 28 mars 1793, de la même section attesté de 9 témoins qui y résident, qui déclarent que l'exposant y a établi son domicile depuis près de 3 ans, du 29 germinal, signé du président de la dite section des Gravilliers ;

4° La copie en due forme du contrat de vente que l'exposant a consenti au citoyen Dupeyrat, du 13 frimaire dernier, où il paraît que le dit exposant n'a pas eu l'intention d'émigrer, puisque la vente n'est faite que sous des conditions de termes et délais dont cent mille livres à 6 mois de sa date et le surplus un an après ;

5° Un certificat de la municipalité de Puyguillen, du 26 floréal, qui atteste qu'il a résidé depuis le mois de mai 89 jusqu'en octobre 91 (vieux style) dans la dite commune, où il s'est comporté en bon citoyen et donné des preuves du plus pur patriotisme, puisqu'il y fut fait commandant de la garde nationale ;

6° Un autre de la même municipalité, du 17 novembre (vieux style), qui atteste qu'il y a fait déposer le même jour, tous les titres des redevances et droits féodaux dont il était dépositaire, qui ont été brûlés, au désir du décret du 17 juillet dernier, le dit jour 17 novembre, en présence de toute la municipalité du dit Puyguillen.

De ces différents actes il résulte que l'exposant et le citoyen Dupeyrat son acquéreur sont l'un et l'autre constamment restés fidèles à la patrie ; qu'ils n'ont pas quitté le territoire de la République, que l'intention de l'un et de l'autre se manifeste d'une manière non équivoque à persévérer dans l'opinion qui les a conduits jusqu'à ce jour pour l'unité, la fraternité et l'indivisibilité de la République.

ARCHIVES NATIONALES (DE BEAUMONT)

LETTRE DE PRÉCY, MEMBRE DU CONSEIL DES ANCIENS
AU MINISTRE DE LA POLICE GÉNÉRALE.

Paris, 20 germinal an VII.

Citoyen ministre,

J'ai appris que par vos ordres une visite domiciliaire a

eu lieu chez le citoyen Jourdin, rue des Fontaines, n° 7, le 12 de ce mois et que cette visite avait pour objet la recherche du citoyen *Beaumont* (Christophe-François), âgé de vingt-neuf à trente ans.

Je n'en connais pas la cause; mais je sais que le citoyen Beaumont a des ennemis qui le poursuivent depuis longtemps.

Victime sous l'ancien régime de la puissance du ci-devant ministre Montmorin, son beau-père, il fut obligé de fuir pour assurer sa liberté menacée d'une lettre de cachet.

La Révolution est arrivée : il s'est prononcé en sa faveur. Il est pourvu de certificats nombreux qui attestent sa résidence en France, son civisme et les actes de bienfaisance qu'il a exercés en faveur de pauvres républicains.

Porté sur une liste d'émigrés dans le département de la Dordogne, où il avait des biens, il a obtenu sa radiation définitive du comité de législation de la Convention nationale.

En l'an VI, étant à l'armée de Sambre-et-Meuse, il fut dénoncé et arrêté comme prévenu d'émigration. Il se justifia de cette inculpation et sa liberté lui fut rendue.

On m'a assuré qu'il est maintenant dans le département de la Dordogne, à la suite d'un procès contre le sieur Duperrat, membre du Conseil des cinq-cents.

Citoyen ministre, s'il existe des plaintes contre le citoyen Beaumont, je me persuade qu'il s'empressera de se rendre auprès de vous pour se justifier.

Il doit exister dans vos bureaux une lettre de moi que j'ai remise au ministre de la police le 3 nivôse an VI, en faveur du citoyen Beaumont. Tout ce que j'ai alors annoncé est dans la plus exacte vérité.

Le père du citoyen Beaumont n'a point quitté Paris; il n'a ni frères ni sœur émigrés et d'après les principes qu'il m'a manifestés depuis 4 ou 5 ans, et principalement à l'époque du 18 fructidor an V, je ne puis me persuader qu'il soit l'ennemi du gouvernement.

APPENDICE. 415

Si vous jugiez à propos de voir ses papiers, je vous prie de m'indiquer l'heure de votre commodité, j'aurais l'honneur de vous les communiquer.

Salut et fraternité,
PRÉCY.

Quai Voltaire, n° 2.

III

Documents inédits sur le comte de Montmorin.

ARCHIVES NATIONALES
(cote AE II 1048, K. 163 N° 10).

LETTRE MANUSCRITE DE M. LE COMTE DE MONTMORIN
POUR DEMANDER AU ROI LE TITRE DE DUC HÉRÉDITAIRE.

Sire,

Je me conformerai aux intentions que Votre Majesté me fait connaître dans la lettre dont Elle m'honore et je ne me permettrai même aucune réflexion. Je me bornerai, Sire, à dire à Votre Majesté que mon attachement pour sa personne et ma reconnaissance de ses bontés me font une loi de lui conserver tous les instants de ma vie, tant que je pourrai me flatter que mes services lui sont agréables et que je croirai possible qu'ils lui soient de quelque utilité.

Je suis avec le plus profond respect, de Votre Majesté, le très humble, très obéissant et très fidèle serviteur et sujet,

MONTMORIN.

Versailles, ce 27 août 1787.

NOTE DE LA MAIN DE MONTMORIN

(à la suite de cette lettre ci-contre).

Je suis bien éloigné de me plaindre d'une disposition que je regarde comme utile dans toutes les circonstances, et comme nécessaire dans celle-ci. Mais il m'est impossible de ne pas sentir que Mgr l'archevêque de Toulouse est un intermédiaire, quelque estime et quelque attachement que j'ai pour lui, qui fait un changement notable dans ma position surtout aux yeux de l'opinion. Je ne mériterais pas les bontés du roi, si je la méprisais et je deviendrais incapable de le devenir dans le département qu'il m'a confié, si je la perdais.

J'ose dire que j'ai quelque titre à la grâce que je supplie le roi de m'accorder. J'ai refusé la grandesse et l'offre qui m'en a été faite n'a été connue du roi que par mon refus. Si j'avais demandé la permission de l'accepter, peut-être Sa Majesté aurait-elle cru pouvoir me l'accorder, dans un moment qui terminait la guerre pendant le cours de laquelle j'avais été assez heureux pour ne pas être inutile à son service; mais j'aurais agi contre mes principes sur les grandesses, le roi les connaît et les approuve.

Le titre de duc héréditaire que je supplie le roi de m'accorder n'est donc pas une grâce extraordinaire. La demande que j'en ai faite a été mise, il y a dix-huit mois, sous les yeux de Sa Majesté. Elle a eu la bonté de ne pas la rejeter! Elle l'a seulement renvoyée à un autre moment. Je crois qu'il ne peut en exister un plus favorable que celui où, perdant quelque chose de mon existence aux yeux du public, cette perte peut être réparée par une grâce marquante.

APPENDICE. 417

ARCHIVES NATIONALES (cote K 1340)

AU PRÉSIDENT DE L'ASSEMBLÉE NATIONALE.

Paris 1er août 1790.

Monsieur le président,

Le roi m'ordonna, vers le milieu du mois de mai dernier, d'informer l'Assemblée nationale des motifs qui lui paraissaient rendre nécessaire l'armement de 14 vaisseaux de ligne et les dispositions dans les ports pour augmenter cet armement, si les circonstances l'exigeaient : l'Assemblée applaudit dans le temps à ces mesures et en fit parvenir ses remerciments à Sa Majesté.

L'armement est au moment d'être au complet, et Sa Majesté en m'ordonnant d'en instruire l'Assemblée, me charge en même temps de l'informer que, depuis cette époque, l'Angleterre a continué et continue encore à augmenter les siens avec la plus grande activité.

Dans ces circonstances, quoique le langage de la cour de Londres soit également pacifique avec nous ; quoiqu'il n'annonce que des intentions amicales à notre égard, le roi pense qu'il n'en est pas moins de la prudence et de la dignité de la nation d'augmenter nos armements proportionnément à ceux qui se font dans les ports d'Angleterre.

A ces conditions générales de prudence et de dignité s'en réunit une autre non moins importante.

Le roi d'Espagne réclame de la manière la plus positive l'assurance de l'exécution des conditions stipulées par le traité d'alliance subsistant entre les deux nations, dans le cas où la négociation qu'il fait avec l'Angleterre n'aurait pas le succès qu'il en attend et qu'il désire.

Le roi m'a ordonné de mettre sous les yeux de l'Assemblée

la lettre ministérielle de M. l'ambassadeur d'Espagne, ainsi que toutes les pièces dont elle est accompagnée, qui expliquent l'origine et les progrès de la difficulté qui s'est élevée entre l'Espagne et l'Angleterre.

Cette lettre a donc deux objets : le premier, de prévenir l'Assemblée de la convenance que le roi trouve à augmenter nos armements maritimes ; le second de présenter à ses délibérations la réponse à faire à la cour de Madrid.

Je crois superflu de m'étendre sur l'importance de ces objets.

ARCHIVES NATIONALES.

LETTRE DU COMTE DE FERNAN NUNEZ A M. DE MONTMORIN.

Paris 16 juin 1790.

J'ai l'honneur de vous adresser ci-joint un extrait fidèle de toutes les démarches qui ont lieu jusqu'à présent entre ma cour et celle de Londres un sujet de la détention de deux bâtiments anglais qui ont été arrêtés à la baie de Saint-Laurent ou de Nootka, située au 50e degré au nord de la Californie, et qui ont été conduits ensuite au port de Saint-Blas.

Vous verrez, par cet exposé, que, d'après les traités : les démarcations, les prises de possession et les actes de souveraineté exercés par les Espagnols dans ces parages, dès le règne de Charles II et autorisés par ce monarque en 1692, toute la côte du nord de l'Amérique septentrionale, du côté de la mer du sud jusqu'au delà de l'entrée appelée du Prince-Guillaume qui est au 61e degré est reconnue appartenir exclusivement à l'Espagne.

APPENDICE. 419

ARCHIVES NATIONALES (PAPIERS SÉQUESTRÉS)

LETTRE DE M. DE VERGENNES
(FILS DU MINISTRE) A M. DE MONTMORIN.

Le 19 juin 91.

Vous avez pris, monsieur, le seul parti convenable en vous déterminant à rendre vos devoirs à M. le comte d'Artois et je ne doute pas que vous ne vous soyez empressé à vous en acquitter, aussitôt l'arrivée de ce prince; je compte sur votre exactitude à me marquer la durée de son séjour à Coblentz.

C'est lundi prochain que le protocole s'ouvre à Ratisbonne sur l'affaire des princes possessionnés en Alsace. Nous attendons sans impatience, comme sans inquiétude, le résultat des délibérations de la Diète. Il serait, au reste, assez curieux de voir la juridiction ecclésiastique donner lieu à une querelle sérieuse! Il paraît que les prélats qui la provoquent avec un acharnement vraiment évangélique ont oublié et les conférences d'Ems et les sécularisations faites par le traité de Westphalie.

ARCHIVES NATIONALES (PAPIERS SÉQUESTRÉS)

COMITÉ PERMANENT DE LA CROIX ROUGE EN ASSEMBLÉE GÉNÉRALE DE SECTION.

Du samedi 25 juin 1791.

Au comité permanent en assemblée générale de section est venu M. Montmorin, ministre des affaires étrangères qui a remercié la section de son activité, de sa prudence et de ses procédés dans les diverses recherches auxquels il a été procédé, témoignant ses regrets que ses occupations exigeantes le privent de l'avantage d'entrer et de prendre part aux assemblées générales de la section.

A quoi M. le président du comité, au nom de la section, a répondu en témoignant à M. Montmorin « qu'elle regarde comme un bonheur d'avoir employé toute la sévérité de sa surveillance sur un ministre dont l'innocence s'est trouvée aussi éclatante que son emploi ».

Signé : BOUCHER RENÉ, secrétaire adjoint.

IV

TESTAMENT OLOGRAPHE DE Mme DE BEAUMONT.

J'ignore les formes d'un testament ; mais j'espère que, s'il y a quelque défaut dans la rédaction de celui-ci, mes héritiers n'en suivront pas moins mes dernières volontés avec exactitude.

Je laisse à Germain Couhaillon, pour lui et sa femme (ou à sa femme s'il n'existait plus), tous deux actuellement à mon service [1], et depuis trente-huit ans à celui de mon père, la somme de dix mille francs une fois payée ; jusqu'au moment où on leur remettra la somme, on leur payera l'intérêt à 10 pour 100.

Je laisse de plus à la femme de Germain Couhaillon toute ma garde-robe, n'en exceptant que deux articles que je détaillerai plus bas.

1. Ce sont les Saint-Germain.

Je laisse à ma vieille bonne, madame Labit, cent cinquante francs de rente en sus des deux cents livres qu'elle a déjà. La plus grande partie de ce legs est une dette. Elle a placé de l'argent sur moi.

Signé : PAULINE DE MONTMORIN.

Je laisse douze cents livres une fois payées à Melle Michelet, ancienne femme de chambre de ma mère.

Je laisse tous mes livres sans exception à François-Auguste de Chateaubriand. S'il était absent, on les remettrait à M. Joubert, qui se chargerait de les lui garder jusqu'à son retour ou de les lui faire passer.

Je laisse à madame Hocquart née Pourra, ma montre d'argent et mon schall bleu de Cachemire.

Je laisse mes fourrures à Camille de la Luzerne. Voilà les deux seuls articles de ma garde-robe que je ne laisse pas à madame de Saint-Germain.

Je laisse à M. Joubert l'aîné ma bibliothèque en bois d'acajou (celle qui a des glaces), mon secrétaire en bois d'acajou, ainsi que les porcelaines qui sont dessus, à l'exception de l'écuelle en arabesque, fond d'or, que je laisse à M. Julien.

Je laisse tous les portraits que j'ai et les meubles dont je n'ai pas disposé à mon beau-frère, Guillaume de la Luzerne. Je le prie seulement d'observer que les lots de Saint-Germain, de sa femme et de ses enfants leur appartiennent, et qu'ils ont à réclamer un secrétaire, des tables, des ustensiles de cuisine dont je ne sais pas le détail; mais on peut s'en rapporter à eux pour ne déclarer que ce qui leur appartient.

Je fais Guillaume de la Luzerne mon exécuteur testamentaire, et n'ai pas la moindre inquiétude sur sa fidélité à remplir mes intentions. Je le prie d'accepter deux mille écus, bien faible gage de mon attachement pour lui.

Si ce testament est ouvert à temps, je désire être ensevelie dans une pièce d'étoffe des Indes qui m'a été envoyée par mon frère Auguste. Elle n'a de précieux que de me venir de lui.

Je dois laisser peu de dettes : on consultera madame de Saint-Germain sur les réclamations des ouvriers. Il est possible que j'aie deux ou trois anciens mémoires qui lui soient inconnus ; mais cela ne peut guère excéder cent écus.

J'ai dans ce moment des livres à Armand Serilly. Ils sont dans une malle à part; madame de Saint-Germain les indiquera. Si j'en ai à d'autres, ils seront à part sur une planche avec le nom de ceux à qui ils appartiennent. Au reste, comme j'en emprunte sans cesse et qu'il serait possible que je n'eusse pas toujours l'attention de prendre ce soin, il faudrait s'en rapporter aux réclamants.

Je suis trop fatiguée pour faire une seconde copie de ce testament. On en trouvera le duplicata plus net dans mes papiers. Il est exactement conforme. Je compte remettre celui-ci entre les mains de madame de Saint-Germain, en cas que l'autre soit égaré.

Signé : PAULINE DE MONTMORIN
femme divorcée de François Beaumont.

Paris ce 2° floréal (15 mai 1802.)

Suivent ces adresses :

M. Joubert, 118, rue Saint-Honoré; madame Hocquart, rue Ferme-des-Mathurins; M. Julien, rue Vivienne, n° 41.

Ce testament était contenu dans une première enveloppe à l'adresse de madame de Saint-Germain : on a trouvé une seconde enveloppe, cachetée de trois sceaux sur laquelle était écrit ce qui suit :

Madame de Saint-Germain ouvrira ce paquet, qui contient

mon testament; mais je la prie, si ce premier paquet est ouvert à temps, de me faire ensevelir dans une pièce d'étoffe des Indes qui m'a été envoyée par mon frère Auguste. Elle est dans une cassette.

Signé : PAULINE DE MONTMORIN.

Cette copie très griffonnée de mon testament doit en tenir lieu, s'il venait à se perdre. Je l'ai relue et approuvée.

Ce 18 juillet 1803.

PAULINE DE MONTMORIN.

Au bas de cette expédition du notaire Lorenzini, de Rome, du 10 novembre 1803, se trouve le certificat de conformité signé par le cardinal Fesch, ministre plénipotentiaire, et par Chateaubriand, secrétaire de légation.

FIN DE L'APPENDICE

TABLE

	Pages.
Préface...............................	1
I. — Introduction........................	4
II. — La famille de Montmorin Saint-Herem. — Le comte Marc de Montmorin ambassadeur.......	9
III. — Jeunesse de Pauline de Montmorin. — Son éducation. — Son mariage avec le comte de Beaumont...................................	25
IV. — La société française en 1787-1788. — Les premières amitiés de madame de Beaumont. Les Trudaine. — L'abbé Louis.....................	45
V. — François de Pange et le monde de madame de Beaumont à l'ouverture des États-généraux.....	71
VI. — Le ministère du comte de Montmorin avant et pendant la Révolution........................	87
VII. — La comtesse Pauline de Beaumont pendant la Terreur. — Le massacre de son père. — L'exécution de sa mère et de son frère Calixte. — La mort de son frère Auguste et de sa sœur madame de la Luzerne................................	151
VIII. — Les premières années d'amitié avec Joubert. — Mort de François de Pange...................	214
IX. — Madame de Staël et madame de Beaumont...................................	240

X. — Adrien de Lézay. — Le salon de la rue Neuve du Luxembourg	269
XI. — La comtesse Pauline de Beaumont et Chateaubriand	292
XII. — Mort de madame de Beaumont. — Conclusion.	365
APPENDICE. — Pièces justificatives inédites	400

Imprimeries réunies, B

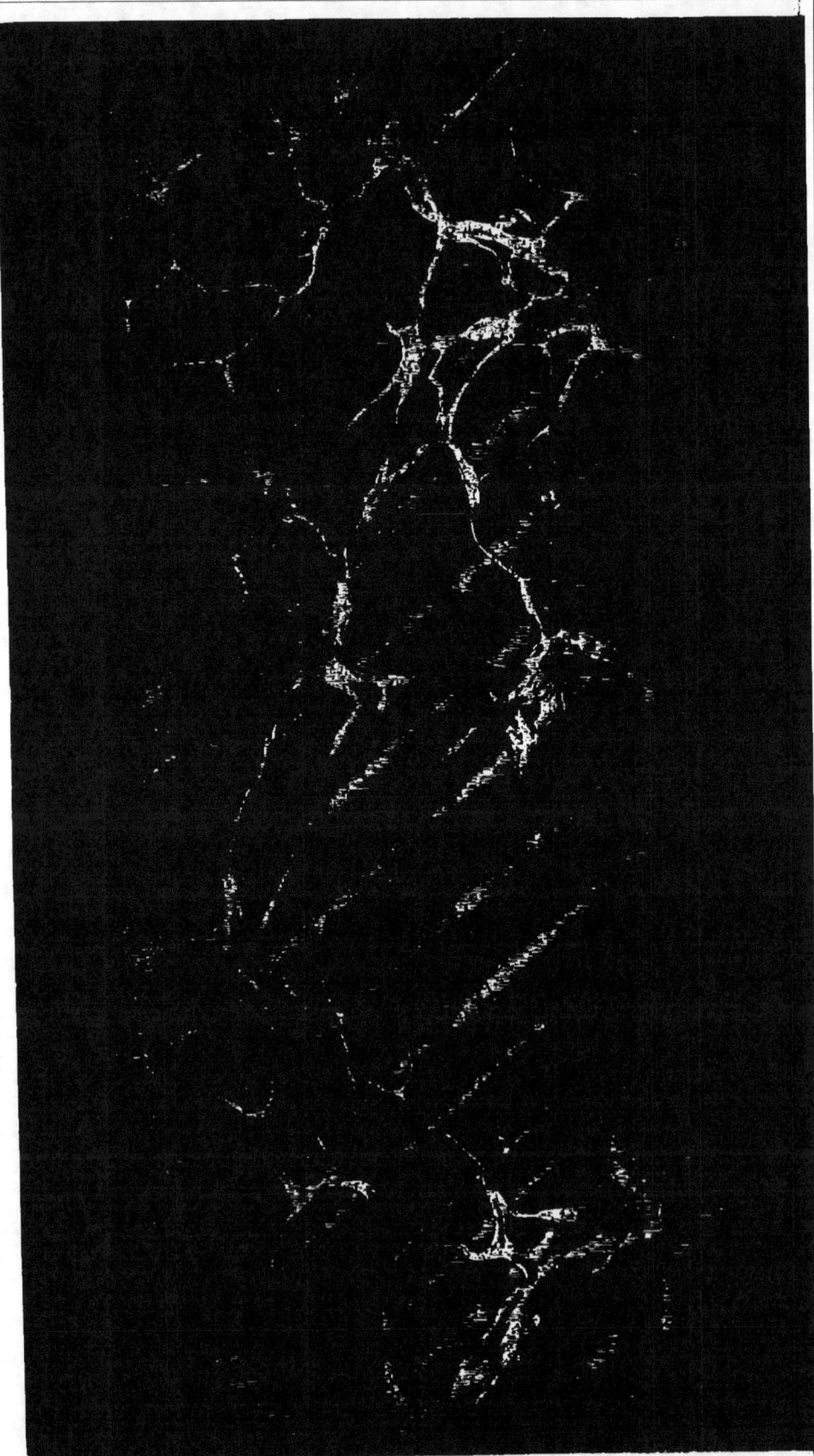

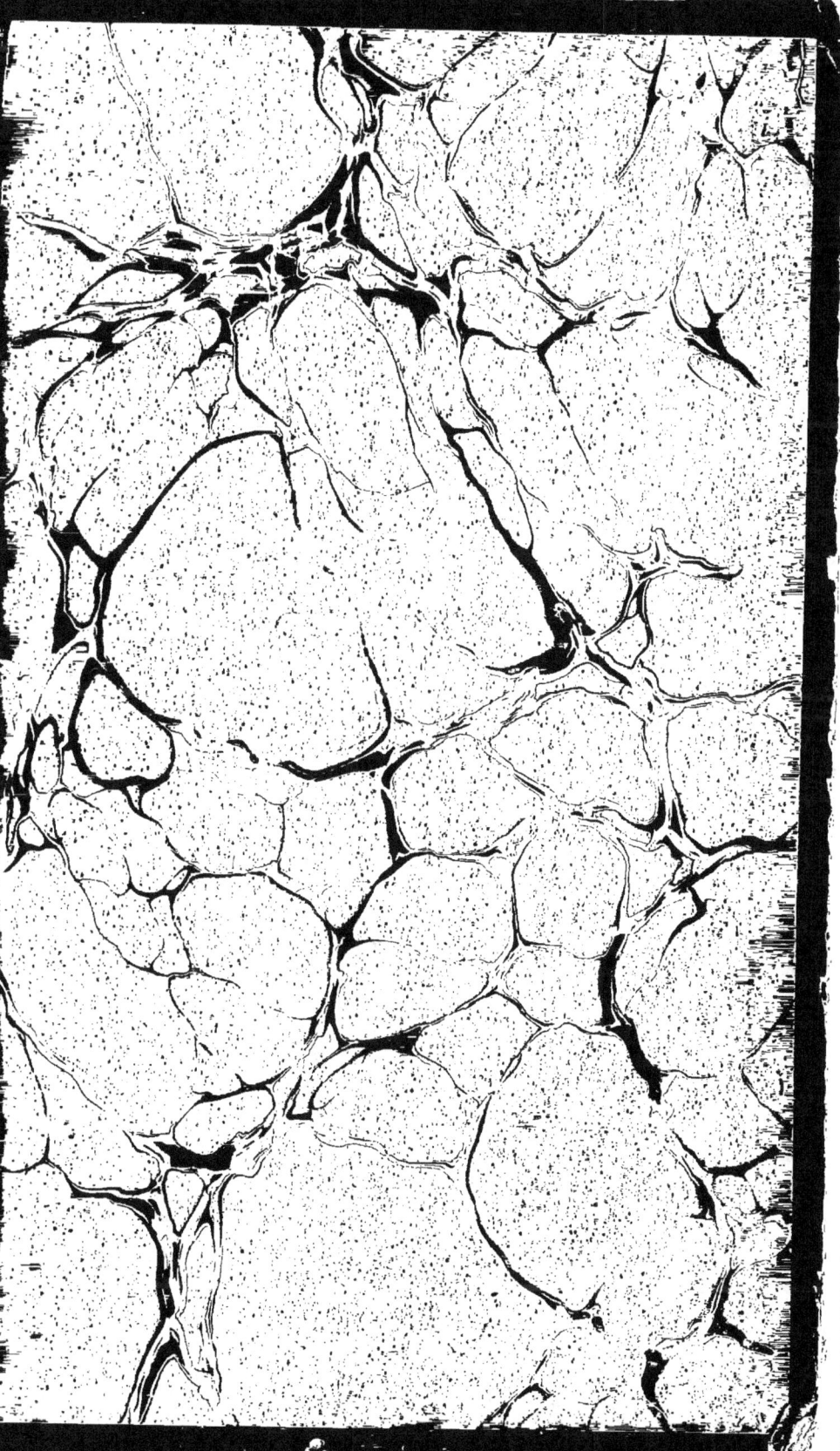

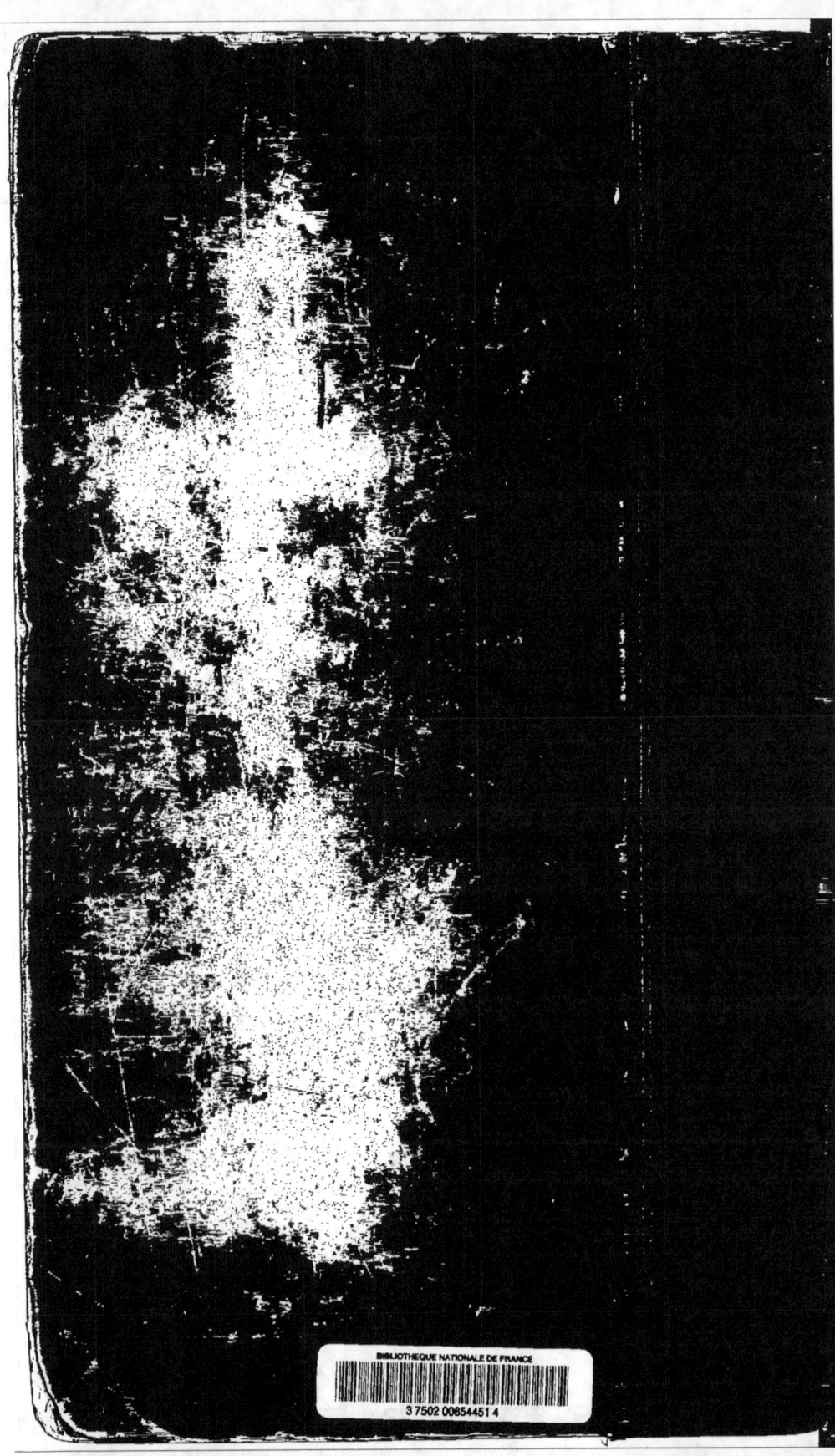

www.ingramcontent.com/pod-product-compliance
Lightning Source LLC
Chambersburg PA
CBHW060928230426
43665CB00015B/1868